政治文化与政治文明书系

主 编：高　建　马德普

多元文化与国家建设系列

执行主编：常士訚

政治文化与政治文明书系

多元文化与国家建设系列

为父之道：
父职的社会构建

The Way to be a Father :
The Social Construction
of Fatherhood

王向贤◎著

天津出版传媒集团

天津人民出版社

图书在版编目（ＣＩＰ）数据

为父之道:父职的社会构建 / 王向贤著. -- 天津:
天津人民出版社, 2019.7
（政治文化与政治文明书系. 多元文化与国家建设系
列）
ISBN 978-7-201-15034-5

Ⅰ.①为… Ⅱ.①王… Ⅲ.①父亲—角色理论—研究
Ⅳ.①C913.11

中国版本图书馆 CIP 数据核字（2019）第 162726 号

为父之道:父职的社会构建
WEIFU ZHIDAO FUZHI DE SHEHUI GOUJIAN

出　　版	天津人民出版社	
出 版 人	刘　庆	
地　　址	天津市和平区西康路35号康岳大厦	
邮政编码	300051	
邮购电话	（022）23332469	
网　　址	http://www.tjrmcbs.com	
电子信箱	reader@tjrmcbs.com	
策划编辑	王　康	
责任编辑	林　雨	
特约编辑	王　倩	
装帧设计	卢炀炀	
印　　刷	高教社（天津）印务有限公司	
经　　销	新华书店	
开　　本	787毫米×1092毫米 1/16	
印　　张	16	
插　　页	2	
字　　数	200千字	
版次印次	2019年7月第1版 2019年7月第1次印刷	
定　　价	68.00元	

政治文化与政治文明书系

天津师范大学政治文化与政治文明建设研究院·天津人民出版社

编 委 会

序　言

　　父职（Fatherhood），即男人如何做父亲的理论与实践，并非天生，而是男性个体、家庭等首属群体、职场与社区、社会政策与文化价值观念四个同心圆组成的社会生态结构的共同构建。在市场经济转型以来的40年间，儿童养育、代际关系、家庭生活等方面正在经历的重大变化和父职自身的发展，都使得清晰认识父职成为必需。总体来看，父职在当代中国类似于房间里的大象。即在普婚普育的中国，尽管成为人父是大部分男性最重要的人生经历之一，是家庭生活、劳动力市场、人口生产、社会政策和文化价值的重要组成部分，但迄今为止，父职基本还未成为当代中国社会学界的独立范畴，父职研究稀少且零散。然而当我们尝试描述和解释中国父职，并探索可能的变革方向时，我们惊喜地发现，儒家父道提供的原型和民情底蕴、清末民初年间启动的现代父职转向、百年社会主义本土实践构建的当代父职，不但提供了丰富至几乎无垠的研究议题，而且因父职与每个人的切身感受密切相关，我们所做的点滴研究都是从父职角度对马克思所称的人的全面需求多了一些了解，满足了研究者的好奇心，并与社会学的社会关怀有所结合，从而促使我们得以非常幸运地略微体会到社会学想象力的美感和公共社会学的意义感。

　　了解已有研究是任何研究的起点，因此主题一"述评与比较"除一篇比较文章外，包含两篇述评文章。虽然父职研究在中国是一个新近议题，但在欧美国家，早在20世纪60年代末期，父职就已成为民间运动、政府政策和学术热点，以至于在对欧美父职研究进行述评时，最大的困难在于研究成果丰硕至无法广覆盖。因此,尽管本书文章《关于欧美构建新型父职的述评》将重点缩小至新型父职,但也仍然只是粗疏的梳理。首先,介绍欧美国家构建新型父职的历史,指出作为全社会共同构建的父职,随工业社会一起开始了现代转向。其次,在简要分析父职构建的三种主要模式——社会民主主义、市场自由主义和保守主义之后,着重介绍了欧美男性履行新型父职的体验,指出这些高度参与孩子日常照顾的男性重新理解了家庭生活和工作的意义,对于照顾子女逐渐发展出男性化的特色,从而对儿童成长、家庭生活、社会再生产和男性气质的构建产生了重要影响。

与述评欧美父职研究的挑战非常不同的是,在述评国内父职研究时,由于父职尚未成为独立的学术范畴,所以明确从父职角度撰写的成果非常有限,使得我们必须从生育、养老、代际、家庭和社会政策等研究中爬梳与父职相关的成果。虽然梳理不易,但前辈和同人们的精彩研究仍为我们提供了非常宝贵的研究起点和有益引导。因此,书中文章《转型时期的父亲责任、权利与研究路径——国内父职社会学研究述评》的前两部分将父职分为子女未成年时期和成年时期,从责任和权利角度对转型以来父职的传承与变化进行了分析。

作为人类共同体的一员,中国父职与他国显然既有共性,也有特性,所以西来的父职研究必然需要经历本土化,包括调整父职研究的基本术语、开拓更切合中国国情的研究议题等。由此,该文章的最后一部分尝试讨论了如何将父职研究本土化,包括将儒家父职与社会主义父职相结合进行历史社会学考察,推动性别视角与这两项中国本土父职机制、阶层和城乡进行双重交叉,更明确地将父职置于社会群体、社会结构和社会制度中进行研究等。

在构建父职的生态结构中,社会政策作为历史文化遗产和政治权力磋商的凝结,对于父职的走向具有重大影响,因此主题一的第三篇文章《社会政策如何构建父职?——对瑞典、美国和中国的比较》运用埃斯平的福利框架,初步对比了构建父职的三种不同社会政策。瑞典和美国的社会政策显示,由于二者对社会福利的根本目的、对亲密关系与家庭形式的理解存在巨大差异,从而使两国的父职构建路径分别属于社会民主主义和市场自由主义。相形对照之下,我国目前父职构建的路径属于市场自由主义与保守主义的结合,亟须变革。

由于性别是人类社会经久不衰的劳动分工维度,并且男性在异性伴侣和婚姻关系中长期占据主流和霸权地位,从而使得父职与母职往往是二元对立和二元互补的关系,所以研究父职需要和母职相形对照,主题二"劳动、父职与母职"的三篇文章即以此角度展开研究。《承前启后:1929—1933 年劳动法对现代母职和父职的建构》聚焦于国共两党各自最早、最完善的劳动法,分析了作为联结社会与个人、物质生产与人口再生产、劳动力市场与家庭生活的枢纽,中国现代母职和父职如何生发于清末民初这一段两千年未有的社会大变动。根据时代主旋律所界定的女性双重任务,1929—1933 年的国共劳动法搭建出现代职业妇女的母职基本模式:无酬照顾为主,赚钱为辅。顺应于中国早期现代工业的性别特征,国共劳动法通过自身的性别逻辑和对新型父职标准的小步探索,隐晦地勾勒出与现代母职二元对立和二元互补的现代父职模式:赚钱为主和很少照顾子女的缺席父亲。

工业社会以来,女性承担的经济生产和人口再生产是任何现代民族国家都需要协调的两种生产。《中国妇女劳动保护制度的百年演变逻辑》指出,作为实践马克思主义妇女解放路线的具体制度,中国的妇女劳动保护已走过近百年的历史。通过三个阶段的发展:1922—1949 年的基本框架形成期,1950—1985 年的经期保护创建和孕期、产期、哺乳期的"四期保护"践行期,1986 年至今的向保护母性机能聚敛期。妇女劳动保护制度通过推进生育社会化、促进广大女性外出参加社会生产,有力地推动了中国妇女的解放,但也强化了生育是女性专属职责的性别分工。在生育社会化方面所积累的丰富经验,深化了人们对生育性别分工如何与社会主义政治经济结构和文化制度互相构建的理解。

就马克斯·韦伯意义的理想类型而言,父职可分为缺席父职和关爱父职两个类型,前者指很少为子女提供日常照顾的父亲,后者则相反。当然在现实生活中,众多父亲显然分布于缺席到关爱连续谱上的某些中间点。除积极参与子女日常生活、获取密切亲子情感是欧美父职转向潮流和中国父职初生萌芽外,关爱父职在当代中国尤为重要的根本原因在于长期低迷的生育率急需有效的破局方向。因此,主题二的第三篇文章《关爱父职的事实存在和影响因素研究——基于 2010 年全国第三期妇女地位调查》聚焦于"关爱父职"。该文指出,在目前各界针对两孩政策落地不畅提出的多种建议中,父职总体被忽视,但成功保持人口替代水平的北欧经验显示,推动关爱父职是有效破局方法。对于中国当代父亲总体上缺席子女日常照顾这一常见判断,2010 年全国妇女地位调查的数据显示,这有可能遮蔽了众多父亲在特定方面积极承担父职的事实:在生活照料和功课辅导上,各有三分之一的父亲们承担了一半、大部分或全部的劳动。因此,大规模的关爱父职不但事实存在,而且需要从关爱父职是性别公正和家道国运新基石的高度予以政策承认和社会支持。对第三期数据的回归分析显示,提高妻子收入比重、性别分工观念趋于平等、男性教育水平提高均会促进关爱父职。功课辅导方面的关爱父职比例较 10 年前的显著减少,表明没有社会政策的承认与支持,关爱父职难以持久。

理解父职需密切结合我国 2013 年以来的两孩政策转向。因此,主题三"变化与挑战"里的第一篇文章《两孩政策、非婚生育和生育观的变革》,特别讨论我国自 2015 年以来在人口和生育领域发生的一大一小两个转向:由独生子女政策转向两孩政策,非婚生子女与婚生子女平等由抽象的法律条文变为户口登记方面的初步现实。二者的共同背景是我国生育率长期低下,新生人口开始变得稀缺。无论是两孩由政策期待变为人们的现实行为,还是非婚生育成为我国未来人口的新增长点,均要求对我国当代生育观进行反思和重构,特别是儒家关于异性恋、婚姻和生育三位一体的生育观需要创造性转换,所以尝试提出对我国新型生育观的设想。

主题三的第二篇文章《父母身份的艰难构建:以孩子患有自闭症为例》,指出生育并不会必然带来父母身份的认同,尤其是当孩子遭遇严重身心挑战时,由此以孩子有自闭症为例,分析了包括父职在内的亲职认同过程,发现如下:当孩子有自闭症时,正常与残疾间的二元等级和照顾责任的私人化严重挑战着父母身份的认同;性别身份强烈影响着父母对自闭症孩子的接受程度、养育能力和家庭分工，父亲通常比母亲经历了更多的挣扎；宗教信仰和为自闭症人士及家庭提供服务的专业机构会促进父母身份的认同，但通常要以母亲为中介；自闭症等严重残障带来的挑战超出了个体家庭的承受能力，亟须从经济、职场、情感、育儿技能、社会价值观念等方面提供有效的综合社会保障措施。

第三篇文章《亟须变革的家庭内社会再生产——以天津市第三次妇女地位调查为例》，以天津相关妇女调查和以天津市的其他相关数据、政策为依据，分析包括儿童抚育、养老、劳动力的日常维持在内的社会再生产是如何被个体家庭私人化、女性化和无酬化的。发现，目前社会保障的等级分配原则，即以在正规部门从事有薪工作为最高等级，通过工作性质、城乡、户籍等差别待遇标准，提供基于等级而非需求的差别性社会保障，是构建"三化"的社会机制，而且发现目前这一社会再生产机制已到了难以持续的程度。最后建议，政府作为国民经济和社会发展的总协调者、公民正当利益的维护者，亟须公正积极地在政府、企事业单位和家庭之间重构社会再生产的分配，促进社会经济的可持续发展。

父职不会独立存在，而是与其他变量互相构建。因此主题四"父职相关议题"的两篇文章讨论与父职相关的男性气质、男性结扎和男性暴力。基于避孕先锋玛格丽特·桑格的伟大理念——每一个孩子都应该是受欢迎的（every child should be wanted），我们可以推论，每一名父亲都应是自己的主动选择，所以主题四的第一篇文章试图将父职研究前移至父职身份的主动选择或被动造就阶段。男性结扎作为最可靠、最安全的长效避孕方式，在欧美部分国家广受欢迎，但在中国使用率极低。《欧美三国的成功经验：男性结扎如何成为普遍的自愿选择》指出，在加拿大、英国和美国这三个国家，男性结扎经历了两次避孕转型。第一阶段发生在 18 世纪末期至 20 世纪初期，第一次避孕转型与第一波性别平等运动相结合，男性避孕与男性气质的关系由相矛盾变为相融合，男性通过禁欲、节欲等传统方式承担避孕责任。第二阶段为 20 世纪 60 年代至今，第二次避孕转型与第二次性别平等运动相结合，在政府很少干预避孕选择、相关团体提供高质量服务的前提下，许多男性自愿选择男性结扎来承担避孕责任,并成为男性气质的新标准。

第二篇文章《男性气质与性别暴力定量调查的报告摘要》致力于描述、解释和变革日常生活中男性针对女性的暴力。在国际国内各方人士的通力合作下,该调查搜集到许多宝贵数据,如伴侣暴力对女性造成的身心损害,全社会为此承担的社会经济后果,部分男性对伴侣和非伴侣、对女性和男性施加的性暴力及其动机,男性从童年到成年所施加与遭受的暴力,针对儿童暴力与针对女性暴力之间的关联等。在暴力解释方面,该调查的贡献主要有两项。一是印证了性别暴力的社会构建性质,即,针对女性的暴力是男性个体、家庭、社区与职场、社会政策和文化观念的共同构建。二是初步厘清了霸权型男性的组成要素及与暴力的理论关联,这在国内相关研究中具有开创意义。在翔实数据的基础上,该文章就消除性别暴力的防治与研究提出了具体建议。

总之,父职正在当代中国社会学界成为独立的学术范畴,关于父职的众多议题都有待研究,并且随着深入的研究,父职自身的更多特质、父职与其他范畴重大且新奇的更多互动将被呈现于可见光中,从而为我们从父职角度向人类共同体贡献来自中国的经验与智慧提供着可能。

王向贤

2018 年 12 月

目　　录

主题一

述评与比较

关于欧美构建新型父职的述评[1]

父职(Fatherhood)是指社会构建的父亲实践,包括男性如何做父亲,父亲的责任、权利、义务和需求,父亲身份如何成为男性自我认同、人际关系、资源分配和社会政策、社会制度的一部分等。在我国,父职研究是一个非常新近的议题,目前只有寥寥无几的学者有涉猎(徐安琪,2009;徐安琪、张亮,2008;徐安琪、张亮,2009;张亮、徐安琪,2009),但早在20世纪60年代末期的欧美国家,已成为民间运动、政府政策和学术热点。而且即使我国父职研究严重匮乏,但显然每个人的成长都与父职有着密切关系。在中国社会急剧变化的今天,分析国外父职构建的现状,对我国儿童成长、家庭建设、社会再生产、公民权、社会团结和社会政策革新都具有重要意义。因此,下文将首先介绍欧美新型父职的发展简史,包括新旧父职的比较和定量评估方式;然后分析男性履行新型父职的体验。

一、新型父职的发展简史

父职的构建是通过个人、代际传递/伴侣、工作单位/同辈群体/社区和社会政策/文化价值观念四个同心圆组成的生态模型来共同构建的。所以父职绝不只是个人行为,而是全社会共同构建的,并嵌入在人类生产和生活的巨大变迁之中。分析瑞典等国家在父职建设方面走在世界前列的先进经

---

① 本文已发表于《晋阳学刊》,2014年第3期。

验,我们会发现现代父职变革是随着工业社会的开始而产生的。

在工业社会开始前的欧洲,儿童自七八岁起就开始寄宿在别人家里开始漫长的学徒生涯,边学习边工作,通过提供家务劳动、职业服务等养活自己,所以父母无须为抚育子女在经济上花费高成本(阿利埃斯,2013)。工业革命18世纪中叶直至其大规模改变了社会的19世纪中叶,许多父母将孩子送往工厂做童工,作为父权家庭的家长,父亲占有了孩子在工厂辛苦工作得到的薪金(Bernard,1981)。童工在工厂里所受的残酷剥削和大量女性进入工厂后对男性成年工人、家庭生活、社会组织形态造成的巨大冲击,强烈刺激着当时的知识分子、政策制定者和普通人群,认为使用价格非常低廉的童工和女工是不道德的,是对社会的严重破坏。恩格斯于1844年发表的《英国工人阶级状况》是当时社会舆论的代表之一。加之工业生产需要受过教育的、熟练的劳动力,随后为儿童提供系统的学校教育开始发展起来。自此,家长不但不能得到儿童早早工作所赚取的薪金,而且需要为其支付数年的教育与生活费用。当许多成年女性也因与成年男性工人竞争工作机会,而被男性成年工人和资本家之间谈判所形成的家庭工资要求回家后,成年男性作为养家人为孩子和妻子提供经济支持功能,成年女性则成为无酬社会再生产劳动的提供者,包括对儿童进行日常照顾,为成年男性和孩子、老人提供家务劳动、情感支持等(Parsons & Bales,1955)。换言之,此阶段的父职角色主要是提供经济支持,在对孩子的日常照顾中则扮演女性帮手的角色,或制度性缺席。

自20世纪70年代,全球化浪潮将许多福特制生产线劳动从发达国家的蓝领工人手中转移到劳动力成本更廉价的第三世界国家后,欧美蓝领男性工人为子女提供经济支持的功能受到严重挑战。而且在同一阶段,强调亲密关系满意度而非白头偕老的融汇之爱兴起(Giddens,1993),离婚率的升高、要求就业等社会权利平等的第二波性别平等运动的开展,都使男性承担工具性角色、女性承担情感性角色的儿童抚育性别分工开始转变。由此,在美国,开始强调男性更多地介入对儿童的日常照顾;在瑞典等北欧国家,则更加注重保障每一个父亲和母亲或孩子的抚养者都有权利平等地参与有酬劳动和儿童照顾,从而开始了当代欧美的父职变革。

粗略来讲,欧美新型父职的构建分为三种路径,以瑞典为代表的社会民主主义、以美国为代表的市场自由主义和以德国为代表的保守主义。

社会民主主义的父职构建强调儿童养育这一人口的社会再生产应由全社会共同承担,瑞典主要通过社会服务(如收费低廉、质量优良的幼儿园)和转移支付(如育儿假期间的薪金等)在政府、企业和家庭/个人之间共同分担。瑞典政府还强调父亲参与照顾子女是成年男性的责任、权利和义务,因而自1974年起将只为母亲提供的产假(Maternity Leave)改为父母皆可休的育儿假(Parenting Leave),并分别于1995年和2002年规定,在父母为每个孩子可享有的480天育儿假中,有两个月必须是父亲休的,称为"父亲月"(Skevik,2006)。除通过带薪育儿假等方式保障父亲在经济上抚育子女的能力外,瑞典政府还鼓励男性积极参与对孩子的日常照料。20世纪50年代中期,瑞典社会开始讨论真男人可以推婴儿车吗?并在接下来的30年间,瑞典媒体上经常出现男性给婴儿换尿布、喂奶、推着婴儿车带孩子在户外玩耍等形象(Klinth,2008)。这些价值观念——父亲不再是儿童养育中的帮手、补充者,而是与母亲一样的承担者——的广泛传播和广为接受,为推动瑞典男性承担新型父职起到了重要作用。同时,瑞典也通过下列具体政策促进男性向父亲转变提供服务。如,在产前辅导班中关注男性需求,帮助男性应对转为父亲的焦虑、恐惧等(Plantin et al.,2011);鼓励丈夫陪妻子做产前检查,看孩子在子宫里的照片,从而有效促进父亲与孩子之间建立关系,做好承担父职的心理准备等(Draper,2002)。

以美国为代表的市场自由主义强调父亲为子女提供经济支持的传统父权功能,这与美国自20世纪六七十年代开始的产业空心化密切相关。当许多蓝领男性工人不再拥有可养活妻子与孩子的家庭工资后,与失业率非常高的非裔底层男性一起,产生了"赖账父亲"(Deadbeat Dads)这一严重的社会现象,即男性离开伴侣与孩子,对孩子的经济和生活需求不负责任。缺席父亲(Absent Father)现象也相当普遍,即不管婚姻、同居等伴侣关系存续与否,由于对儿童进行日常照料被认为是母亲的工作,包括中产阶级男性在内的大量美国父亲很少参与孩子的日常生活。到 20 世纪 80 年代,男性不在经济上抚养孩子、不对孩子进行日常照顾成为全美讨论的核心问题之一,当时美国媒体甚至称美国是"无父的国度"(Sylvester & Reic,2002)。为了寻求应对,美国民众从 20 世纪 60 年代末开始自发地成立相关项目,然后是政府跟进推进新型父职的建设。主要集中于以下两点:①对于因失业、贫困而不能在经济上履行抚养子女责任的底层男性,开展提高男性职业技能的项目,包括提供技术培训、职业规划、有酬实习等。1988 年,美国联邦政府出台了《家庭支持法案》(the Family Support Act),首次要求州政府为失业的、未获得孩子监护权的父母提供就业和培训服务。②促进男性承担父职的意识。如,1985 年,美国全国城市联盟(National Urban League)认识到在非洲裔美国人聚居的内城中,父亲缺席的情况非常严重,于是发起了男性负责项目(Male Responsibility Project)。在 1992 年的美国总结选举中,负责任的父亲成为主题之一。

父职中的保守主义倾向于让传统的社会单位(如父权制家庭)等承担养育儿童的责任。当父职构建中的市场自由主义因就业率下降而面对挑战时,容易与保守主义相结合。如,当美国在 20 世纪六七十年代遭遇父亲危机时,首先予以回应的是保守主义者。他们发起了基督徒权力(Christian Right)运动,希望通过恢复传统的家庭和道德观念来促进父职和家庭。

但总体而言,至少以瑞典为代表的社会民主主义和以美国为代表的市场自由主义,都强调父亲对孩子的日常照顾,从而成为当代欧美新父职运动的显著特点。下面就从父亲对孩子的日常照顾方面,简要比较新型父职与传统父职的不同,并介绍新型父职的量化评估方式。

研究者们总结出下面四种父职承担类型(Hatten et al., 2002;Johansson, 2011)。①管教型父亲。这类父亲和孩子待在一起的时间非常少,但了解孩子生活的大致情况,负责管教孩子。他们是家里的宏观管理者,妻子则是微观管理者,负责日复一日的家庭运转。②玩伴型父亲。这类父亲参与孩子生活是选择性的,主要挑选轻松的部分,如在周末时和孩子一起玩耍或休闲。③帮手型父亲。与前两种类型的父亲相比,这类父亲较多地照顾孩子和承担家务,但倾向于是在"帮助"母亲,母亲仍被视为照顾孩子的首要承担者。因此这类父亲的角色是支持者,而非分担者。④充分参与型父亲,即积极参与孩子日常照顾的新型父亲。这类父亲与伴侣平等地承担家务和照料孩子,他们和伴侣都是家庭责任的首要承担者。他们全心投入父职工作,必要时他们会调整外出工作的时间,以便与照顾孩子的责任相匹配。

从具体的量化研究方法上看,时间使用(Time‐use Methodology)成为评估父职参与的重要方法。时间使用方法最早由家庭经济学家于20世纪20年代创立,半个世纪后,被用来研究父职。我国徐安琪、张亮等研究者最近一两年刚刚开始使用这一方法来研究中国的父职。根据这一研究方法,可将父职参与分为以下三种要素(Lamb,2000):①面对面参与,指父亲与孩子面对面的互动。②可获得性,指孩子需要时,可随时获得父亲的关注与照料。如,父亲在书房看书,孩子在客厅玩耍。③孩子不在场时,父亲承担照顾责任,确保孩子得到照顾和所需的资源。如,当孩子在学校时,父亲在家里为孩子看医生做预约等。另外,父亲和孩子在一起时间的质量也是需要考虑的。如,是否对孩子施行肢体或精神暴力等。

二、男性履行新型父职的体验

在讨论新型父职的体验前,应该尝试估计有多少男性积极参与了对孩子的日常照顾。在瑞典,如果从只准女性休产假改为父母皆可休的育儿假开始来计算(1975年),迄今为止,瑞典政府推动男性参与孩子日常照顾的努力已进行了40年,而且以瑞典为代表的北欧五国为了推动男性履行新型父职,所施行的社会政策为全世界树立了良好榜样。所以下面以瑞典的相关数据为例,推算瑞典男性履行新型父职的大致比例。在"父亲月"实施前的1994年,只有4%的男性使用育儿假;在该项政策实施后的1996年,这一比例迅速提高到45%;1998年更进一步提高到85%(Brandth & Kvande,2003)。在瑞典政府规定的抚养每个孩子可享有的480天育儿假中,瑞典男性所使用的天数比例在2008年时已占到22%,即106天(Mansdotter &

Lundin,2010)。

尽管男性对孩子提供日常照顾的程度增加迅速,但显然仍有巨大阻力。由于赡养家人仍是父亲的核心角色,所以会刺激男性进入劳动力市场。在欧盟的每一个国家,做了父亲的男性比没做父亲的男性就业率高,前者的工作时间也明显长于后者(Deven et al.,1998)。赡养家人仍是男性身份核心和日常照顾者之间的矛盾、外出有酬工作优先于照料孩子和家庭生活的观念与实践显然阻碍着男性承担新型父职。企业对社会再生产拒绝承担责任,也是男性就业者承担新型父职的障碍。调查发现,在瑞典的企业中,只有3%有支持家庭生活和抚育子女的做法。不过2009年的调查发现,瑞典的公司在男性员工休育儿假上变得较积极了(Haas et al.,2000;Haas & Hwang,2009)。

另外,对瑞典、加拿大、美国休了育儿假或曾担任全职父亲的研究发现(Cockburn,1985;Kvande & Brandth,1989;Doucet,2004),与下层阶级男性相比,中产阶级男性更可能成为积极参与孩子日常照顾的新型父亲。这些中产阶级父亲的情况包括:自己已取得了职业或经济上的成功,正在计划下一阶段的人生;妻子有较高的收入,可以独自负担家庭经济所需;有能力雇用下层阶级的女性来定期清扫,从而协助承担父职和家务等。从而部分证明了社会经济优势假设,即,男性的教育程度高、收入高等社会经济优势会促进男性履行养育责任(Furstenberg et al.,1986;Mason & Lu,1988),但更细致地分析这些新型父亲会发现价值观念更重要。即,他们是否接受工作应对家庭友好、不能为前者而牺牲后者;是否愿意接受对男性身份的新界定,如,赡养家人不是男性唯一被认同和最重要的身份,成为负责任的、照顾孩子日常生活的父亲同样重要;是否愿意打破男主外女主内等僵硬的性别分工等。否则,即使社会经济优势更明显,也不会成为男性履行新型父职的有利因素,反而有可能增强男性在孩子日常生活中的缺席程度。下面将分析男性在担任新型父职时的体验。

(一)体验到照顾孩子的乐趣,重新调整了工作对于男性的意义

研究者通过对曾休过育儿假的男性访谈时发现(Brandth & Kvande, 1998;Miller,2011),新型父亲们体验到了与孩子结成纽带关系后带来的乐趣和回报,包括:看着孩子、与孩子说话、与孩子身体接触等。同时,与孩子建立相互信任的关系、为家庭生活做贡献、成为家庭生活的一部分、享受与工作不同的体验、在公共场合展示慈爱的另一面等,都令父亲们感受到强烈的乐趣,并认识到抚育子女是非常宝贵的经历,如果不参与抚育子女的过程,会永远地失去享有这一宝贵经历的机会。

成为父亲后,许多男性对外出工作有了矛盾的想法。一方面,因为需要养育婴儿,外出工作赚钱在经济上变得更为重要;另一方面,孩子促使男性看到生活中其他有意义的事情,从而使有酬工作变得不像原来那么重要了。在育儿假方面,很多男性也感受到了矛盾。一方面,有些父亲减少了工作或采用弹性工作时间,但会担心上司或同事觉得自己不是投入工作的好员工;另一方面,由于职场文化仍要求男性以工作为重心,工作仍是男性气质的核心,所以大多数受访男性都只在孩子出生后休了两周的育儿假。当结束短暂的育儿假、返回工作岗位后,他们的策略是让照顾责任适应工作,于是他们只在晚上或周末不工作的时候照顾孩子。换言之,这些男性的父职类型会在充分参与型和帮手型之间转换。总之,研究者们发现,由于个人、伴侣关系/家庭、工作单位、社会政策和文化观念四方面的综合原因,在男性希望更多照顾孩子的意愿和行为之间存在明显差距。

(二)体会到照顾孩子的辛苦,但男性享有选择照顾孩子程度的特权

首先,男性意识到照顾孩子是一项困难的工作,而且其意义和价值远被低估。如,他们发现全职照顾孩子仍被视为是不同于外出有酬工作的异常工作,所以一些男性尽管很喜欢照顾孩子、做家务,但同时觉得自己不是在

真正地工作。① 因此,他们更理解了女性的生活处境,更能理解和赞成女权主义,从而开始和女性一起要求社会承认照顾工作的重要价值,并和伴侣一起设法使家庭和工作平衡或整合。

其次,男性开始意识到照顾孩子的能力是习得的。他们发现,在新生儿时期,父母之间在照料孩子的能力上没有差别,并没有所谓的母亲本能。但总体来说,母亲比父亲可能花更多的时间去照顾孩子,逐渐发展出更强的照顾能力,对孩子的需求更为敏感。当女性通过长时间地照顾孩子而成为这方面专家后,男性发现自己需要通过妻子才能了解孩子的需求。

另外,在孩子哭闹不止时,有些男性会质疑辛苦带孩子是否值得。这与研究者发现的女性反应截然不同。同样的情况下,母亲易于责备自己,觉得自己是个不懂孩子需求的好母亲。许多女性即使再累,也觉得必须照顾孩子,所以因某种原因不能亲自照顾孩子时,她们会觉得内疚。但不少男性觉得太累时,会拒绝照顾孩子。由于大多数受访男性只在孩子出生后的两周内休育儿假,所以当他们返回工作后,他们设想的是通过弹性工作或相应灵活的安排,每周花一两天照顾孩子,或在自己有空闲的时候照顾孩子。换言之,由于男女两性处于不同的权力地位,许多男性可以选择他们承担父职的程度(Bekkengen,2002)。

(三)男性化的照顾

总体看来,尽管积极参与孩子日常照顾的父亲们吸收了传统上指派给女性的照顾者角色,打破了父职和母职之间的性别隔离,但研究也发现,新型父亲们也在对照顾进行着男性化构建。

首先,全职父亲们通过做包含建造、建筑和体力的男性家务活来平衡他

---

① 其实女性也面临"真正工作"与照顾工作之间的矛盾。一些独自在家带孩子的女性觉得很孤独,怀念外出的有酬工作。这不仅因为有酬工作是自尊的关键来源,而且由于全职母亲仍经常不被视为真正工作,所以一些女性觉得只当母亲,会让别人和自己觉得自身的价值不高。但由于社会仍普遍认为好母亲应该是待在家里无私地照顾孩子,不能有自己独立要求,所以对外出工作的想法和渴望又让女性们觉得自己自私。

们所做的传统上被认为属于女性的儿童照顾工作,并以此来减轻放弃养家人角色所带来的不适。这些男性化的工作包括:房屋维修、木工活、修理电器、做家具、做门和窗户、种菜供自家食用等。

其次,一些全职父亲们通过做家长会的负责人、组织社区活动等来扮演领导者/管理者等传统男性角色,从而部分地消除社会对他们不做养家人的社会凝视。

再次,许多父亲觉得妻子保护孩子过度,所以他们更愿意带孩子出去远足、进行体育运动,他们不太担心孩子会受伤、出危险,而是强调要培养孩子的独立性,从而显示出男性化的照顾。一些母亲将其与自己细致照顾孩子的模式做比较,认为男性照顾的方式更好。这表明,男性再次成为评价女性工作的标准,从而显示出新型父职有可能在某些方面会加强男权式的优越。一些母亲的自我否定也显示出,在目前欧美发达国家的流行生活方式中,到外面运动或呼吸新鲜空气被广泛认为好于待在家里。这一理想生活方式影响了女性对自己养育方式的评价。

最后,积极照顾孩子,但拒绝家务。研究发现,当女性休育儿假时,她们往往同时承担着做家务。但当男性休育儿假时,则较少做家务,不少男性认为带孩子和做家务是两回事(Fassinger,1993)。换言之,父职比家务更容易与男性气质结合。

(四)促使男性减少或放弃危险行为

男性气质病理学(Pathology of Masculinity)指出,由于男性气质的要素之一是鼓励男性进行危险行为,如选择有害职业、进行危险的交通行为、过量饮酒、拒绝看病等(Sabo & Gordon,1995;Courtenay,2000;Mansdotter & Lundin,2010),从而使得男性气质与健康不相容。

男性承担新型父职的经历表明,这会明显改变男性的生活,包括减少有危害性的冒险行为、避免给孩子不健康的食品、阻止孩子做有害健康的危险行为等(Kay,2006;Mansdotter & Lundin,2010)。角色压力理论还发现,男性分担照顾子女责任有利于男女两性的健康。一方面,角色过多会产生压力,从而损害健康。另一方面,因为在一种角色中的紧张可以由另一种角色中的放松或成功来抵消,所以当角色和压力适当时,多重角色会有利于健康。因而,对于承担了过多照顾责任的女性来说,男性分担照顾责任,既会让女性减轻压力和增进健康,也会让男性因角色扩展而获得减压和健康(Barnett,2004)。

吸烟与父职是目前欧美研究的热点之一,吸烟不但被发现损害男性身体健康,而且在北美,吸烟被看作是不道德的行为,危害自身和公共健康,吸烟男性感受到强烈的负罪感。如,当一些在家外、办公楼外吸烟的男性看到行人厌恶的表情时,觉得自己被人厌恶、不正常、难堪、内疚和羞愧,特别是有了孩子后,不少男性觉得自己是个坏父亲。另外,吸烟和父职之间呈现出更多矛盾。一方面,由于吸烟可引起多种疾病,吸烟会威胁和破坏男性作为家庭供养人和保护者的身份,所以吸烟与父职是不相容的。另一方面,由于吸烟被认为可以帮助男性消除工作和生活中的压力,管理不良情绪,提高工作业绩,谋求升职,从而更好地完成养家人的职责,所以吸烟又被认为与父职是相容的。总之,由于长期以来吸烟被构建为男性气质的一部分,成为高度性别化的行为,可以说戒烟就是要求戒除自己男性气质的一部分(Greaves et al.,2010;Bottorff et al.,2012),所以不少男性感到难以戒除。研究发现,大多数的吸烟父亲会调整他们吸烟的地点和具体行为,并采用一些仪式,如清洁(吸烟后洗手、刷牙、用口腔清新剂等)和自我隔离(躲在没人处或吸烟室里吸烟等)来让自己相信自己在努力融合吸烟与父职责任。

三、结语

对照欧美的新型父职建设,可以看到目前我国父职构建的主要路径为市场自由主义和保守主义。市场自由主义体现在,男性主要通过自己劳动力的市场价值交换到的工资为子女提供经济支持。保守主义体现在,儿童抚养基本被认为是个体家庭的私人责任,除九年义务制教育外,政府为儿童提供有效的、覆盖面广的生活和教育津贴仍需完善。在个体家庭中,父职的主要责任在于提供经济支持,但在对孩子的日常照顾上,中国父亲则呈制度性缺席(李慧英,2002;刘伯红等,2008;第三期中国妇女地位调查课题组,2011)。以2010年年底和2011年年初完成的第三次天津妇女地位调查结果为例,在拥有1400万人口的天津,孩子3岁之前,96%的父亲很少照顾孩子;六七成的父亲从不或很少照顾孩子的日常生活、辅导孩子功课(王向贤,2013)。其根本原因之一在于,中国目前的社会政策、文化观念仍认为孩子的生养育首先和主要是母亲的责任。

中国传统文化强调"父母在,不远游"。实际上,家里有儿童时父母也不应长时间地远离。当然这绝不能只怪罪于父母,尤其是父亲的个人选择,而应该从整个社会结构来积极促进父亲参与孩子的日常照顾。所以,无论是从保障男性承担父职的权利、责任和兴趣方面,还是从保障儿童福利、真正实行儿童利益最大化的原则,或是促进包括人口再生产在内的社会再生产的可持续性和全社会公平承担,推进性别平等、打破僵硬的父权制性别分工,促进男性气质朝更公正更多元等方面,我国都迫切需要深入研究瑞典与美国的父职构建路径,以促进我国社会政策在父职建设方面的有益变革。

参考文献

1. 第三期中国妇女地位调查课题组:《第三期中国妇女社会地位调查主要数据报告》,《妇女研究论丛》,2011年第6期。

2. [法]菲力浦·阿利埃斯:《儿童的世纪:旧制度下的儿童和家庭生活》,沈坚、朱晓罕译,北京大学出版社,2013年。

3. 李慧英:《社会性别与公共政策》,当代中国出版社,2002年。

4. 刘伯红、张永英、李亚妮:《工作和家庭的平衡:中国的问题与政策研究报告》,国际劳动组织研究报告,2008年。

5. 王向贤:《亟须变革的家庭内社会再生产——以天津市第三次妇女地位调查为例》,《山西师大学报》,2013年第3期。

6. 徐安琪:《和谐家庭指标体系及其影响机制探讨》,《江苏社会科学》,2009年第2期。

7. 徐安琪、张亮:《父职参与对孩子的效用:一个生态系统论的视角》,《青年研究》,2008 年第 9 期。

8. 徐安琪、张亮:《父亲育儿投入的影响因素:本土经验资料的解释》,《中国青年研究》,2009 年第 4 期。

9. 张亮、徐安琪:《父职参与水平:夫妻配对资料的共识与歧见》,《社会科学》,2009 年第 1 期。

10. Barnett, R. C., 2004, Women and multiple roles: myths and reality, *Harvard Review of Psychiatry*, 12.

11. Bekkengen, L., 2002, *Men have the choice: Parenthood and parental leave in work-life and Family*. Malm?: Liber.

12. Bernard, J., 1981, The good-provider role: Its rise and fall, *American Psychologist*, 36(1).

13. Bottorff, J. L., Kelly, M. T., Oliffe, J. L., Johnshon, J., Greaves, L. & Chan, A. 2012, Tobacco use patterns in traditional and shared parenting families: a gender perspective, *BioMed Central Public Health*, 10.

14. Brandth, B. & Kvande, E. 2003, *Fleksible fedre(Flexible fathers)*, Oslo: University Press.

15. Brandth, B & Kvande, E. 1998, Masculinity and child care: the reconstruction of fathering, *The Sociological Review*, 46(2).

16. Cockburn, C., 1985, *Machinery of Dominance*. London: Roulege.

17. Courtenay, W. H., 2000, Constructions of masculinity and their influence on men's well-being: a theory of gender andhealth, *Social Science & Medicine*, 50(10).

18. Deven, F., Inglis, S., Moss, P. & Petrie, P. 1998, *State of the Art Review on the Reconciliation of Work and Family Life for Men and Women and the Quality of Care Services*, London: Department for Education and Employment.

19. Doucet, A., 2004, It's almost like I have a job, but I don't get paid: fathers at home reconfiguring work, care and the masculinity, *Fathering*, 2(2).

20. Draper, J., 2002, It was a real good show. The ultrasound scan, fathers and the power of visual knowledge. *Sociology of Health and Illness*, 24(6).

21. Fassinger, P. A., 1993, Meanings of housework for single fathers and mothers: insights into gender inequality, in Hood, J. C., (ed.), *Men, work and family*. London: Sage.

22. Furstenberg, F. F., Jr., Nord, C. W., Peterson, J. L. & Zill, N. 1983, The life course of children of divorce: Marital disruption and parental contact, *American Sociological Review*, 48(5).

23. Giddens, A., 1993, *The Transformation of Intimacy: Sexuality, Love, and Eroticism in Modern Societies*, Stanford University Press.

24. Greaves, L., Loiffe, J. L., Ponic, P., Kelly M. T. & Bottorff, J. L., 2010, Unclean fathers, responsible men: smoking, stigma and fatherhood, *Health Sociology Review*, 19(4).

25. Haas, L., Hwang, C. P., Russell, G., 2000, *Organizational change and gender equity-International perspectives on fathers and mothers at the workplace*. Thousand Oaks, CA: Sage Publications.

26. Haas, L., & Hwang, P., 2009, Is fatherhood becoming more visible at work? Trends in corporate support for fathers taking parental leave in Sweden, *Fathering*, 7(3).

27. Hatten, W., Vinter, L. & Williams, R., 2002, *Dads on Dads Needs and Expectations at Home and Work*, London: Equal Opportunities Commission.

28. Kay, T., 2006, Where's Dad? Fatherhood in leisure studies, *Leisure Studies*, 25(2).

29. Klinth, R., 2008, The best of both worlds? Fatherhood and gender equality in Swedish paternity leave campaigns, 1976 – 2006, *Fathering*, 6(1).

30. Kvande, E. & Brandth, B., 1989, *From mother – centered to father-centered research*, Trondheim: Institute for Social Research in Industry.

31. Johansson, T., 2011, Fatherhood in transition: paternity leave and

changing masculinities, *Journal of Family Communication*, 11(3).

32. Lamb, M. E., 2000, The history of research on father involvement: an overview, *Marriage & Family Review*, 29(2 – 3).

33. Mansdotter, A. & Lundin, A., 2010, How do masculinity, paternity leave, and mortality associate? —A study of fathers in the Swedish parental & child cohort of 1988/89, *Social Science & Medicine*, 71(3).

34. Mason, K. O., & Lu, Y., 1988, Attitudes toward women's familial roles: changes in the United States, 1977 – 1985. *Gender and Society*, 1(2).

35. Miller, T., 2011, Falling back into gender? Men's narratives and practices around first-time fatherhood, *Sociology*, 45(6).

36. Parsons, T., & Bales, R. R., 1955, *Family, socialisation and inter-action processes*. Glencoe, IL: Free Press.

37. Plantin, L. Olukoya, A. A. & Ny, P., 2011, Postive health outcomes of fathers' involvement in pregnancy and childbirth paternal support: a scope study literature review, *Fathering*, 9(1).

38. Skevik, A., 2006, "Absent fathers" or "reorganized families"? Variations in father-child contact after parental break-up in Norway, *The Sociological Review*, 54(1).

39. Sylvester, K & Reich, K., 2002, *Making fathers counts: Assessing the progress of Responsible Fatherhood Efforts*, Social Policy Action Network & Annie E. Casey Foundation.

40. Sabo, D., & Gordon, D. F., 1995, Rethinking men's health and illness. In D. Sabo, & D. F. Gordon (eds.), *Men's health and illness: gender, power, and the body*. London: Sage Publications.

转型时期的父亲责任、权利与研究路径①

——国内父职社会学研究述评

父职(Fatherhood)是指社会构建出来的男人如何做父亲的理念和实践,是包含个人层面、群体层面、社区层面、社会政策与文化层面在内的社会生态结构的产物。欧美的父职研究于 20 世纪 70 年代后期兴起,是性别视角在学术领域、民间运动和社会政策深入推进的结果,现已在父职的内容、功能、模式、影响因素和历史变化等方面积累了丰硕的研究成果。

相形之下,国内目前的父职研究数量相当有限。2018 年 3 月 28 日,在中国知网以"父职"为主题词只检索到 32 篇期刊论文和 33 篇博硕士学位论文,这明显滞后于社会转型以来 40 年间父职父代发生的两大变化。第一大变化是郭于华(2001)和杨善华、贺常梅(2004)、王跃生等(2016)众多研究者发现的中国代际关系和养老模式正在发生转型:父代向成年子女及其核心家庭提供经济和劳务支持的责任显著增加,父代通过子女行孝获得的权利正在发生变化,养老模式从原先的子女反馈为主转为子女反馈、父代自养、父代配偶互养和契约模式并行。第二大变化是 2013 年以来两孩政策遇冷后更加凸显的缺席父亲现象,即中国父亲普遍很少为子女提供日常照顾,对此,一些研究者们借鉴北欧与国际劳工组织的理念与政策,要求提供支持父亲积极参与子女照顾的社会政策、职场变革和社会服务(张亮,2014;郑真真,2015;杨菊华,2017)。将父职概念化,剖析其社会构建过程,将促进我们

---

① 本文已发表于《青年研究》,2019 年第 1 期。感谢匿名审稿人的宝贵意见,文责自负。

深入理解这两大变化和男性气质、育幼和养老等相关变量,进一步认识这两大变化所嵌入的个体主义崛起、私人生活变革、新家庭主义、风险社会和在全世界范围内正在进行的第二次人口转型和社会政策模式变革。

在父职研究方面,虽然我国目前社会学界直接以其为主题的研究数量有限,但关于养老、育幼、家庭、社会分层、代际传递等研究经常涉及父职,被称为国本和国粹的具有鲜明儒家特色的孝道更是直接与父职相关,所以下面将综合这些领域述评国内社会学界目前关于父职的研究成果,讨论推进父职研究的路径。由于父职内涵丰富,所以述评之前,需廓清转型期父职的总体框架。首先,与欧美个体化盛行、代际责任以接力为主所决定的父亲责任主要存在于子女未成年期不同,当代中国转型期的住房商品化和育幼等社会保障的家庭化,促使父亲责任不仅存在于子女未成年期,更显著拓展至子女成年后,而且前后两个时期的父亲责任差异明显。其次,与通常的代际交换类似,父亲与子女之间的交换可分为经济支持和日常照顾(含情感照顾)两大类。最后,与国内法律法规主要强调父亲对未成年子女负有责任不同,欧美父职运动彰显的父亲权利理念开始传入。因此,下面将以子女成年前后、经济支持与日常照顾、责任和权利为基本框架来进行述评。

一、子女未成年时期的父职

(一)经济支持责任的完成

在未成年子女的养育职责分配上,转型以来的父职、母职呈现清晰的二元对立和二元互补。如,1990—2010 年的三次全国妇女地位调查发现,全国近半数成年人口认为父职应重在提供经济支持,母职应重在提供日常照顾(杨菊华,2014)。由于国内社会学界的父职视角还处于起步阶段,所以鲜有研究致力于挖掘这一民情的成因和沿革,但以下相关研究已初步显示,这一亲职分工既是现代性的后果,也是当代中国社会转型的产物。

父职应重在赚钱作为现代性的后果,基本与欧美国家现代工业和男性气质的发展模式一致:现代工业使得工作和生活场所分离,经过资本家与工人阶级、男女两性、知识分子与政策制定者等多元主体和多种话语的数百年争论,从 19 世纪下半叶起,通过雇佣劳动中的男性优先等机制,中上层男性和男性熟练技术工人成为家中的主要赚钱者。如,有研究者考察了 1929—1933 年间国共两党各自的《工厂法》和《中华苏维埃共和国劳动法》的内容与制定背景,发现这两部法律均已初步认可父职重赚钱母职重照顾的性别分工(王向贤,2017)。结合刘秀红(2013)、王星(2014)和夏晓虹(2016)等研究者对于清末以来劳动、技术和性别话语的分析,我们可以总结出构建这一父职的三重力量:中国早期现代化工业在工作岗位、工资福利、技术培训等方面优先于男性,强国保种的强势话语要求女性以诞育佳儿为天职,代表欧美主要资本主义国家的国际劳工组织和代表社会主义国家的苏俄政府,分别向当时的中国传播包含父职母职分工理念与设置的劳动保护法规。

然而父亲应以经济支持为主的父职分工并未线性发展,在中华人民共和国成立后的第一个 30 年间,重积累轻消费的计划经济体制所形成的普遍且持续的低工资,使双职工家庭中的父亲难以成为经济育儿的主力(左际平,2005)。因此,在一定程度上,父职应以经济支持为重的当代主流观点尽管根植于中国早期现代化工业发展,但更是人们对市场经济转型以来平均收入大幅提高但性别收入差距持续增大的反应。在 20 世纪 90 年代至今的全国城乡就业人员中,女性平均收入占男性平均收入的比例从八成降至六成左右(国家统计局社会与科技统计司,2007;邓峰、丁小浩,2012)。与此相应,全国成年人中赞成男主外女主内的比例从 1990 年的 44.2% 增至 2010 年的 57.8%,赞成干得好不如嫁得好的比例从 2000 年的 33.6% 增至 2010 年的 44%(杨菊华,2014)。不过,需要谨慎的是,对父亲经济育儿的普遍期望和男性收入的整体优势,并不一定会顺利转化为所有父亲的现实行为。这既与父亲间的经济分层有关,也与男性对父职身份的认同有关。如,王世军(2001)和徐安琪(2003)关于部分离婚男性未承担经济育儿责任的研究显示,离异会强烈影响男性对父职身份的稳定认同。在因追求高质量婚姻等原因而升高的离婚率面前,父职应重在经济支持的高期望和众多父亲对经济育儿责任的履行都面临挑战。

另外,研究者们所发现的近来"主妇化"趋势、女性就业率持续走低和部分女性退出劳动力市场的主因是照顾幼儿责任过于沉重等现象(吴小英,2014),在加重父亲经济育儿责任的同时,也直接影响着父亲为年幼子女提供的日常照顾。

(二)日常照顾的责任豁免与新兴权利

很少为孩子提供日常照顾,即缺席父亲已被多项调查证明是中国父亲的普遍特征。如,2010年的全国妇女地位调查数据显示,在照料孩子和辅导孩子功课的主要承担者方面,父亲所占比例分别为6.6%和10.8%,远低于母亲所占的56.2%和36.6%(刘爱玉等,2015)。除性别外,众多研究者如金一虹(2010)、李代、张春泥(2016)等发现,城乡是制造缺席父亲的另一社会结构性力量,户籍藩篱和农村大量青壮年男性的劳务迁徙制度性地再生产着缺席父亲。历时来看,缺席父亲并非转型期的发明。早在20世纪40年代,费孝通(1998)基于对西南乡村的观察,已发现儒家乡土社会存在社会性父职和抚育性母职之分,即为代表成人社会将子女规训成人,父亲们刻意通过严父不可狎的方式保持着与年幼子女在日常照顾和情感上的疏离。换言之,社会制度与历史文化均通过缺席父亲的制造在不同程度上豁免着父亲的日常照顾责任。

与通常被视为父亲责任不同,近年来为年幼子女提供日常照顾开始成为父亲的一项新兴权利。20世纪后期,儿童对家长经济上无用但情感上无价、风险社会中家庭情感功能增强等观念的普遍转向,使从爱和亲密关系中获得情感成为后工业社会的新兴公民权利(周穗明,2009)。中国多年实行的独生子女政策和已形成的普遍少子观念更使这一情感获取渠道变得狭窄而珍贵。1974年瑞典成为全球首个为男性提供带薪育儿假的国家,这不但通过确认就业男性获得带薪育儿假是一项劳动权利,从而认可和落实了上述情感权利,而且与儿童中心论更受重视等因素一起,共同引发了欧美国家20世纪七八十年代以来的父亲参与浪潮,即重视父亲在儿童成长中的作用,要求父亲通过积极参与子女日常生活,向子女提供充足的照料、指导和陪伴等,社会文化、劳动力市场和社会政策应支持父亲积极参与孩子日常生活等(Lamb,2000;Sylvester & Reich,2002;Johansson & Klinth,2008)。

21世纪初,关爱父亲的研究和理念传入中国。《爸爸去哪儿》成为研究者们经常提及的中国关爱父亲正在出现的典型事例(桂昕翔,2013;于珊,2016)。然而这一新型父职杂糅着浓重的传统父职色彩。徐安琪(2010)的研究显现,至少在部分程度上,关爱父亲话语本身就是传统父职和传统支配型男性气质感受到危机的反应。面对"男孩危机",父亲们被呼吁积极参与子女日常生活,特别是要引导儿子形成坚毅、勇敢、果断等支配性男性气质。为此,父亲们被倡导在参与程度上摒弃缺席父亲的旧传统,但在参与方向上被鼓励承担强化传统性别分化的父职:做智慧、理性、自信、粗线条的父亲,做孩子的智力开发者、道德规训者和家外世界的引路人(陶艳兰,2015)。由此,关爱父职代表的新型男性气质不但与缺席父亲代表的传统男性气质达成合谋,而且会主动借助已被公众认可的传统支配型男性气质(如富有、声望、坚毅、理性)来支持或中和"奶爸"等新型父亲所包含的体贴、细心等非传统男性气质(董典,2017)。

同时,作为新理念和新生活方式的关爱父职,有可能成为阶层不平等的表现和结果。如以中产阶级为蓝本的《爸爸去哪儿》等明星真人秀节目在促进新型关爱父职的同时,也在男性群体和各类家庭之间制造着新的等级和霸权。阎婧(2009)和傅冰燕(2016)的研究发现,在城乡、职业和学历等社会阶梯中的下位者,较少有机会接触到相关信息或可及的现实榜样,从而更少认同重视情感的关爱父职,更多认同赚钱养家这一工具性父职。所以综合来看,新旧父职话语之间既冲突,也相互收编,而且新型的关爱父亲趋势中包含的阶层特权,对支配性男性气质和性别不平等起着削弱和增强的双重作用。

就整体而言,无论是从历史根基、收入分配还是民情倾向来看,父职应重在经济支持仍是主流话语,缺席父亲普遍存在,积极为子女提供日常照顾的新型关爱父职仍是边缘的小众话语和较为零星的存在。实际上,只要父职应重在经济支持的育儿分工仍持续通过社会机制得以再生产,即文化规范削弱男性育儿意愿,社会化过程不鼓励男性发展照顾能力,劳动力市场偏好男性且要求工作优先于家庭,社会福利制度限制父亲参与育儿,那关爱父亲只能是小部分人士的选择(王舒芸、余汉余,1997)。从这个意义而言,就业男性是否能得到较充足的带薪育儿假,是父亲情感权利是否被承认的试金石,是传统缺席父职是否真正开始向新型关爱父职转型的风向标。从男性护理假/陪产假在国内目前仍更多是对遵守生育政策者的奖励,而非被承认的劳动权利来看,这一转型道路漫长。

(三)构建与功能

由于男性对父职的认知和实践并非天生,而是不断构建,所以影响因素多层多元。在个人层面,男性本人对父职的高认同、育儿上的高技能、非传统的性别角色态度(如愿意承担传统上被界定为母亲职责的育儿劳动)、教育程度高和居住于城市,被发现对父职参与有促进作用(徐安琪、张亮,2007,2009a)。在夫妻层面,在资源交换原则和家庭利益最大化的影响下,丈夫的高收入和有酬工作时间长会减少对孩子的日常照顾(刘爱玉等,2015)。同时由于社会构建出来的女性育儿专家地位,妻子在育儿活动的分配上扮演着守门人角色,她们对传统育儿性别分工观念的内化或反对,会显著影响丈夫日常育儿活动的参与程度与方向(邹盛奇等,2016)。在代际因经济、劳务和情感互动而形成的核心家庭网络化方面,沈奕斐(2013)发现这为双方父母直接介入儿子或女婿的父职认知和实践提供了更多机会,有些父母会反对成年儿子参与日常育儿劳动,从而扮演着再生产传统父职的角色。另外,孩子本身的特质(如脾气、健康或残障情况)、孩子对父亲的反馈等,也会影响男性的父职参与(徐安琪、张亮,2009a)。在福利体制和社会政策方面,有研究者对比了中国、美国和瑞典的父职构建模式,指出中国目前介于保守主义和市场自由主义之间,即抚养儿童的经济责任主要被归于家庭这一传统的育儿主体,所需经济花销主要通过父亲出售劳动力来交换(王向贤,2014)。与此相应的是,与转型期间女性产假从 90 天延长至 128 天不同,男性护理假不但被定性为对遵守计划生育法规的奖励,而且天数短暂(徐安琪、张亮,2009b)。就父职相关研究的总体情况来看,与个人层面和家庭层面相比,国内社会学界从同辈群体、社区、职场和社会政策研究层面进行的父职研究更为匮乏。不过,实施家庭—工作平衡政策、促进男性参与育儿已成为国内目前社会学界的主流观点,相关的实证研究应该会在不远的将来较多地出现。

在父职承担所产生的功能方面,无论对于男性自身还是社会,正功能显著多于负功能(徐安琪、张亮,2005,2007,2009a,2009b;穆峥、谢宇,2014)。首先,成为父亲和履行父职带给男性许多正面感受,包括自豪、喜悦、荣誉、安全感和成就感,孩子带来的亲密情感、归属感、新鲜感和生命意义等。其次,降低风险行为,减少吸烟等不健康习惯。最后,增强男性稳定就业、获取高工资的动力,提高出勤率,缓冲工作压力,促进整个社会的生产力等。在负功能方面,徐安琪、张亮(2007)发现,只有一成的父亲认为孩子影响了自己的工作。这表明,父亲们会在有酬工作和照顾孩子之间进行优先排序,但这显然是以妻子大量承担无酬育儿劳动、双方父母提供隔代照料、中上阶层通过购买育儿服务等性别、代际和阶层之间的育儿责任等级分配为前提的。

除直接从父亲主观感受这一角度研究父职功能外,代际传递研究是中国目前社会学界涉及父职的主要议题,发现父亲是影响个人生活境遇、再生产社会阶层和结构的重要渠道,并因性别机制而对子女产生着与母亲有异有同的影响。如吴晓愈等(2018)发现,与单亲母亲的子女相比,单亲父亲的子女虽然因缺少母亲的教育支持,从而学业平均表现低于前者,但在家庭平均收入和家外社会资本方面强于前者。但总体来看,父职在国内社会学研究中尚未成为相对独立的学术概念,所以代际传递的研究者们通常是将父母的社会经济地位或资源合计,或以父亲代表父母整体情况。在中国当代的性别分层和子女未成年时期的父母分工都较为显著的基本背景下,代际传递领域内父职母职的混同考察会阻碍研究者对儿童成长、父职参与和代际传递机制的深入理解。

二、子女成年时期的父职

(一)照顾责任的性别微调

作为代际支持的传统方式,费孝通(1998)指出,反哺意味着子女成年后,特别是通过立业和成家获取社会性成人资格后,年长父亲责任减少并通过子女赡养享受父亲权利。但如本文开头所述,社会转型以来育幼、代际和养老模式的变化,使城市父代的责任在子女成年时期进一步强化,突出体现在为子女购买婚房或支援首付、密集提供以照顾孙辈为核心的劳务。由于家庭成员同居共财等原因,国内社会学界目前鲜少有人比较年长父母为成年子女提供经济支持方面的性别异同,但在为成年子女特别是孙辈提供的照顾劳动方面,少量研究发现或显示了传统父职的微调。

在照顾人手上,康岚(2012)发现影响年长父母是否提供隔代照顾的显著变量之一就是祖母是否退休或不再从事其他有酬劳动,祖父的工作情况则无显著影响。这表明无酬照顾儿童的责任会在女性生命的不同周期中延续,但男性则无论是作为父亲还是祖父,都更可能是儿童日常照顾中的辅助者。不过在父亲应以有酬工作为优先这个制度性因素随男性退休而消失后,宴居于家的年长父亲们开始承担传统上分配给女性的照顾劳动。如,肖索未(2014)和石金群(2016)的研究显示,一些年长父代的拆分式服务,即父亲和母亲分别居住于子女家来提供家务服务,使部分年长父亲开始承担传统被划归女性的照顾劳动。沈奕斐(2013)的城市人类学研究进一步显示了传统与变革的微妙融合。在年轻父亲阶段,男性承担的是通过家外劳动赚钱养家的外务;在年长父亲阶段,退出有酬劳动的男性回到家内,开始专司内务,但通过内外界线的滑动,年长父亲较少参与做饭、洗衣等内务中的内务,而是较多承担日常采购和接送孙辈上下学等内务中的外务。

与年长父亲照顾责任的性别微调相比,大量父亲在子女年幼时扮演的缺席父亲角色、社会构建的男性普遍照顾能力不足和相应的男性气质仍是主流,并将年长父亲置于不利处境。

首先,年长父亲从成年子女处获得的情感支持通常少于年长母亲。如,一项关于农村老人的研究发现,在经由聚类分析辨识的亲密有间型、亲近型、近而不亲型、疏远型和矛盾型五种类型代际关系中,前两种之和在子女—父亲代际关系中占四成,显著低于子女—母亲代际关系中的六成(宋璐、李树茁,2017)。即使儿子本人成为父亲、因与父亲达成视域融合而较深入理解父亲后,仍因社会构建的男性间情感表达禁忌而较少向父亲提供情感支持(陈安琪、谢卧龙,2009)。与年老母亲相比,年长父亲照顾孙辈的较少时间和较低承受力,促使成年子女在因父母帮助自己照顾子女而予以的经济回报中厚母薄父(宋璐、李树茁,2010)。如,宋璐等人(2015)发现,面对烦琐细致的孙辈照料,年长男性的角色负荷能力明显低于年长女性,无论是低度负荷还高度负荷,均更易于与成年子女产生矛盾。

(二)从儒家孝道研究反推父亲权利

对于转型期年长父亲们的权利,如本文开头所述,研究者们的基本共识是显著减少。但由于父职视角尚未在国内目前的社会学研究中确立,所以进一步的追问——在应然和实然层面,转型时期年长父亲具体拥有哪些权利?与年长母亲有何异同?这些权利的源头和性质是怎样的?权利和权力之间有何异同等——尚未明确进入视野,甚至不易找到研究的切入点。因此,叶光辉和杨国枢(2009)所做的当代儒家孝道研究虽然并不以父代权利或父职为关注点,但他们的考察和随后的跟进研究为理解转型时期的父代权利提供了基础,并进而为研究子女成年时期的父亲权利和整体的父职研究提供了一个宝贵的视角。

叶光辉和杨国枢(2009)认为儒家存在双元孝道:基于父权规范的权威性孝道和长期共同生活形成深厚情感的相互性孝道。他们指出,尽管中国台湾现在已是现代工商业社会,但儒家双元孝道在经过彼此力量的调整后,仍相当稳定地被保留下来,并基于调研结果,把儒家孝道归纳为敬、爱、双、亲、和、顺、从、双、亲等15项。由于孝道是子代对待父代应有的态度与行为,所以我们可以在二位研究者的基础上,初步反推出父代权利:得到子女感谢、敬爱、陪伴、奉养和以礼对待,自己有错时子女婉言相劝,子女继承自己的志业,为自己带来荣誉,努力让自己愉悦,使自己免于操心,子女特别是儿子生育下一代男孩,为自己举行体面的葬礼和经常祭祀。

在国内,研究者们运用上述双元孝道理论和测量方法发现:在观念上,这些孝道原则,即父代权利被广泛承认。但从实际情况看,父代权利在自愿和被动两个方向上明显收缩。对于有较充足退休金和自理能力的年长父代们而言,荣亲、侍亲并不被其看重,而是更加在意子女健康、陪伴在侧和使亲无忧,所以愿意通过为成年子女及其家庭提供经济和劳务支持来换取自己所需(沈奕斐,2013;刘汶蓉,2013、2016)。对于需要子代提供经济支持和日常照顾的部分年老父代而言,研究者郭于华(2001)发现,当前养老模式中强调经济理性的契约交换使成年子女容易忘记自己年幼时父母提供的照顾,从而要求当下的、即时的交换。鉴于男性平均寿命少于女性,且拥有退休金的比例和平均金额都高于女性,所以转型时期养老模式中的经济理性主义会较有利于年长男性。

与此同时,出嫁女儿对娘家父母的赡养正成为发展势头强劲的父代新权利。如,唐灿等(2009)研究者发现,出嫁女儿省亲时带回的大量礼物、对父母平时和生病时的照顾,都为父代提供了高质量的荣亲、养亲、侍亲和顺亲。随着出嫁女儿对娘家父母的赡养功能从边缘到中心,父系父权经历着温润的消解。对于强调父子之间在血缘和人格上形成连续主体的父子一体观念,费孝通(1985)等研究者认为养儿防老是其内核和功能,传承宗祧是其文饰或是贵族才追求的目标。对于普遍人而言,当养儿防老转向养女防老或自养为主等多元形式、不必依赖养儿防老时,不但男孩偏好丧失了部分必要性,而且年长父代权利中的男主女配也部分地失去了合法性。换言之,与年长父代权利收缩相伴随的,是男权制所赋予权力的减损。

上述研究不但为我们理解年长父亲和母亲共享的父代权利提供了基础,而且提醒我们,欲理解当代中国转型时期的年长父亲的父职,必须对儒家父职,这一当代中国父职的前身,如何以"活着的传统"连接过去、现在和未来形成学术敏感性。鉴于国内目前社会学界的父职研究高度依赖从国外引进的概念和议题,研究方法和视野的本土化不足,下面从国内儒学和史学的相关研究成果中,为偏重于当代研究的社会学深入理解转型时期年长父亲的责权勾勒儒家父道的基本脉络。

(三)儒家父职的责权演变与当代关联

依据肖群忠(2001)和徐复观(2004)等人对孝道的研究,从责任与权利的角度看,儒家父道可分为三个时期。先秦至汉代是儒家父职形成期,强调父慈子孝,集中体现于《韩诗外传》对何谓父道和慈仁父爱所进行的界定:"夫为人父者,必怀慈仁之爱,以畜养其子,抚循饮食,以全其身。及其有识也,必严居正言,以先导之。及其束发也,授明师以成其技。十九见志,请宾冠之,足以成其德。血脉澄静,娉内以定之,信承亲授,无有所疑。冠子不詈,髦子不笞,听其微谏,无令忧之。此为人父之道也"(韩婴,1980)。抛开该父道对女儿的排斥,从年龄与责权交叉的角度来看,《韩诗外传》对父道的上述界定具有两个特点:一是强调父对子,特别是对未成年子辈的责任,这迥异于汉代至明清时对父亲权利/权力的极力强调。熊秉真(2000)通过对唐代以来儿童生活考察所发现的儿童具备初步自理能力后,即被鼓励以成人身份恪尽包括孝道在内的人子职责。二是已近似于今天的关爱父亲标准,强调父对子的责任,要求父亲在人格上尊重其子,在生活上照顾其子。但由于汉代之后的孝道极力强调父亲对子女的绝对权威,使慈仁父道这一本土版的关爱父职在此后的两千年间几乎未再重现于儒家典籍。

汉代至明清,儒家父道、子道从汉以前的以亲子间相互责任为重,转为极力彰显父亲的绝对权威。虽然史学家赵园(2015)等人指出在孝道极则下,生活中依然有多元父子关系,并爬梳出古代多位父亲和子女间的亲昵情深,诸多家训和训子作品也都展现了父家长们对后代的殷切关爱,但在权威性孝道的差序格局中,关爱父亲的权变空间毕竟有限。在维持儒家伦理要求的父子关系基本上被设置为子代的单方面义务之后,尽管《唐律疏议》等通过孝道入法对父亲的责任有所确定,如家长失于监管,则不追究实际行为人的责任(朱勇、成亚平,1996),但规定父亲对于子女的责任细节已无必要,更常见的是如《孝经》般详细规定子女之责,并且不再根据子代年龄界定父亲的责任。

清末以来,虽然20世纪20年代起的第一代和第二代新儒家从孝道的合理性或孝道孝治分离等方面为之辩护,但儒家孝道总体上遭到强烈批判。胡适、鲁迅等人从自身经验出发,倡导通过变恩为责、代际平等和人格自由来重建父职(肖群忠,2001)。即叶光辉和杨国枢(2009)所指出的,儒家双元孝道从汉至明清的以权威性孝道为纲要,转至民国以后开始的以相互性孝道为主,先言慈再言孝的新父道将子女是否行孝,从子女责任转为父亲责任。但胡、鲁等先锋的努力淹没于清末以来强国保种激发的母职时代强音。同时他们对儒家极则孝道的批判,也使他们忽略了儒家之后的现代新父亲应该拥有哪些权利的探讨。

由此,可以看出当代中国转型时期父职与历史上儒家父职之间的关联。第一,不同于当代父职强调父亲对于子女的责任,儒家父职非常强调父亲的权利,从而促使儒家父亲应承担哪些具体责任,清末以后的新父职到底包含哪些责任和权利,一直没有得到可以与儒家孝道相媲美的详细界定。发展到当代的转型时期,父亲们拥有哪些权利也是被忽视的研究议题。也正因为如此,父职研究对于理解父亲这一绝大多数男性都要经历的关键身份,对于理解转型时期的男性气质、育幼、养老、代际互动、职场、社会保障与社会政策都非常必要。第二,当前转型时期,子女成年后的父亲责任显著增加、权利减少,其实是清末以来父职转向的继续,但性质有变。五四运动对封建父权的集中批判,实际是对极则型父职的摒弃,胡适和鲁迅开启的新型父职则主动要求增加父亲责任、大力削减家长制赋予的父亲极权。当代中国社会转型以来父亲权力/权利继续收缩,而且在父亲应然权利模糊的情况下,由于社会保障责任家庭化、育儿模式精细化和个体主义等诸多制度性因素叠加,父亲合理权利随父权赋予的父亲权力的减少而被侵蚀。第三,接近于关爱父职的慈仁父道曾经是儒家典籍的内容,更是部分士人生活的写照。虽然五四运动时期鲁迅等人倡导的新父职和当代从欧美进口的关爱父职理念都是基于西式的平等、民主和自由，但儒家典籍中其实也包含着关爱父职的胚芽。所以面对当代转型时期年长父代权利的失落，并希望在儒家传统文化中寻找可能解决方案时，不必将想象力局限于回返以"尊尊"为根本的父权制度。① 另外，叶光辉、杨国枢（2009）指出，欲实现以《孝经》为代表的儒家父权，需要从小规训子女服从差序等级。但当代父母着重培养的并非行孝，而是适应现代社会的个体取向（刘汶蓉，2015）。换言之，当行孝由强制规训下降为相对的自主选择时，强调父为子纲的儒家父权已丧失了日常生活根基和再生产机制。

父职，作为政治经济和历史文化的产物，作为连接国家、职场、家庭、代际、性别和个人的枢纽，在中华民族的数千年历史中，显然经历了纷繁复杂的变化。就此而言，上述儒家父道的三时期分法当属初步的理想类型，需要大量的验证与细致的剖析。但即便如此，它也促使我们意识到历史性是父职的根本性质，即，父职并非天生，而是不同历史主体在不同历史情境下的主动构建和意外效果的结合。儒家父职由此而为当代中国父职奠定的大量显见和不显见的观念、理论、惯习、先见和民情，使其成为研究转型时期父亲责权变化的起点与土壤。数千年来，儒家通过典籍、律法、旌表、家训对成年子女（包括被视为成年人的儿童）如何向年长父亲行孝的繁复构建，则使儒家父道成为理解转型时期年长父亲权利/权力涨落的基础。

三、总结与讨论

概而言之，研究者们发现转型时期的父职既有对以往的延续，也有发生新的变化。对于未成年子女的父亲，缺席于孩子的日常照顾和被期待承担主要的经济支持是主要形态。虽然为子女积极提供日常照顾的新型关爱父职正处于萌芽，但就业男性想拥有足够带薪时间照顾子女作为新兴父亲权

---

① 杨华所著的《隐藏的世界：关于农村妇女的人生归属与生命意义》（2012）和吴柳财（2017）等关于《礼记·曲礼》等的考察，均显示出哀悼父权失落，希望通过回返儒家原典来挽救世风的倾向。

利,目前尚未得到劳动力市场和社会政策的真正承认,媒体倡导关爱父职的同时也再生产着支配性男性气质和传统父职。对于成年子女的父亲,在社会保障责任以家庭为主的转型时期,在代际支持模式由反哺向接力的形式转型中,父代为成年子女及其核心家庭提供经济和劳务支持的责任显著增加,父代通过成年子女行孝而获得的权利减少。但整体而言,父职尚未成为研究年长父亲责权的有效学术概念。对于年长父亲,有少量研究发现在传统性别分工延续和微调的同时,他们与年长母亲相比,在权利和责任上经历着方向不一的变化。

在研究图式上,目前国内社会学界的父职研究主要运用生态结构论,并被研究成果证明的确有效。不过,目前国内社会学的研究主要聚焦的是个人层面(男性本人对于父职的认知与履行及本人社会经济特征的影响)、家庭层面(妻子、双方父母和孩子如何影响男性的父职),对于其他群体(如男性社交群体)、社区(如工作单位、居住区域)很少涉及,对社会政策(如育幼政策和养老政策)建构父职的重要性已经意识到,但缺少深入细致的研究。因此,更明确地将父职研究置于个人与家庭之外的更广阔社会群体、社会结构和社会制度,应该是今后国内社会学父职研究的方向之一。

在研究视角上,性别是国内研究者们研究父职和相关议题的核心。研究者们通过将性别与阶层、城乡等变量交叉运用,在未成年子女的父职方面取得了较多成果。相形之下,性别视角在年长父亲的父职研究方面,有下降为性别对比的倾向。然而,父职研究并不否认父职、母职的共同性,并不是要制造父职和母职之间的机械对比,而是要从生态结构论的四个层面,结合阶层、城乡、国家、全球化等多个视角,准确描述和深刻解释父职的社会构建过程,考察其中所蕴含的个人认同、人际互动、物质生产和人口再生产双重劳动,理解男性为人父所需的资源、需要承担的责任、应该享有的权利,所以浅层的性别对比弱化了性别视角对父职的洞察能力。

虽有不足,但总体上看,在国内目前的父职和相关研究中,西来的生态结构论和性别视角都富有解释力,表明转型时期中国的父职与全世界都分享着共通部分。但与世界许多国家和地区一样,中国毕竟有着自己相对独立的历史、民情和政治经济文化制度,所以必须对中国特质形成足够的学术敏感性,找到富有本土特色的父职机制。

儒家父职作为当代中国父职之本,通过渗透于国家与社会、制度与生活,不但活在当下,而且影响深远,从而成为构建中国父职的最基本、最重要的机制。如上文所述,叶光辉和杨国枢开创的双元孝道为从儒家孝道反推儒家父职提供了有效研究工具。不过,从这一角度开展的研究远不能穷尽儒家父职及其对当代中国父职的影响。阅读国内外关于中国传统社会中的父权、孝道和家庭生活的研究成果,如熊秉真(2000)发现的士大夫家庭亲职核心从宋元之前的道德训导转至元代科举制度确立后的督促举业,并逐渐发展出父亲决策、母亲督导的分工。我们可以发现,当代中国父亲责权的模糊、制度性的缺席父亲、父亲的传统角色(规则制定者、道德训导者和家外世界的引路人)、父亲的传统育儿活动(偏重承担对儿子的智育、带领孩子外出活动)等,都可在中国传统儒家伦理和实践中找到依据和事例。所以,研究儒家父职的历史发展与当代形貌是深化父职本土研究的基石。

在中国已发展近百年的社会主义实践,是另一项举足轻重的本土父职构建机制,所生成的社会制度和社会政策深刻地影响着当下父职的形貌。如,王向贤(2017)通过分析中华人民共和国成立前的劳动法,提出中共彼时已初步形成介于欧美父职和苏维埃父职的中间道路。陈皆明(1998)和王天夫等(2015)分别发现,1949年以来的城市工业化、农村土地集体化大大降低了传统大家庭的经济功能,父家长依赖的物质基础被显著削弱。左际平、蒋永萍(2009)认为,计划经济虽然没有为男性提供明显高于女性的平均工资,但沿用和强化了男性应以有酬劳动为重、缺席于孩子日常照顾的理念。总体而言,在社会主义本土父职实践方面,目前的社会学研究不但数量稀少,而且在总结百年社会主义实践如何构建当代父职之前,研究者们都需辨识和剖析众多的理论问题和实证问题。

总之,儒家父职为中国当代父职提供了原型和深厚民情,社会主义本土实践提供了理念和社会制度,性别视角则提供了两个层面的交叉:一是阶层、城乡等重要变量与性别的交叉。二是性别与儒家传统、社会主义实践的交叉,生态结构理论则为这双重交叉提供了易于把握和操作的研究图式。由此组成的既重视横断面也重视历史性的研究路径,应该会有效推动父职概念在国内社会学界的进一步确立,并通过深入研究转型时期父亲的责任与权利,推进对育幼、养老、家庭、性别和男性气质等相关概念的理解。

参考文献

1. 陈安琪、谢卧龙:《从隐向静默到众声喧哗:论父子亲密关系之跨世代影响》,《应用心理研究》,2009 年夏季号。

2. 陈皆明:《投资与赡养——关于城市居民代际交换的因果分析》,《中国社会科学》,1998 年第 6 期。

3. 邓峰、丁小浩:《人力资本、劳动力市场分割与性别收入差距》,《社会学研究》,2012 年第 5 期。

4. 董典:《"奶爸"的男性气质解读——基于近五年"奶爸"话题》,华东师范大学硕士学位论文,2017 年。

5. 费孝通:《费孝通文集》,天津人民出版社,1985 年。

6. 傅冰燕:《生态系统理论视角下父亲参与育儿研究——基于龙岩市的实证分析》,华东师范大学硕士学位论文,2016 年。

7. 桂昕翔:《〈爸爸去哪儿〉:文化的权力隐喻及其传播》,《创作与评论》,2013 年第 24 期。

8. 国家统计局社会与科技统计司:《中国社会中的女人和男人——事实和数据(2007)》,2007 年。

9. 郭于华:《代际关系中的公平逻辑及其变迁——对河北农村养老事件的分析》,《中国学术》,2001 年第 4 期。

10. 韩婴:《韩诗外传集释》,许维遹校释,中华书局,1980 年。

11. 金一虹:《流动的父权:流动农民家庭的变迁》,《中国社会科学》,2010 年第 4 期。

12. 康岚:《反馈模式的变迁:转型期城市亲子关系研究》,上海社会科学出版社,2012 年。

13. 李代、张春泥:《外出还是留守?——农村夫妻外出安排的经验研究》,《社会学研究》,2016 年第 5 期。

14. 刘爱玉、佟新、付伟:《双薪家庭的家务性别分工:经济依赖、性别观念或情感表达》,《社会》,2015 年第 2 期。

15. 刘秀红:《南京国民政府时期劳工社会保障制度研究 (1927—1937)》,扬州大学博士学位论文,2013 年。

16. 刘汶蓉:《当代家庭代际支持观念与群体差异》,《当代青年研究》,2013 年第 3 期。

17. 刘汶蓉:《青年白领的育儿压力与教养期望》,《当代青年研究》,2015 年第 3 期。

18. 刘汶蓉:《转型期的家庭代际情感与团结——基于上海两类"啃老"家庭的比较》,《社会学研究》,2016 年第 4 期。

19. 穆峥、谢宇:《生育对父母主观幸福感的影响》,《社会学研究》,2014 年第 6 期。

20. 沈奕斐:《个体家庭 iFamily:中国城市现代化进程中的个体、家庭与国家》,上海三联书店,2013 年。

21. 石金群:《转型期家庭代际关系流变:机制、逻辑与张力》,《社会学研究》,2016 年第 6 期。

22. 宋璐、李树苗:《照料留守孙子女对农村老年人养老支持的影响研究》,《人口学刊》,2010 年第 2 期。

23. 宋璐、李树苗:《农村老年人家庭代际关系及其影响因素——基于性别视角的潜在类别分析》,《人口与经济》,2017 年第 6 期。

24. 宋璐、李亮、李树苗:《老年人照料孙子女对农村家庭代际矛盾的影响研究》,《心理科学》,2015 年第 5 期。

25. 唐灿、马春华、石金群:《女儿赡养的伦理与公平——浙东农村家庭代际关系的性别考察》,《社会学研究》,2009 年第 6 期。

26. 陶艳兰:《流行育儿杂志中的母职再现》,《妇女研究论丛》,2015 年第 3 期。

27. 王世军:《谈谈城市单亲家庭的贫困问题》,《社会》,2001 年第 4 期。

28. 王舒芸、余汉余:《奶爸难为——双薪家庭之父职角色初探》,《妇女与两性学刊》,1997 年第 8 期。

29. 王天夫、王飞、唐有财等:《土地集体化与农村传统大家庭的结构转型》,《中国社会科学》,2015 年第 2 期。

30. 王星:《技能形成的社会建构:中国工厂师徒制变迁历程的社会学分析》,社会科学文献出版社,2014 年。

31. 王向贤:《社会政策如何构建父职?——对瑞典、美国和中国的比较》,《妇女研究论丛》,2014 年第 2 期。

32. 王向贤:《承前启后:1929—1933 年劳动法对现代母职和父职的构建》,《社会学研究》,2017 年第 6 期。

33. 王跃生:《当代中国家庭结构变动分析》,《中国社会科学》,2006 年第 1 期。

34. 王跃生:《中国家庭代际功能关系及其新变动》,《人口研究》,2016 年第 5 期。

35. 吴小英:《主妇化的兴衰——来自个体化视角的阐释》,《南京社会科学》,2014 年第 2 期。

36. 吴晓愈、王鹏、杜思佳:《变迁中的中国家庭结构与青少年发展》,《中国社会科学》,2018 年第 2 期。

37. 夏晓虹:《晚清文人妇女观》(增订本),北京大学出版社,2016 年。

38. 肖群忠:《孝与中国文化》,人民出版社,2001 年。

39. 肖索未:《"严母慈祖":儿童抚育中的代际合作与权力关系》,《社会学研究》,2014 年第 6 期。

40. 熊秉真:《童年忆往——中国孩子的历史》,麦田出版社,2000 年。

41. 徐安琪:《单亲弱势群体的社会援助》,《江苏社会学科学》,2003 年第 3 期。

42. 徐安琪:《男孩危机:一个危言耸听的伪命题》,《青年研究》,2010 年第 1 期。

43. 徐安琪、刘汶蓉、张亮、薛亚利:《转型期的中国家庭价值观研究》,上海社会科学院出版社,2013 年。

44. 徐安琪、张亮:《孩子效用:转型期的特征与结构变化》,《青年研究》,2005 年第 12 期。

45. 徐安琪、张亮:《父亲参与:和谐家庭建设中的上海城乡比较》,《青年研究》,2007 年第 6 期。

46. 徐安琪、张亮:《父职参与对孩子的效用:一个生态系统论的视角》,《青年研究》,2008 年第 9 期。

47. 徐安琪、张亮:《父亲育儿投入的影响因素——本土经验资料的解释》,《青年研究》,2009 年 a 第 4 期。

48. 徐安琪、张亮:《父亲育儿假:国际经验的启示和借鉴》,《当代青年研究》,2009 年 b 第 3 期。

49. 徐复观:《中国思想史论集》,上海书店出版社,2004 年。

50. 阎婧:《幼儿父亲角色知觉认知》,上海师范大学硕士学位论文,2009 年。

51. 杨华:《隐藏的世界——农村妇女的人生归属与生命意义》,中国政汉大学出版社,2012 年。

52. 杨菊华:《传续与策略:1990—2010 年中国家务分工的性别差异》,《学术研究》,2014 年第 2 期。

53. 杨菊华:《生育政策与中国家庭的变迁》,《开放时代》,2017 年第 3 期。

54. 杨善华、贺常梅:《责任伦理与城市居民的家庭养老——以"北京市老年人需求调查"为例》,《北京大学学报》(哲学社会科学版),2004 年第 1 期。

55. 叶光辉、杨国枢:《中国人的孝道——心理学的分析》,重庆大学出版社,2009 年。

56. 于珊:《中国亲子综艺节目的符号解读》,暨南大学硕士学位论文,2016 年。

57. 张国刚:《中国家庭史第二卷·隋唐五代时期》,广东人民出版社、人民出版社,2013 年。

58. 张亮:《推动男性家庭角色的改变——欧洲就业性别平等政策的新路径及对中国的启示》,《妇女研究论丛》,2014 年第 5 期。

59. 张亮、徐安琪:《父职参与水平:夫妻配对资料的共识和歧见》,《社会科学》,2009 年第 1 期。

60. 赵园:《家人父子——由人伦探讨明清之际士大夫的生活世界》,北京大学出版社,2015 年。

61. 郑真真:《从家庭和妇女的视角看生育和计划生育》,《中国人口科学》,2015 年第 2 期。

62. 邹盛奇、伍新春、刘畅:《母亲守门员效应——概念结构、理论解释与研究展望》,《北京师范大学学报》(社会科学版),2016 年第 6 期。

63. 周穗明:《20 世纪末西方新马克思主义》,学习出版社,2000 年。

64. 朱勇、成亚平:《冲突与统一——中国古代社会中的亲情义务与法律义务》,《中国社会科学》,1996 年第 1 期。

65. 左际平:《20 世纪 50 年代的妇女解放和男女义务平等:中国城市夫妻的经历与感受》,《社会》,2005 年第 1 期。

66. 左际平、蒋永萍:《社会转型中的城镇妇女的工作和家庭》,北京:当代中国出版社,2009 年。

67. Lamb, Michael. E., 2000, The history of research on father involvement: an overview, *Marriage & Family Review* 29(2 − 3).

68. Johansson, Thomas & Klinth, Roger, 2008, Caring fathers: the ideology of gender equality and masculine positions, *Men and Masculinities* 11(1).

69. Sylvester, Kathleen & Reich, Kathleen, 2002, Making fathers counts: Assessing the progress of Responsible Fatherhood Efforts, Social Policy Action Network & Annie E. Casey Foundation, http://www. aecf. org/resources/making − fathers − count/.

社会政策如何构建父职?[①]

——对瑞典、美国和中国的比较

从 2013 年 11 月起,我国政府启动了夫妻一方是独生子女可以生二孩的政策,许多人纠结于这一新获权利和高昂抚养孩子费用之间的矛盾。因为养家人被构建为成年男性的核心身份之一,所以男性更被怎样能当得起两个孩子的父亲而困扰。但父职[②],即社会构建的父亲实践,包括如何做父亲,父亲的权利和义务包括哪些,父亲身份如何成为男性自我认同和社会运行的一部分等,绝不只限于男性个体层面,社会政策对于父职的构建起着非常关键的作用,被称为"父职的社会政治学"(Hobson & Morgan,2002)。下文笔者将通过比较瑞典与美国关于父职的政策框架,为理解我国目前父职所嵌入的制度政策提供参考。概括来说,在父职构建方面,由于瑞典与美国相关社会政策对社会福利的根本目标和对亲密关系/家庭形式的理解非常不同,从而使瑞典和美国分别属于社会民主主义路线和市场自由主义路线。

---

① 本文已发表于《妇女研究论丛》,2014 年第 2 期。

② "父职"在国内还是一个相当新近的概念,但欧美社会从 20 世纪 60 年代晚期就开始了相关的草根运动、学术研究和社会政策改革,累积的研究成果早已是汗牛充栋。通过阅读和分析众多文献,本文作者认为,父职至少包含以下两个基本职责:经济抚养,即有能力购买孩子所需的物质和服务;日常照顾,为孩子提供衣食住行等方面的照顾和陪伴。

一、对社会福利根本目的的理解不同

(一)父亲经济抚养能力的建构:基于公民权还是劳动力的商品价值?

选择何种路径来构建父职,特别是父亲对孩子的经济抚养能力,是由该国对福利政策根本目标的理解决定的。考斯塔·艾斯平-安德森的经典著作《福利资本主义的三个世界》可以帮助我们理解瑞典和美国不同父职路径的部分根源(Costa Esping-Andersen,1990)。

社会民主主义的福利体制强调通过提供综合性的、普遍的福利,将个体从对市场的依赖中解放出来,这种福利理念所倡导的是人人都成为平等的公民。在瑞典,社会民主的传统可以追溯到近一百年前。如,活跃于19世纪20年代的瑞典"人民之家"就强调,"在一个好的家园中,将充满平等、审慎、合作与帮助……公民之家使人们得以摆脱各种社会和经济障碍,这些障碍将公民分为享有特权的和被遗忘的、统治者与被统治者、富人与穷人"(Heclo & Madsen,1987)。因此,社会民主主义的福利政策注重通过社会服务和转移支付等非市场机制来追求更大范围内的平等,支持和满足每一个父亲在经济上抚养子女的权利和需求。

市场自由主义的福利体制认为市场可以解放个人,使个人有能力实现从前被社会等级所限制的潜能。用波兰尼的话来说,经典自由主义要求经济脱嵌于社会,使人完全依赖于自己劳动力在市场的商品价值(波兰尼,2007)。正因为市场自由主义福利体制倾向鼓励个人通过增强自己的市场交易能力来应对社会风险,所以当代美国相关社会政策总体上倾向于通过增强下层男性的赚钱能力来促使其承担对子女的经济抚养责任(详见下文)。

保守主义倾向于维护现有的等级秩序,并偏好传统的社会单位,如父权制家庭等(Scruggs & Allan,2008)。当个人无法通过市场来获得必要的福利时,市场自由主义易与保守主义结合,认为传统的社会单位应负担个人必需的福利。如,在20世纪60年代末,当众多美国儿童因父亲不承担经济抚养责任而陷于贫困时,新出现的基督徒权力运动倡导通过恢复传统的家庭观念来促进父职。

(二)美国聚焦于提高"脆弱父亲"的经济能力,兼及日常照顾

在当今美国,"脆弱父亲"主要是指无收入或低收入的离开前伴侣和孩子的父亲。20 世纪 60 年代末至 80 年代期间,一些由父亲组成的草根地方组织开始在美国出现,包括 1968 年成立的"负责任父亲和家庭复兴机构",80 年代成立的"父亲项目"和"男性负责项目"等。这些组织除强调父亲是孩子的养育者、教师、管教者和男性角色示范外,特别关注父亲对孩子的经济支持能力,主要通过职业培训、职业规划、在职培训、有酬实习和帮助寻找工作等来增强这些父亲参与劳动力市场的机会。从 80 年代后期起,构建父职特别是中低收入父亲的经济提供能力开始成为美国联邦和州政府的关注点。1988 年,美国《家庭支持法案》出台,首次要求州政府为失业的、未获得孩子监护权的父母提供就业和培训服务。

经过近半个世纪的努力,父亲应积极履行父职已成为美国目前的主流观念。除促进贫困男性通过承担养家人的责任来履行父职外,美国的父职政策也倡导父亲参加孩子的日常照顾,而且取得了一定的成绩。《父亲事实》是美国"父亲创新项目"每年都会发布的数据。根据其统计,1965 年美国父亲平均每周照顾孩子的时间是 2.6 个小时,2000 年增长到 6.5 个小时。即使从该报告评估父职参与的指标来看,美国现在也在鼓励父亲充分参与年幼孩子的生活,包括父亲是否与孩子一起吃早饭、晚饭,为孩子读故事、接送孩子上学、参与孩子班级活动与孩子外出的次数等(Fatherhood Initiative,2011)。

总体来看,美国男性承担父职的程度和性质在由旧父权向新父权模式转化(Sylvester & Reich,2002),即父亲仍被认为主要承担经济抚养人这一工具性角色,母亲则相应仍被认为是提供照顾的情感性角色,但这种刻板的性别分工需要有所突破,所以父亲现在也被要求积极为孩子提供日常照顾。

（三）瑞典从公民权的高度构建父职

父职所涉及的公民权包括：男性有权利做父亲，为孩子提供经济抚养和日常照顾；母亲有权利要求父亲共同承担育儿责任；儿童有权利获得双亲照顾。为了保障上述三个群体的公民权，瑞典从社会再生产、性别平等、家庭与工作平衡等角度积极构建着父职。

社会再生产是指使社会结构和传统得以维持和存在的过程，包括三个层面：社会系统的社会再生产，劳动力的再生产和人的生物性再生产，这需要国家、市场和家庭共同分担。尤其是在西欧社会进入工业时代后，随着"青春期"的发明，儿童不再自七八岁起就进入另外一个家庭开始漫长的学徒生涯来养活自己，或进入工厂做童工，而是需要在学校中接受多年的教育，从而使养育儿童和培育新一代劳动力的成本大大增加了（阿利埃斯，2013）。由此，瑞典于20世纪30年代开始视养育儿童为全社会责任，也不认为家庭只是私人单位。为应对工业化对儿童、家庭产生的影响，消除影响女性就业的家庭障碍，促进女性享有包括工作权在内的公民权利，瑞典政府从1955年起开始为母亲提供3个月的带薪产假。从1974年开始，为了不把男性排除在家庭之外、促进性别平等和孩子利益最大化，以前只为母亲提供的产假转变成了父母皆可休的育儿假。这是人类历史上男性首次可以休带薪育儿假，即承认职业男性也是父亲的明确信号（Hojgaard，1997）。

后来历经微小调整，形成目前的瑞典育儿假政策。在每个孩子满8岁之前（不管孩子是由父母亲生还是收养、父母结婚与否①），父母共有480天的育儿假。其中分别指定给母亲和父亲各60天，剩余的360天父母各一半，但相互之间可以转让。关于育儿休假期间的津贴，根据收入和休假时间长短，共有三种计算方式。如果是以当事人本人上年收入计算，只要不超过每天津贴的最高限额910瑞典克朗，当事人每天可得到自己去年平均日收入的约

---

① 瑞典的育儿假也向同性恋家庭提供，但为了方便叙述育儿假在男女两性之间的分配，本文只以异性恋家庭为例。

80%。如果是收入很低或没有收入,在 390 天内,每天每位父/母可得到 180
瑞典克朗,相当于 2010 年瑞典全国人均可支配收入的 37%①。换言之,父亲
或母亲对孩子的经济抚养不需要依赖于自己的劳动力在市场的出售情况。
而且,如果父母双方各休了一半育儿假,可另外得到"性别平等奖金"②。

　　统计证明,父亲定额成为一项成功的社会政策。在瑞典推进该项政策
前的 1995 年,只有 4% 的男性使用父母假;在该项政策实施后的 1996 年,
45% 的男性使用了父母假;1998 年更进一步提高到 85%(Brandth & Kvande,
2003)。另外研究发现,只有男性参与照顾子女达 90 天或更长的时候,才能
有效地改变子女照顾中的传统性别分工(Hass & Hwang,2005)。因此,瑞典
各界积极推动男性使用育儿假的天数,并取了初步成功。在抚养每个孩子
可享有的 480 天育儿假中,瑞典男性所使用的天数比例已由 1978 年的 4%
提高至 2008 年的 22%,达 106 天(Mansdotter & Lundin,2010)。

二、对亲密关系与家庭形式的理解不同

　　瑞典对亲密关系和家庭形式持开放态度,强调离婚是人的权利,对各种
亲密关系平等对待。而且这一理念历史悠久,1972 年的政府委员会报告就
已明确指出,瑞典致力于"创造这样一个社会,在其中,每一个成年人都能对
他/她自己负责,无须依赖家庭成员"。该报告提出政策改革的如下宗旨:①
在婚姻中,配偶应该是各自独立的、自主的人;②婚姻应该是独立个体之间
的自愿结合;③不必为离婚感到内疚;④未婚父亲同样可以共享孩子监护
权;⑤对不同类型的家庭平等对待(Government Offices of Sweden,1972,转引
自 Lundqvist & Roman,2008)。

---

　　①　当年瑞典全国人均可支配收入为 176000 瑞典克朗(平均每天 482 瑞典克朗),见瑞典统计
局 http://www. scb. se/Pages/TableAndChart＿＿257254. aspx。
　　②　具体政策和网页见瑞典"育儿假津贴"(Parental benefits,p8),http://www. forsakringskassan.
se/wps/wcm/connect/28f32b72 – c3fd – 43a9 – 9c33 – 038fdad53c00/F% C3% B6r% C3% A4ldrapenning
_FK _4070 + Fa _ enGB. PDF? MOD = AJPERES&CACHEID = 28f32b72 – c3fd – 43a9 – 9c33 –
038fdad53c00&useDefaultText = 0&useDefaultDesc = 0)。

在孩子抚养权上,瑞典 1987 年颁布的《同居者法案》和《同性恋同居法案》、1994 年的《伴侣登记法案》、2009 年的《家庭法》等法律,明文规定不论是同居还是注册结婚,不论伴侣关系是同性间的还是异性间的,不论孩子是亲生还是收养,在抚育孩子方面均享有同样的权利。如,瑞典育儿假津贴政策明确指出,这一津贴适用于孩子的父/母,或任何登记的法定监护人,或下列与孩子父/母同住的人士,从而使得各种亲密伴侣关系中的男性可以平等享有父职权利。

相形之下,美国主流的社会政策呈保守色彩,认为异性恋婚姻第一和核心家庭优先,并认为保持婚姻是抚养儿童的最有效方式。如,1996 年的《福利改革法案》认为,"婚姻是成功社会的基础"。美国健康与人力服务部于2002—2011 年进行的"支持健康婚姻项目"要求参加项目者必须是已婚的,参加家庭必须是由父母双亲与孩子组成的低收入核心家庭(Hsueh et al.,2012),从而将同居、单亲、同性家庭排除在外。美国健康与人力服务部于2002 年开展的另一个项目"建设密切家庭"针对的是低收入的、已婚或有恋爱关系的、有年龄为 3 个月以内的婴儿或打算生育的异性伴侣。这一项目虽然不排斥未婚或同居家庭,但排斥单亲家庭和同性恋家庭。[1]

不难发现,上述社会政策对于核心家庭有着乡愁般的浪漫想象,有学者总结出其所蕴含的价值观念和假设。①只有核心家庭才是唯一合理的家庭形式,即核心家庭霸权(Barrett & McIntosh,1982)。②家庭所发生的变化,如婚姻解体等经常被视为个人主义的泛滥,或是缺乏道德约束;家庭应该是充满利他主义、无酬劳动和互助的(Dench,1996)。③家庭本身不会变化,也不会出现问题,家庭的变化和问题是其他因素引起的(Smart,1997)。

但事实上,欧美社会中的家庭形式早已呈现多样化,而且大量儿童并非生活在核心家庭中。如,2002 年时的美国,在居住在一起的 18～44 岁异性

① 见该项目网站,http://www.mdrc.org/project/building - strong - families#design_site_data_sources。

伴侣中,17% 属于同居关系;2010 年时,有 34% 的儿童生活于单亲家庭之中。[①] 在 2010 年年底的 0~17 岁挪威儿童中,56% 生活于注册婚姻家庭内,18% 生活于同居家庭中,25% 与单亲生活在一起。[②]

而且家庭绝非世外桃源。如,2006 年联合国秘书长发布的《关于各种针对女性暴力的深入研究报告》中指出,家庭暴力在全世界普遍发生,平均每 3 名女性中有 1 人会受到男性伴侣的殴打、强迫性行为,或其他的虐待方式,儿童遭受家长暴力的比例也相当高(UN General Assembly,2006)。家庭内也绝非完全奉行平等和利他主义。家庭议价理论指出,家庭成员间并不是平等地分享资源和承担责任,而是不断磋商,磋商议价的权力大小与个人的性别、年龄、收入、身体条件、社会资产等都密切相关(Quisumbing & Maluccio,1999)。

对于增高的离婚率,美国的一个主流观点认为这会造成家庭危机,所以希望通过促进婚姻的存续来促进儿童福利。但这一观点不但忽视了婚姻家庭内存在的大量紧张、矛盾、控制、剥削和暴力,而且实际上视离婚为异常、社会问题和社会失范。尽管自 1969 年加利福尼亚州通过了美国第一部无过错离婚法以来,无过错离婚已成为美国家庭法中的基本观点,但离婚在道德上有错、孩子是无辜的受害者等关于离婚的集体焦虑仍广泛存在(Coltrane,1998)。这种焦虑反映在父职政治上,则是希望通过维持异性恋婚姻来确保男性履行父职。如,"美国价值观念研究所"通过广告和政治游说,宣传维持终生的婚姻对男性、女性和儿童有着无可置疑的好处。但研究表明,维系婚姻和积极正面的父职之间没有必然关系,所以不是离婚造成了父职缺失,而是缺席父亲和负面的父职参与(如对孩子的暴力)损害了儿童的健康发展,这些损害儿童福祉的行为无论婚姻存续与否,都同样存在(Hetherington & Kelly,2002)。

同样,婚姻家庭并不是一味被动地回应周遭社会环境的变化,亲密关系

---

① 见《2012 Kids Count Data Book》(p. 18),http://datacenter. kidscount. org/DataBook/2012/On-lineBooks/KIDSCOUNT2012DataBookFullReport. pdf。

② 挪威统计局网站,http://www. ssb. no/english/subjects/02/01/20/barn_en/。

和婚姻家庭本身就是变革的。吉登斯在其著作《亲密关系的变革》中指出，亲密关系的性质已由过去的浪漫之爱，变化为近来的融汇之爱。与强调永远、唯一的浪漫之爱相比，融汇之爱是基于纯粹关系之上，即亲密的形成和维系的唯一原因是双方都从这一关系中得到足够的满足，如果双方或一方对这段亲密关系不满意，则该结束关系，转而寻找令人满意的新关系。由此产生的离婚率增高并非社会病态，也并非是当事人不负责任或自由主义泛滥，而是当代社会反思性增强的结果之一（Giddens，1992）。即由于自我是一个不断构建的工程，所以亲密关系也被持续地评估和再造。其实这也更符合恩格斯所倡导的择偶的唯一动机，即"除了相互的爱慕以外，就再也不会有别的动机了"（恩格斯，1995）。从上文对于瑞典 20 世纪 70 年代社会政策改革的论述可看出，瑞典是从尊重和保护个体自主能动性的角度来承认瑞典社会已大量出现的多种亲密伴侣关系，并通过社会政策来保障人们有能力结成纯粹关系。

与亲密关系基于融汇之爱相适应，父职更呈现为社会性，而不完全是生物性。如男性再婚后对妻子与前夫的孩子承担的父职就是基于社会性。而且儿童在成长过程中的确需要至少一位负责任的、有正面情感纽带、提供照顾的成人，但是这个（些）成人不必非要是孩子的父亲或/和母亲，所以父职更不必是完全基于基因和血缘。

三、对我国目前父职构建路径的初步理解

对照美国与瑞典的父职构建路径，我国目前的父职构建基本上属于市场自由主义和保守主义相结合。市场自由主义表现在：儿童成长所花费的金钱大部分依赖于父母在劳动力市场上所交换到的工资，国家为儿童提供九年制义务教育，而对儿童提供广覆盖的经济支持仍需完善。保守主义表现在：对儿童的经济抚养基本被视为父权制个体家庭的责任；男主外女主内的性别分工造成对子女的日常照顾母职化，父亲则制度性地缺席。由此，中国近三十年来人口再生产模式呈现出个体家庭化和女性化的特点。这一人

口再生产模式不但损害着女性平衡工作和家庭的权利、儿童获得双亲照料的权利，而且制度性地排斥、豁免和忽视着男性为人父亲的权利。与瑞典相比，中国社会政策未能从社会民主主义和公民权角度来保障男性做父亲的权利。与美国相比，中国社会政策也未能意识到需要增强下层男性的经济抚养能力。再加之中国目前在社会政策与文化价值观念、工作单位/同辈群体/社区、代际传递/伴侣和个人四层面仍然呈现较明显的父权色彩，中国目前的父职至少存在着以下特征。

第一，非常缺乏保障男性履行父职的社会政策。中国目前的相关社会政策基本没有认识到父亲是成年男性的主要身份之一。如，自1953年开始，《中华人民共和国劳动保险条例》等开始承认女性有权在怀孕、分娩、产假等方面获得社会保障，但对男性也会参与孩子的孕育和照顾等事实、责任和权利一直没有正式承认，如国家层面的《人口与计划生育法》一直没有明文规定男性可以休带薪生育假。目前中国的省、直辖市和自治区的《人口与计划生育条例》虽然大都规定男性可以休带薪生育假，但都是对当事人晚婚、晚育的奖励，而非承认这是男性的基本权利。从男性生育假的天数来看，除个别省份规定可休15～20天外，大多数地方规定的是3～7天。与此相对照的是，2012年4月颁布的全国《女职工劳动保护特别规定》将女性产假由90天延长至98天。这种生育女性化、排斥男性的做法不但无视男性有承担父职的责任和权利，严重损害儿童有得到父母双亲照顾的权利，而且会进一步增强劳动力市场对女性的歧视。所以瑞典要求男性必须休满育儿假中父亲定额的原因之一，就是女性产假的延长会导致女性出勤率比男性更低。

第二，经济抚养基本被认为是父亲和家庭的个体责任。尽管在目前的中国，部分底层男性及其子女身陷贫困，但整体上较高的就业率尚可支持人口再生产的现状——个体家庭化。然而随着国际资本转移至越南等人力成本更低的国家，我国底层男性的失业率有可能增高，从而使市场自由主义和保守主义相结合的父职构建路径难以为继。这意味着，当高就业率支撑的父亲经济抚养能力不再稳固时，为贫困儿童提供转移支付和社会服务就非常必要了。

第三,缺席父亲。在对孩子的日常照顾上,目前中国父亲的缺席程度很高。以2010年年底和2011年年初完成的第三次天津妇女地位调查结果为例,在拥有1400万人口的天津,在孩子3岁之前,96%的父亲很少照顾孩子;六七成的父亲从不或很少照顾孩子的日常生活、辅导孩子功课(王向贤,2013)。

因此,不论是为了保障男性做父亲的权利、儿童利益最大化和人口再生产职责的全社会公平分配,还是为了推进性别平等、打破僵硬的父权制性别分工,我国都迫切需要深入研究瑞典与美国的父职构建路径,以促进我国社会政策在父职构建方面的有益变革。

参考文献

1.[法]菲力浦·阿利埃斯:《儿童的世界:旧制度下的儿童和家庭生活》,沈坚、朱晓罕译,北京大学出版社,2013年。

2.[德]恩格斯:《家庭、私有制和国家的起源》,中共中央编译局主编:《马克思恩格斯选集》(第四卷),人民出版社,1995年。

3.[匈牙利]卡尔·波兰尼:《大转型:我们时代的政治与经济起源》,刘阳、冯刚译,浙江人民出版社,2007年。

4.王向贤:《亟须变革的家庭内社会再生产——以天津市第三次妇女地位调查为例》,《山西师大学报》(人文社科版),2013年第3期。

5. Barrett, M. & McIntosh, M., 1982, *The Anti-Social Family*, London: Verso Books.

6. Brandth, B. & Kvande, E., 2003, *Fleksible fedre* (*Flexible fathers*), Oslo: University Press.

7. Coltrane, S., 1998, *Gender and families*. Thousand Oaks, CA: Pine Forge Press.

8. Dench, G., 1996, Men without a mission, *The Times Higher*, 28 June.

9. Esping – Andersen, G., *The Three Worlds of Welfare Capitalism*, Princeton University Press. Fatherhood Initiative, 2011, Father facts sheet, 1990.

10. Government Offices of Sweden, SOU 1972: 41,转引自 Lundqvist, A. & Roman, C., 2008, Construction (s) of Swedish family policy, 1930 – 2000, *Journal of Family History*, 33(2).

11. Giddens, A., 1992,The Transformation of Intimacy, Polity Press, Cambridge.

12. Hass, L., & Hwang, P., 2005,The impact of taking parental leave on fathers' participation in childcare and ties with children: Lessons from Sweden. Conference paper presented at the First International Conference – Community, Work and Family, 16 – 18 March, Man – chester, UK. Available on – line: http://www. did. stu. mmu. ac. uk/cwf/Haas_HwangManches – ter. doc.

13. Heclo, S. & Madsen, H., 1987, *Policy and Politics in Sweden: Principled Pragmatism*, Philadelphia: Temple University Press.

14. Hetherington E. M. & Kelly, J., 2002, *For better or for worse: Divorce reconsidered*. New York: Norton.

15. Hobson, B. & Morgan,D., Introduction: Making men into fathers. In B. Hobson (Ed.), 2002, *Making men into fathers: Men, masculinities and the social politics of fatherhood*. Cambridge: Cambridge University Press.

16. Hojgaard, L., 1997, Working fathers—caught in the web of the symbolic order of gender, *ACTA Sociology*, 40(3).

17. Hsueh, J., Alderson,D. P.,Lundquist, E., Michalopoulos, C., Gubits, D., Fein, D & Knox, V., 2012, *The supporting healthy marriage evaluation: early impacts on low-income families*, U. S. Department of Health and Human Services.

18. Mansdotter, A. & Lundin, A., 2010, How do masculinity, paternity leave, and mortality associate? —A study of fathers in the Swedish parental & child cohort of 1988/89, *Social Science & Medicine*, 71.

19. Quisumbing, A. R. & Maluccio,J. A., 1999, Intrahousehold allocation and gender relations: new empirical evidence, Policy Research Report on Gender

and Development, The World Bank, Washington, D. C.

20. Scruggs, L. A. & Allan, J. P., 2008, Social stratification and welfare regimes for the twenty – first century: revisiting the three worlds of welfare capitalism, *World Politics*, 60(4).

21. Smart, C., 1997, Wishful thinking and harmful tinkering? Sociological reflections on family policy, *Journal of Social Policy*, 26(3).

22. Sylvester, K & Reich, K., 2002, *Making fathers counts: Assessing the progress of Responsible Fatherhood Efforts*, Social Policy Action Network & Annie E. Casey Foundation.

23. UN General Assembly. 2006, In-depth study on all forms of violence against women: report of the Secretary General. Geneva: United Nations. http:// www. un. org/womenwatch/daw/vas/v – sg – study. htm.

主题二

劳动、父职和母职

承前启后：1929—1933 年劳动法对现代母职和父职的建构①

一、问题的提出

2016 年全面两孩政策出台的基本背景是中国已处于低生育率陷阱的高度风险期（吴帆，2016）。学者们参考德国、韩国、日本等多年来与超低生育率抗争的欧亚国家经验指出，如果中国想摆脱低生育率的风险，实施综合性家庭政策是关键，包括为就业父母提供产假、父亲假和育儿假、提供幼儿照料公共服务、增加国家在儿童教育上的投入、为家庭提供育儿现金补贴等（汤梦君，2013；杨菊华，2015；吴帆，2016）。这实际上是要求在国家、企业、家庭、性别之间重新分配生育责任。我国目前的生育责任分配属于保守主义和市场自由主义的结合体。生育责任主要由传统的育儿主体——家庭来承担，国家和企业起相当有限的辅助作用（张亮，2016）。在育儿所需的经济开销方面，依赖于父母在市场出售劳动力所换取的工资，由于显著且加剧的

---

① 本文已发表于 2017 年第 6 期的《社会学研究》。并被收录于：施芸卿主编的《家庭与性别评论》（第 9 辑），中国社会科学院社会学所主办，社会科学文献出版社，2018；王埜主编的《简能生物——柔性传统在现代社会之反思》，华文出版社，2018 年。

工资性别差距,①呈现赚钱抚养子女客观上以父亲为主、以母亲为辅的分工。在儿童所需的照顾方面,母亲是第一责任人,辅以祖辈帮助和向市场购买的儿童照顾服务,大量男性成为很少向孩子提供日常照顾的缺席父亲(左际平、蒋永萍,2009;杨菊华,2015)。

在我国劳动年龄人口普遍参加雇佣劳动的情况下,劳动法强烈影响着育儿所需的经济开销与照顾劳动。目前使用的《中华人民共和国劳动法》(1995 年开始施行)第四十九条规定:在确定和调整最低工资标准时,首先要考虑"劳动者本人及平均赡养人口的最低生活费用",表明我国劳动法承认父母在经济上抚养子女的责任。该法第七章《女职工和未成年工特殊保护》和配套法规《女职工劳动特殊保护规定》要求提供下列母职保障。

(1)孕期、产期和哺乳期之内的带薪产假、带薪哺乳时间,雇主在"三期"内不可降低女性工资或开除女性等。

(2)禁忌劳动。一种是禁止所有女性从事的繁重危险劳动,另一种是禁止女性在经期、孕期、产期和哺乳期内从事被认为有害于母亲、胎儿和婴幼儿的劳动。

(3)托幼服务。要求雇主在女性员工达到一定人数后提供托幼服务,但自 20 世纪 90 年代末期后,托幼服务已从劳动保障变为商品,2012 年通过、使用至今的《女职工劳动特殊保护规定》已不再要求用人单位提供托幼服务。

(4)雇主责任制。即上述女性劳动保护的经济成本均由(单个或某地所有)雇主负担,政府制定政策和进行监察,但不承担经济费用。

与母职所得到的大力支持形成鲜明对比的是,劳动法对父职未明确提

---

① 在 1988 年、1995 年、2002 年、2005 年城镇就业人口中,女性平均工资分别占男性的 84%、80%、79% 和 71%。见李春玲、李实(2008:104)和国家统计局社会科技和文化产业统计司(2007:62)。2010 年以来似乎出现了收入性别差距缩小的趋势,如 2010 年的中国综合社会调查显示,在个人职业全年收入为 0.1 万元到 60 万元之间的非农工作者中,女性收入占男性收入的 78%(张青根、沈红,2016:65),2012 年苏浙沪流动人口中女性就业者收入占男性的 80%(徐愫,2015:36)。然而,据 2010 年中国家庭动态跟踪调查,在全国城乡就业者中,女性收入只占男性的 60%(邓峰、丁小浩,2012:30)。

及。从 20 世纪 90 年代初起,我国多个省区市陆续开始提供男性带薪护理假,允许男性在妻子分娩后的若干天内(2016 年两孩政策发布前多为 3 ~ 7 天,该政策发布后多地有所延长)休带薪护理假,用来照顾产妇和新生儿。然而该假期基本上都是由各地的《人口与计划生育条例》规定,是对当事人遵守计划生育法规的奖励,全国层面的劳动法规并未承认带薪护理假是就业男性的劳动权利。

那为什么我国劳动法如此重母职轻父职呢?[①] 其源头可追溯至当代中国劳动法的蓝本——1931 年制定、1933 年修订的《中华苏维埃共和国劳动法》[②](韩延龙、常兆儒,1984:569 ~ 582,584 ~ 609),而且重母轻父并非只存在于中共劳动法,南京国民政府分别于 1929 年和 1933 年颁布的《工厂法》和《修正工厂法》(中国第二历史档案馆,1991:39 ~ 48;98 ~ 107)也是如此。作为国共两党 1949 年前颁布的最完备劳动法,这四部法规通过调节物质生产和人口再生产,和其他变量一起,搭建了中国现代母职和父职的基本模式。[③] 那这四部法规的相关理念从何而来呢? 这需溯源至清末以来中国的大变动。自 19 世纪末梁启超发表标志着中国现代母职构建开端的《论女学》之后,直至国共两党发布劳动法之际,母职被大张旗鼓地构建为强国强种的基本之道。相比之下,父职很少被人提及。但和母职一样,这一时期实际也是父职从儒家范式转向现代范式的关键,在工业生产和雇佣劳动、现代民族国家、家庭代际关系的大变革中,父职以貌似不在场的形式隐秘而影响深远地构建着,并和母职一起成为国共两党劳动法所根植的社会场域。因

---

① 母职和父职是指社会构建出来的女人如何做母亲、男人如何做父亲的方式。母职和父职的具体内容随历史、群体、个人而变化,大致可分为生物性和社会性两部分。生物性亲职指父母提供精子和卵子等个体生命开端所需的生物基础。社会性亲职包括为子女提供初始社会位置、经济支持、日常照顾、道德管教等(Lamb,2000)。本文所讨论的母职和父职集中于现代工业生产影响下的孕产哺乳、其它日常照顾和经济支持。

② 本文中《中华苏维埃共和国劳动法》简称《劳动法》,如无特殊说明,均指 1933 年版本。

③ 根据章可(2015),“现代”一词在汉语中出现于 20 世纪初,在 20 世纪 20 年代被时人普遍用来指称他们生活的当下时期。“现代”一词不但将中国带入了世界体系,而且界定了“现代”一词所包含的时空、政治经济和思想属性(向鸿波,2017)。就本文主题而言,现代的这些属性及其对应的工业大生产成为构建父职和母职的基本制度。从彼时至当下,这些基本制度和所构建的父职和母职虽有变化,但不脱现代模式,所以本文将从彼时生发、发展至今的父职和母职称为现代模式。

此,本文研究问题一是:在清末以来的母职话语基础上,1929—1933 年的国共劳动法制度化了哪些母职? 为父职勾勒出了哪些标准? 研究问题二是:在国共出台劳动法之际,中国社会已隐秘地形成了哪些父职特征? 国共劳动法如何对之回应并予以制度建设?

在研究方法上,本文聚焦于国共两党的这四部劳动法规,并通过阅读 20世纪二三十年代各方搜集的工业生产和工人生活的资料,力图深入理解这四部劳动法规如何通过承前启后建构出我国现代母职和父职的基本样貌。下面先梳理现有的研究成果。

二、现有研究综述

先来看母职。一般认为,梁启超的《论女学》(1897),金天翮的《女界钟》(1903),马君武译介的斯宾塞、约翰·穆勒的女权学说(1902—1903 年),共同奠定了现代母职的两项基本含义(须藤瑞代,2010;宋少鹏,2016;夏晓虹,2016)。

第一,母职成为现代女国民的天职。她们不再必须通过为父系家庭生育继承人这个中介来间接参与修齐治平,而是通过女学、体育来直接为国家诞育佳儿(游鉴明,2012)。

第二,女性在恪尽母亲天职的同时,还应该直接生利(刘慧英,2013)。关于女性是否生利和所生何利,在经历了短暂地对女性育儿价值的全盘否定后,当时知识分子、决策者们普遍承认了女性的育儿劳动具有使用价值,即使不能带来交换价值,也是社会不可缺失的(须藤瑞代,2010;宋少鹏,2016;夏晓虹,2016)。但由于间接生利的育儿无酬劳动常被贬低,而且中国积贫积弱,所以女性参加直接生利工作被认为是妇女解放和富民强国的关键环节之一(大滨庆子,2003;宋少鹏,2016)。尽管要求女性专门在家恪尽母职妻职的贤母良妻主义在 20 世纪前半期不绝于耳,但在绵延不绝的各方批判下不可能成为主流观念(刘慧英,2013)。对于均以建设现代工业国家、劳工解放和妇女解放为宗旨的国共两党而言,整合女性的生产与再生产双重任务更是必须。

母职乃女国民天职、现代工业生产必须整合女性双重任务为重母轻父提供了最大的政治合法性,但并不足够,20世纪的前30年进一步从以下方面予以夯实。

第一,西来的现代生物科学、医疗科学和优生学使女性可怀孕、分娩和哺乳的身体成为社会治理的焦点(赵婧,2010;曾繁花,2012;王瀛培,2014)。

第二,男性赚钱养家、女性专司母职是当时先进欧美国家的性别文明。约翰·穆勒和爱伦·凯这两位欧美第一波女权主义运动的代表,在当时的中国享有导师般的地位。前者虽然抨击压制女性教育权和选举权的男权制,但支持男主外女主内的性别分工(宋少鹏,2016);后者的母性女权主义则使母职在当时中国已是国族大义的基础上,再次强化了母职是女性神圣本能的色彩(刘慧英,2013)。

第三,清末以后,讲究营养卫生和以儿童为中心的现代母职标准传入,要求母亲在育儿上花费更多的时间与精力(卢淑樱,2012),再加上女性被要求同时参加直接生利劳动,使儿童公育被当时论者普遍认为是分担母职、解放妇女的必需(李扬,2016)。但在陈平原、向警予、陈独秀、李大钊等众多人士对儿童公育的想象中(朱季康,2015;赵妍杰,2015),照顾子女被默认是母亲的专属职责,儿童公育应该在母亲、邻里、雇主和政府之间分配,与父亲无关。

第四,男女平等但分工不同的观念由天赋人权和生物差异推导而出(宋少鹏,2012)。据此,要求女性承担无酬照顾子女的主要职责不被认为是歧视女性,而是发挥特长。从中国现代母职的三位开山者始,就不断生产女性比男性在性情和生理功能等方面更适合照顾子女的论述,并通过学校教育和职业分配等途径不断实现这些预言(肖海英,2011)。即,根据社会要求的性别规范社会性别(gender)来建构和阐释生理性别(sex)这一生物意义上的性,但隐匿生理性别的构建性,将其打造成未经人类染指的纯真知识,从而使其成为界定社会性别的基石(宋少鹏,2012,2016)。由此,生育被逐渐铭刻为大自然安排的不可动摇的女性本质(韩贺南,2008)。

再来看父职。欧美研究发现,父亲的首要职责是为孩子提供经济保障这一观念和实践并非自古有之,而是工业化和雇佣劳动普遍化后的发明(Bernard, 1981;Kimmel,1996;Coltrane & Galt,2000)。与此相应,对于在劳动力等级上居于优势的、可赚到家庭工资的男性而言,他们的妻子以专职母亲的身份承担着无酬照顾子女的主要责任(Hartmann,1997;哈特曼,2007)。这成为资本家和男权的双头兽,制度性地将女性构建为第二性。一定年龄之下的儿童从事有酬劳动渐渐被视为社会罪恶,禁止使用童工,并且要为儿童提供义务教育成为现代国家的标配,这些都进一步巩固了父亲是子女主要供养人的身份和权威(泽利泽,2008;阿利埃斯,2013)。

1917 年十月革命后的苏俄则走出另外一条颇为不同的父职之路。在生育方面,列宁、柯伦泰不但接受了马恩设计的妇女解放路线(参加有酬劳动+儿童公育)和个体家庭育儿是经济不理性行为的判断(李达,1921;龚廷泰、谢冬慧,2012),而且进一步从价值上对公共生活和家庭私人生活进行了高下判断,认为私人家庭使人自私、贪鄙,所以要求儿童从小就在婴孩保育室、幼稚园、学校里过集团化的公共生活(胡愈之,1932;戴雪红,2010)。苏俄成年男性的首要身份则是共产主义事业的建设者和保卫者,是可以随时响应政党号召奔赴远方的游牧者,而非私人家庭中的父亲(Chernova,2012)。欧美社会中主要由父亲承担着赚钱的责任,则由苏俄政府提供从孕期、幼儿养育到初高等教育的完备儿童公育服务来取代。

从 20 世纪 10 年代起,欧美和苏俄分别通过国际劳工组织和第三国际积极向其他国家输送着自己的父职和母职分工,中国国共两党 1929—1933 年的劳动法正是在此背景下出台。在清末到民国前、中期的中国本土,与占据时代主旋律地位的母职话语相比,父职几近被人遗忘(柯小菁,2011)。当代中国也罕有学者研究这段历史中的父职,但从学者们对母职等主题的研究中,可以发现这段时间关于父职的零星话语。如,鲁迅(2016)在其 1919 年发表的文章《我们现在怎样做父亲》中,要求父亲们放弃中国旧式的父恩与权威,并无私平等地爱护子女。《妇女杂志》分别于 1925 年和 1931 年组发父亲专稿(柯小菁,2011)。陈东原(2015)①和柳亚子(1936)在批评贤妻良母主义时,都注意到贤夫良父的缺席。然而,话语零星不等于父职不存在或不变革,而是以隐秘的方式构建出国共劳动法出台时的父职背景。

再来看中国国民党和共产党劳动法及其通过妇女劳动保护规定对女性双重劳动的调和。南京国民政府《工厂法》主要参考的是当时欧美先进工业国和国际劳工组织的相关法规,以劳资两利为根本立场(饶东辉,1998;汪华,2006;彭南生、饶水利,2006),是在自由主义范式内调节雇佣劳动(张周国,2010)。中共秉承马克思主义,认为劳动是社会发展的根本动力,劳动者是历史创造者,劳动是人的本质存在,所以中共《劳动法》的根本宗旨是维护劳动正义(穆随心,2011)。在具体条文上,中共《劳动法》直接借鉴了苏俄劳动法典的许多内容,比国民党的《工厂法》明显激进(张希坡,1993;彭南生、饶水利,2006;衡芳珍,2013;丁丽,2015)。不过,就妇女劳动保护而言,虽然两党在借鉴对象、具体条文上存在差异,但均认同清末以来赋予女性的双重任务,而且强烈地受到20世纪20年代在世界多国普遍出现的妇女劳动保护和其中所蕴含的生育和女性观念的影响(见下)。所以国共两党自20世纪20年代初开始着手制定劳动法规以来,不但均以妇女为重点,而且制定出有差异但高度类似的妇女劳动保护框架来整合妇女的双重生产:带薪生育假、托幼服务、禁忌劳动和雇主责任制(《修正工厂法》要求女工与厂方各承担一半产假工资)。这也是本文对国共两党劳动法并不刻意比较,而是往往相提并论的原因。

中华人民共和国成立后,这一框架通过《女工劳动保护条例草案》(1956年)、《女职工劳动保护规定》(1988年)、《女职工禁忌劳动范围的规定》(1990年)和《女职工劳动特殊保护规定》(2012年)继续制度性地再生产着职业妇女的母职。对此,目前研究者们的基本观点有三:①妇女劳动保护通过承认和提供女性生育所需的社会保障,有力地促进了妇女的连续就业和经济独立(左际平、蒋永萍,2009;刘伯红,2012)。②过度的妇女生育保护加

---

① 陈东原的著作《中国妇女生活史》初版于1928年。

大了用工成本,促使用人单位在雇用和晋升时排斥女性(刘伯红,2009;马忆南,2009;刘明辉,2009)。③女性禁忌工作加剧了性别偏见,女性被认为是脆弱的或需要保护的(杨云霞,2010;林燕玲,2012)。下面先分析国共劳动法对母职的构建如何生成了上述得失。

三、母职的继承与发展

从表1可看出,国共两党都承认了清末以来女性的双重任务:无酬母职和参与有酬劳动,并以社会秩序把关人的身份,通过生育保障(如带薪生育假和托幼服务)和禁忌劳动从正反两个方向来构建母职。

表1 国民党《修正工厂法》和中共《劳动法》所提供的生育支持

	怀孕与分娩		母乳喂养			幼儿养育		禁忌劳动	
	带薪产假	分娩费	哺乳津贴	哺乳室	带薪哺乳时间	托幼服务	婴儿补助金	三期①女性	所有女性
《修正工厂法》	√	√	√	√	×	√	×	×	√
《劳动法》	√	√	×	√	√	√	√	√	√

注:"√"表示提供,"×"表示不提供。

首先来看生育保障。表1显示,对于怀孕、分娩和母乳喂养这三项必须由女性来完成的生育功能,尽管支持的细项不同,但国共两党的劳动法都予以承认。以带薪产假为例,资本家为保证自己的剩余价值最大化,与南京国民政府争执的是假期长短、薪水多寡和是否设定门槛,而非反对提供带薪产假;对于分娩费和哺乳室也未提出明确的反对意见(谢振民②,2000)。这表明,在当时的中国,雇主为女性提供怀孕、分娩和母乳喂养支持已被公认为

---

① 尽管1927年第四次国共两党大会的《女工童工问题决议案》中就出现了经期保护的萌芽,但1929—1933年国共劳动法均未提及,经期保护与其他"三期"保护并列、明确成为中国妇女生育保障和劳动保护内容是在1988年通过的《女职工劳动保护规定》,所以本文不论及经期保护。

② 本文所引用的谢振民的著作《中华民国立法史》初版于1937年。

现代工业文明不可缺失的要素,女工享有带薪产假、哺乳室已是不可否认的女性基本权益,雇主为"三期"女性提供劳动权益保障成为调和物质生产和劳动力再生产的基本方式,通过制定劳动法规来介入雇主与雇员之间在生育责任上的二次分配,已是现代政府和国家的基本职能。

从国共两党劳动法的条文来看,要求雇主为女性提供托幼服务的初衷是为了与哺乳配套,女性上班时将孩子带到工厂所设的托儿所,可以方便女性哺乳。但只要求雇用女工的工厂提供托幼服务,便开启了儿童照顾责任在母亲、父亲、雇主和国家之间的新分配。母亲,而非父亲,被要求负责将子女从私领域带入公领域,和雇主提供的托幼服务一起分担着公领域中的儿童照顾责任;下班后,儿童由母亲带回家并继续提供照顾。由此,在哺乳时期,父亲照顾子女的责任在公私领域均得到部分程度的豁免。当托幼服务从哺乳期延长至幼儿期后①,只为女性提供的托幼服务不仅将哺乳期的幼儿照顾责任制度化为女性专职,而且还把母乳喂养结束后需要继续提供多年的子女照顾劳动也分配给了女性,即生物性决定的只能由母亲承担的生的责任被延长为只该由母亲承担的绵延数年的育的责任。

厘清生育责任包括生和育两大部分后,可以更细致地看到带薪生育假和托幼服务的重母轻父。只为女性提供的带薪生育假,否认了男性在妻子怀孕、分娩和母乳喂养阶段,都有照顾妻子、胎儿和新生儿的责任和得到雇主支持的权利。只为女性提供的托幼服务,则否定了男性其实可以承担孩子出生后母乳喂养以外的其他所有照顾工作。而且雇主提供的哺乳支持和托幼支持即使落实得好,在育这一环节所需的多年照顾劳动中仅占很有限地分担。在企业需独立核算经济效益的市场经济中,生育责任女性化和雇主责任制必然会加剧劳动力市场的性别等级:女性因同时负担有酬劳动和全部的生育劳动,不但难以全力投入有酬工作,而且需要雇主支付不菲的生育成本,从而成为质次价高的二等劳动力;男性则因在家内家外都无需承担

---

① 如,1949 年 2 月公布的《东北公营企业战时暂行劳动保险条例试行细则》中要求企业需为"女职工有 3 周岁以下无人照管的小孩 10 人以上者",设立托儿所(张希坡,1993:314)。

子女照顾责任,成为可全心投入职场工作的一等劳动力和很少为孩子提供日常照顾的缺席父亲。在持续多年的子女照顾劳动中,母亲为主、雇主为辅、父亲缺席的儿童公育安排,使国家既得到宝贵的妇女劳动力,又以极廉价的方式得到必需的国民。

再来看"三期"禁忌劳动,即禁止女性在孕期、产期和哺乳期内从事的劳动。《劳动法》第六十八条在解释向怀孕、分娩女性提供津贴的原因时,指出怀孕和分娩会导致女性暂时失却工作能力(韩延龙、常兆儒,1984)。怀孕和分娩本身就是女性在承担人口再生产的工作,所以女性暂时失能的"工作"显然是指有酬工作。这表明,尽管清末以来母职被广泛承认是创造使用价值的间接生利工作,但有酬工作高于无酬工作、交换价值高于使用价值的等级还是形成了,生育实际上不被认为是真正的工作。那么怀孕、哺乳到底在多大程度上会影响女性从事有酬工作的能力呢?第六十八条认为在怀孕和哺乳时期的女性都是工作失能者(韩延龙、常兆儒,1984:593)。不过这种观点并非《劳动法》的发明,因为在清末以来的母职构建中,生育禁锢和拖累女性的话语在不断累积。如,"原女子被屈之由,本于繁衍人类之不得已"(1894年康有为语)、"女子用其体力工作,本不下于男子,然不能在生育期内工作,男子便乘他这个弱点……这便是女子被压制不能翻身的总原因"(1919年毛泽东语)、"女子真正比男子累赘的,只有生育一节"(1920年汤济苍语)等。女性逐渐被标签为深受生育拖累的不幸性别,生育使女性暂时工作失能的观点逐渐清晰,并沉淀为带薪生育假和女性"三期"禁忌工作的部分依据。

除规定女性生育期间的禁忌工作外,国共两党的劳动法都秉持男强女弱的原则,如女性的"注意力,体力不甚强,易染疾病"(谢振民,2000),规定了所有女性都不得从事的禁忌工作:特别劳苦繁重、有害身体健康的工作。这些规定在某些情况下能阻止女性接触严重危害健康的职业,但也会事与愿违并损害女性履行母职的能力。以女性就业最集中的纺织业①为例,该产业被认为"对于女性生活最为相宜"(谢振民,2000),《修正工厂法》还特别规定女工不得从事"有尘埃、粉末或有毒气体散布场所之工作"(中国第二历史档案馆,2010)。但纺织车间的空气恶劣是公认的,空气中密布棉絮且高温、高湿。美国传教士戴克尔(转引自刘秀红,2013)在1924年对主要为纺织工人提供医疗服务的上海工业医院的调查显示,纺织女工的终生残疾率和肺结核罹患比例之所以比男工高,不安全的工作场所是根本原因,但由于被归因于女性"脆弱"的性别特质,纺织业的危险性被忽视,从而使纺织女工既无法获益于国共劳动法对改善危险生产环境的要求与监督,也无法享有中共《劳动法》规定的危险行业从业者可得到的较高工资和福利。以保护为名,要求女性从事并不比男性工作更安全的工作,不仅使女性育儿所需的健康体魄受到威胁,而且削弱了女性赚钱抚养子女的能力。由此,妇女禁忌工作的两个理由——生育使女性暂时失却工作能力和男强女弱,都促成了女性是二等劳动力的地位,女性在劳动力市场的低工资和低声望,则合理化了无酬照顾为主、赚钱抚养为辅的母职安排。为什么意在保护母亲和女性的禁忌规定反会事与愿违呢?部分原因在于国际旅行而来的妇女劳动保护规范。国共劳动法中关于生育保障的规定均是直接借鉴于国际劳工组织、欧美和苏俄,由于这些机构与国家已占据了制定工业文明标准的领导权,所以当时的国共两党均未质疑它们所设计的妇女劳动保护规定,对于其中已包含的观念——生育是与男人无关的女性专属生物功能与社会职责、男强女弱等(Addati et al.,2014)——不仅没有反对,而且还因与当时中国母职话语的契合,顺畅地成为妇女劳动禁忌的基础,从而使其在部分程度上成为构建和维持生育责任不公正分配的方式。

总之,国共劳动法承继了清末以来对女性生产和再生产双重职责的分配,通过妇女劳动保护框架——雇主责任制和只提供给女性的带薪生育假、

---

① 根据实业部劳动年鉴编辑委员会(1990:12),在1931年可确定性别的全国工业类男女成年工人中,女性中就业于纺织业的比例高达68.3%。

托幼服务和禁忌劳动,为如何将母职纳入现代工业大生产提供了书写清晰的文本和具有实际操作性的制度,进而通过其内在的性别逻辑,为母职的两项任务划分了优先顺序:无酬照顾为主,赚钱抚养为辅。妇女劳动保护法规的重点任务随之明确:主要保护女性的生育职责不被有酬工作所损害,而非保障女性平等参与有酬劳动、获取收入的权利不被不公正的生育责任所妨碍。由此,被否定了照顾子女职责、成为劳动力市场一等雇员的男性应以赚钱为主的父职标准就呼之欲出了。

四、父职的隐秘构建

与旗帜鲜明地努力将母职纳入现代工业生产体系相比,国共劳动法对父职的构建称得上是无为而治和隐而不彰相结合:在顺应清末以来早期现代工业性别特征的基础上,在既定母职对相应父职的征召之下,通过对工种和技术的性别分配,顺势增强着男性赚钱抚养子女的能力,并通过塑造现代文明劳工和提供家属抚恤金,向有意识构建父职迈出了一小步。

(一)男性赚钱抚养子女的优势和内部分化

由于父职是男性身份的一部分,所以父亲能够承担赚钱抚养子女主要责任的前提是男性整体上拥有比女性赚钱更多的能力。探究历史会发现,这一能力的性别差异从中国现代工业化初始就已开始产生。在 19 世纪 60 年代清朝洋务派建立的中国第一批现代工厂中,性别隔离已经开始:枪炮、船舶、钢铁等军事工厂和重工业只招收男性工人。到 1930 年前后,全国已形成明显的行业职业性别隔离与工资性别差距。以上海这个在当时中国聚集了最多产业工人的城市为例,根据实业部劳动年鉴编辑委员会(1990:91 ~ 93)的统计,在 1932 年上海工业类下的 63 个职业中,不对男性和不对女性开放的职业各有 3 个和 28 个;在男女皆可就业且可以比较性别收入差距的 31 个职业中,女性平均工资高于男性和男性平均工资高于女性的职业各有 7 个和 24 个,其中有 7 个职业的女性平均工资不到男性的一半。即使是在女工比例占绝对优势的纺织行业,朱邦兴等人(1984:48~49)于20世纪30年代进行的调查显示,虽然少量女性的工资会高于男性,但总体平均工资还是男性高于女性。刘心铨①、杨西孟②和朱邦兴等人(1984)对华北和上海纺织厂的调查均显示,女性工资少于男性的根本原因在于工种的性别隔离。如,只用男工的成包和清花车间员工的平均工资均高于男女工都雇用的粗纱、细纱和摇纱车间。

　　从20世纪初起,劳动保障开始在中国兴起。其本意是通过二次分配,减少劳资之间的贫富差距,保障劳工基本的收入水准和劳动条件,但同时也扩大了赚钱养家能力方面的性别差距。综合刘秀红(2013)对1927—1937年各行业社会保障水平的梳理和朱邦兴等人(1984)于1938年对上海纺织、邮政、水电等二十多个行业历史与现状的调查,可以看出,用人单位的所有制形式(国有、官督商办、外资和民营)和行业属性是影响员工保障水平的最重要因素。由政府控制的、被认为事关国家经济命脉的军事、铁路、邮政、航运等成为中资企业中提供社会保障最早且相对优厚的行业。清政府于1865年创办的只招男性的上海兵工厂由于福利保障较好,几十年间,新添的就业机会只向雇员开放,雇员们的子女彼此通婚,成了土著企业。③ 邮政行业早在1915年就通过《电话局雇用工匠暂行章程》提供了工伤、疾病和养老保障(刘秀红,2013)。相比之下,20世纪30年代前后的纺织工厂虽然也提供奖金、米贴、因工死亡抚恤等福利保障,但种类与力度无法与国有垄断企业相提并论。

　　由此,工资福利水平的行业差距与劳动力的性别分布高度重合。上海市社会局1931年的数据显示,超过一半的女性集中在收入最低的三个行业:缫丝业、棉纺业和烟草业,工人每月包括工资和福利在内的实际收入只有10~15元,平均收入25~40元的行业均是只雇用男性或以男性为主的机器业、造船业和印刷业等。④ 再次表明,女性工资福利普遍低于男性,根本原因不

①　刘心铨:1930,《华北纱厂工人工资统计》,李文海等,2005b:941。
②　杨西孟:1930,《上海工人生活程度的一个研究》,李文海等,2005a:261。
③　李次山:1920,《上海兵工厂》,李文海等,2014b:85。
④　上海特别市社会局编:1931,《上海特别市工资和工作时间》,李文海等,2005b:719。

在于同工不同酬,而在于严重的性别隔离使女性无法与男性同工。对于行业、职业的性别隔离,上海市社会局给出的理由是:"男工比较女工或童工的气力大,所以粗笨的繁重的工作大都由男工担任。男工的智力也比较女工为高,所以那些不甚需要思考的和程序比较简略的工作,大都交给女工或童工担任。"①纺织对于女性的体力要求的确很低吗?汉口申新第四纺织厂在招女工时,只招收 16~25 岁的"轻灵熟练"的女性。在该厂 1935 年 9 月份的在厂女工中,16~18 岁所占比例高达 70.9%。② 这与中国当代新自由主义选择进城打工妹的原因惊人地类似:都是使用视力、手指灵巧度、身体耐受力最好的年轻女性,年龄稍大即清退,即金一虹(2010)所概括的青春轮换制。

再来看纺织是否是一项"不甚需要思考的和程序比较简略的工作"? 由于资本家希望女工刚一入厂就能完成最基本的接线头等工作,所以在 20 世纪二三十年代养成工制度开始之前,女工们为得到工作机会便偷偷将小女孩带入工厂学习技术(洪尼格,2011;程郁、朱易安,2013)。纺织女工的学徒制,即养成工制度开始后,养成工们先要接受两个月的集中培训,然后再分派给师傅,完成剩余的一年又十个月的学徒(洪尼格,2011)。学徒期之所以耗时两年,固然有工厂压低工资、榨取更多剩余价值的目的,但成为熟练的纺织女工的确需要长期的训练。资本家和南京国民政府就《工厂法》磋商时,曾指出培养一名熟练的负责接头的纺织女工需要 6 个月时间(谢振民,2000:1116)。

再来看工作所需的智力。学者们对民国时期劳工的研究发现,智力曾被认为在城里人/乡下人、上海人/苏北人、沿海籍贯/昆明籍贯等维度具有高下之分,但实际是因为每对二元等级中的前者比后者更早接触工业文明,从而表现出智力上的优势(史国衡,1940;费孝通,1940③;洪尼格,2011)。至此我们可以总结出当时行业性别隔离与工资性别差距的部分生产机制:将气力、灵敏等二元划分为男女特质;在这些特质之间进行等级排序,划分为

---

① 上海特别市社会局编:1931,《上海特别市工资和工作时间》,李文海等,2005b:712。
② 剑慧:1935,《汉口申新第四纺织厂之劳工概况及其惠工设施》,李文海等,2014b:739~740。
③ 费孝通为史国衡(1940)所著的《昆厂劳工》撰写了《书后》,李文海等,2014b。

男性的特质被赞誉,划归为女性的特质被贬值;根据等级化的性别特质,将工作、工资和声望在性别间进行分配,再把社会构建出来的资源分配上的差异归因于群体的内在特征。

与此同时,在1930年前后的中国,虽然男性整体上已获得高于女性赚钱抚养子女的能力,但在男性的内部却存在阶层区分。仔细研读民国时期各项调查可发现,下列两类男性客观上具有抚养子女的能力。一类是资产丰厚者,其家庭收入主要来自于田产和红利,全家大小的生活非常富足。① 另一类是在劳动力等级中居于中上层的工薪者,包括优势行业职业的职员(从事办公室工作)和高级技术工人,正常情况下他们的收入和支出能够相抵。② 缺乏赚钱抚养子女能力的男性是那些完全依靠出卖劳动力换取现金谋生的底层劳动者,包括低技术工人、自我雇佣的一般工匠、无技术的苦力。通过1928—1929年对天津手艺工人家庭的调查③、1929年对燕京大学校役的调查④和1930年对北平下层家庭⑤的多项调查发现,这些男性的工资远不足以独自养家,妻子和未成年子女都需要通过干零活来各谋生路或贴补家用。即使是铁路这样优势行业的底层工人,中华民国铁道部业务司劳工科1930年的调查(李文海等,2005a)和《民国二十一年劳动年鉴》(实业部劳动年鉴编辑委员会,1990)显示,津浦、胶济、平汉、平绥、京沪和沪杭甬等铁路的底层工人平均月工资仅10元左右,"即令孑然一身,并无家眷,亦仅足自给"。1925年陶孟和对北京人力车夫的调查⑥更能发现,对于赤贫的底层劳动者而言,结婚都属奢侈,更遑论履行父职。在18岁以上的车夫中,未婚者约占一半,其中许多人是因为贫困而无力娶妻。

---

① 孙惠君:1934,《昆明市家庭生活情形调查》,李文海等,2005a:157。
② 无我:1920,《唐山劳动状况(一)》,李文海等,2014b:13;陶孟和:1930,《北平生活费之分析》,李文海等,2005a:49;林颂河:1930,《塘沽工人调查》,李文海等,2005b:805~816;施裕寿、刘心铨:1932,《山东中兴煤矿工人调查》,李文海等,2005b:912。
③ 冯华年:1932,《民国十六年至十七年天津手艺工人家庭生活调查之分析》,李文海等,2005a。
④ 北平燕京大学社会学会:1930,《燕大教职员家庭佣工进款研究》,李文海等,2005b。
⑤ 陶孟和:1930,《北平生活费之分析》,李文海等,2005a。
⑥ 《北京人力车夫之生活情形》,李文海等,2005b:1145~1152。

（二）国共劳动法增强了男性赚钱抚养子女的经济能力

国共两党的劳动法都认可男女平等的抽象原则,规定男女同工同酬,但都没有意识到严重的行业、职业性别隔离才是造成女性收入普遍低于男性的根本原因,也没有意识到性别意识形态与行业、职业性别隔离之间的循环生产。因此,国共劳动法都没有着手消除行业、职业的性别隔离,而且将"特别劳苦笨重的、有害工人身体健康的"工作规定为男性专属和女性禁忌。一方面,这是男强女弱逻辑的延伸,使男性在享有性别优越的同时,不得不通过承担繁重危险工作、部分让渡安全工作权利来承受性别亏损。另一方面,劳动法对劳动条件的监督和改善,给予劳苦危险工作承担者的较高收入和较高福利,又使男性享受着性别红利。在国共两党的劳动法中,雇主有提高工厂安全与卫生条件的责任,政府有监察劳动条件的权利,包括决定工厂的开办与关停、设备是否可以使用等。中共《劳动法》还要求从事劳苦危险工作的男性工作时间比标准八小时减少两小时,给他们增加工资、加倍年假,提供劳保用品、特供食品、定期体检等各种福利。所以,尽管国共劳动法并没有构建父职的明确初衷,但上述条文客观上可以增强男性赚钱抚养子女的能力,包括:男性工作劳苦和危险程度的降低、身体健康程度的提高,有助于保障父亲赚钱抚养子女的持续时间;男性因承担危险繁重工作得到高于女性的工资福利,则可以直接增强他们赚钱抚养子女的能力。

职业技术等级是构建与合理化女性低工资、男性高工资的重要方式,《劳动法》明确规定职业等级是决定工资的标准之一。《劳动法》在对技术工人的前期身份——学徒工进行规范时,似乎是性别中立的,但将技术、学徒和性别放回历史脉络后,可以看出之间的呼应。中国现代工业社会中的学徒制起源于洋务运动,为了迅速培养所需技术人才,洋务派打破了中国农业社会中师傅招收学徒数量极为有限的旧制,一次性招收几百甚至上千名学徒(张周国,2010)。洋务派的新式学徒制迅速从军工企业传播到各种机械工业(李忠,2010),不但培养了大量的技术人才,而且学徒成为高技术工种的标志,较长的学徒期则为高技术者应得高工资增添了合法性。与此同时,学徒只招男性、机械行业被认为契合男性特质而非女性特质的性别划分,都促使中国现代工业社会中的技术工作从一开始就是男性占优势。20世纪20年代起,纺织行业虽然也推行了学徒制,但对纺织业工资和职业声望的提升程度,远不及因从业者以女性为主而被贬低的程度。另外,学徒工招考时要求有一定的识字程度,但民国时期女童在学率远低于男童①,所以学徒仍以男性为主。由此,《劳动法》没有触动学徒的男性化,并明文要求保障学徒学习技术的机会和劳动权益,为后来工资、福利和声望向多数为男性的技术工人倾斜提供了合法性。

在男性内部,除承担繁重危险工作和技术工作的两个男性群体得到额外支持外,在增强赚钱抚养子女的能力方面,男女两大群体相比较而言,国共劳动法都对男性有利。如前所述,妇女劳动保护在向女性提供部分生育保障的同时,也将女性构建为需要额外保护的特殊劳工,被豁免了子女照顾责任、无须雇主提供生育支持、无须考虑禁忌工作的男性则成为标准劳工。与此相应,国共劳动法对劳动者工作的确认和对收入福利的保障,更符合男性的经验而非女性。如,由于不赞成女性做夜工和额外工(韩延龙、常兆儒,1984),国共劳动法规定的夜班和节假日加班可得的额外工资多为男性所得。女性有酬工作结束后回到家上的第二个班,即女性在家内进行的育儿劳动则没有得到《劳动法》在工时和工资上的承认,并因此受到劳动力市场的排斥。综上所述,国共劳动法通过对禁忌工作、技术、工时和工资福利的性别分配,合理化和强化了中国早期工业化中业已存在的劳动力市场性别等级,并将无酬照顾以母亲为主和经济抚养以父亲为主的性别分工予以制度化,除增强男性整体相对于女性的赚钱抚养能力外,还得以从一开始就倾向于将男性设计成不需要为子女提供日常照顾的缺席父亲。

---

① 根据陶孟和1930年在北平的调查、杨西孟1927—1928年在上海的调查、1930年中华民国铁道部业务局劳工科的统计、林颂河1930年对塘沽工人的调查和1931年对北平的调查、剑慧1935年在汉口的调查,在5~15岁的儿童中,女童在学率远低于男童;在北平全市人口中,女性和男性中的文盲率各占53.9%和30.1%。见李文海等,2005a:15,293,710;李文海等,2005b:842;李文海等,2014b:354,741。

在父职阶层分化、许多底层劳工因收入过低无力抚养子女方面,以保护劳工利益为宗旨的《劳动法》将所有雇佣关系都纳入管理范围的做法有助于提高底层劳工的赚钱抚养能力,但对承担危险繁重工作和高级技术工人在收入、福利和声望的倾斜,又延续了工薪者内部在赚钱抚养子女能力方面的层级差异。国民党的《修正工厂法》同样对父职的阶层分化既消减又维持。消减主要体现在将《修正工厂法》的覆盖范围从 1923 年《暂行工厂通则》适用于平时使用工人在 100 人以上和含有危险性质或有害卫生的工厂(转引自刘秀红,2013:67)扩大到以机器为动力、雇用人数超过 30 人的工厂(中国第二历史档案馆编,2010:39)。维持是指人力车夫、码头工人、小商店伙计等城市中最没有能力结婚和抚养子女的男性仍被排除在《修正工厂法》的保障范围内。

尽管国共劳动法都有增强(部分或全部)男劳工赚钱抚养子女能力的效果,但并没有明确提出工资要包含抚养子女的费用,而且 1941 年公布的《陕甘宁边区关于公营工厂工人工资标准之决定》明确规定工人工资标准"以每个工人生活所需为最低工资,工资之高低依工人之技术程度、劳动强度决定之"(韩延龙、常兆儒,1984:640)。那工人子女的生活费谁来提供呢? 1931年公布的《中华苏维埃共和国婚姻条例》规定,夫妻在离异后,如果子女随母亲一起生活,那在子女 16 岁以前,父亲需要担负孩子 2/3 的生活费(韩延龙、常兆儒,1984:790)。结合这两个法律,1933 年中共《劳动法》所隐含的父职标准应该是:父亲应当是子女主要的经济抚养人,但抚养子女是男性的私人责任,雇主在支付工资时无须考虑在经济上依赖于父亲的子女。换言之,当时的《劳动法》不认为赚取包含子女抚养费用的工资是男性工人的劳动权利,不认为支持男性员工赚钱抚养子女是雇主的责任。

(三)国共劳动法向有意识构建父职迈出一小步

在 1930 年前后,国共劳动法不认为男性劳工的工资应该包含抚养子女的费用并非特例,在当时,即使对于客观上具有抚养子女能力的阶层来说,为子女成长提供经济支持也并非天经地义的父亲职责和男性特质,而是正在形成中。1928—1931 年期间进行的 5 份婚姻态度调查(李文海等,2005c：63～360)显示,在所调查的大学生、职员这些中等社会阶层内,赚钱养家保证阖家大小的衣食用度,确切地说,是家族或大家庭家长的职责;普通男性,即使已为夫为父,仍然不是赚钱抚养子女的第一责任人。如,调查者询问男性已婚者结婚后家庭经济由何人负担时,82% 的回答是家长,6% 的回答是本人(李文海等,2005c：89);在向男性未婚者询问结婚条件时,只有 7.3% 的人回答要等"自能负担家庭时",1.8% 的人选择"双方皆能经济独立"(李文海等,2005c：81)。

对此,南京国民政府着手"除去依赖长上之恶习"(谢振民,2000：750),构建赚钱抚养子女的新父职。不同于《大清律令》所禁止的祖父母、父母在而子孙别籍异财,和相应的大家长负责制,国民政府 1930 年公布的《民法·亲属编》将彼此抚养义务限制在由直系亲属和兄弟姐妹组成的小家庭内,明确要求父亲对未成年子女的经济抚养负有首要责任："未成年子女者以父之住所为住所",夫妻离异后子女监护权归于父亲,家庭生活费用和清还债务,首先是夫的责任,然后是妻(中华全国妇女联合会妇女研究所、中国第二历史档案馆,2011：247,250,253)。许多知识分子也意识到,清末以来大家庭向小家庭的转向,无酬照顾子女以母亲为主的界定和取缔童工、儿童应上学而非赚钱养家的新型儿童观,都需要父亲承担赚钱抚养子女的主要责任。[①]由此,父亲应该成为主要的赚钱养家人逐渐成为男性特质、父亲职责和现代工业公民的新标准。国民政府的实业部(实业部劳动年鉴编辑委员会,1990)、上海社会局(1931)和许多知识分子在做调研时,都会考察工人所负担的赡养人口情况,并据此要求提高底层男性的工资,使他们能够养活子女和其他家人。

同时,一些底层男性劳工将微薄收入用于个人享受而非抚养儿女的生活方式引发了知识分子们的不满和试图改造的愿望。早在 1925 年,陶孟和

---

① 童家烜:1929,《无锡工人家庭之研究》,李文海等,2005b;林颂河:1930,《塘沽工人调查》,李文海等,2005b;丁同力、周世述:1929,《上海工厂工人之生活程度》,李文海等,2005a。

(李文海等,2005b:1149)就批评许多人力车夫"偶有储蓄则常流于怠惰,或营不道德之生活",即听戏、听评书、赌博和嫖妓。其实,研读朱邦兴等人(1984)于1938—1939年进行的上海调查可以发现,酒赌嫖并非底层男性独有,一些上等职员和高等技术工人均有此好,听戏和听评书更是普遍娱乐。但底层工人在无力养活家人时仍如此生活显然触动了政府、实业家和知识分子已率先形成的男性应养活子女的新型父职观。由此,为培育符合工业文明的合格劳工,为使赚钱抚养子女从中上层男性的客观能力和部分人的新认同向下迁移至底层男性,底层工人的赌博冶游成为治理对象。《修正工厂法》第三十八条和第三十九条要求工厂为工人提供正当娱乐、协助工人储蓄、成立消费合作社。四川民生公司和天津久大精盐工厂等企业要求单身男工人全部入住厂方提供的宿舍,通过提供免费的读书、运动和音乐,鼓励工人向家里寄生活费用,来培养文明、自尊和负责任的现代男性劳工(李文海等,2005b:801~802;杨可,2016)。基本只招男工的邮政、铁路等国有企业都强制工人储蓄,以备子女婚嫁和家庭成员的其他需要(朱邦兴等,1984;刘秀红,2013)。

《民法》《修正工厂法》和一些资本家的上述做法,实际都在要求男性承担赚钱养育子女的新父职,但对依赖工资生活的劳工而言,国共劳动法却均未明确承认得到可以抚养子女的工资是劳工权利。面对这一责任和权利的不匹配,国共劳动法要求雇主提供的抚恤金发挥了初步缝合作用。国共劳动法均要求劳工死亡时,雇主向劳工的子女等家属提供抚恤金,中共《劳动法》还要求雇主在劳工残疾、年老或失踪时,向家属提供补助金。由于1949年之前中国产业工人中男性基本占六七成左右(刘明逵、唐玉良,2002:5),所以抚恤金和补助金的出现,对于构建男性应承担赚钱抚养子女主要责任的新父职具有重要意义。

第一,这表明劳动法开始初步承认这一新父职。如《劳动法》第七十六条默认劳动法的主体是男性、男性应该承担赚钱抚养子女的责任,从而将保险人的家属界定为,"(一)未满十六岁的子女、兄弟及姐妹;(二)无劳动能力的父母及妻"(韩延龙、常兆儒,1984:600)。如果说带薪生育假、托幼服务和"三期"禁忌是劳动法对母职的高调承认,那《劳动法》第七十六条则是承认父职、将男性赚钱抚养责任纳入劳动权利的第一小步。

第二,对儿童的经济抚养从父亲和家庭的私有责任开始稍稍转向公私分担。在男性劳工不能继续承担对子女的经济抚养责任时,政府要求雇主提供抚恤金和补助金,这实际是要求雇主最低限度地接替父亲的经济功能。与苏俄政府取代父亲经济功能的普遍性和高替代率相比,国共劳动法要求提供的抚恤金或补助金只是避免绝对贫困的托底救济,赚钱抚养子女仍主要是父亲或家庭的私有责任。

第三,中共《劳动法》开始对抚恤金去商品化,这有助于减小父亲抚养子女能力的群体差异。如,第七十五条规定"在劳工残疾或年老时,根据残疾程度、性质和劳工家庭状况来确定抚恤金的额度",第七十六条规定劳工在死亡或失踪后,如果家庭成员生活无着,可以得到雇主发放的补助金,额度由家庭成员的年龄和财产情况来确定(韩延龙、常兆儒,1984:599~600),表明这两项费用都与《劳动法》确定工资的两项标准——劳动率和职工等级——无关,劳动者和家庭成员的需求是唯一给付依据。

第四,有可能扩大父母抚养子女能力方面的差距。《劳动法》第七十二条规定:"被保险人及被保险人的妻,如生产小孩缺乏抚育能力者,须付给一次补助津贴,并小孩在十个月内必需的物品与养育费(韩延龙、常兆儒,1984:599)"。该规定之所以将被保险人默认为男性,既可能出于男性被默认为标准劳工,也可能是出于男性比女性更可能获得福利较优厚的有酬工作,从而促使父母赚钱抚养能力出现差异。武川正吾(2011)将福利国家的基本任务概括为两项:去商品化和去性别歧视,《劳动法》对抚恤金和补助金的发放规定显示,这两项基本任务有可能方向不一致地缠绕在一起。

五、结论

母职和父职是连接个人与社会、物质生产和人口再生产、劳动力市场与家庭生活的枢纽,是历史文化遗产与政治权力磋商的产物。1929—1933 年的国共劳动法继承清末以来的母职主流话语,顺应中国现代工业早期阶段的性别特征,通过带薪生育假、托幼服务、禁忌劳动和雇主负责制等妇女劳动保护规定,通过工种和技术等方面的性别分配,通过主观努力和意外效应,明确了母亲以无酬照顾为主、父亲以赚钱为主这一适应大工业生产的育儿分工的具体制度与清晰文本。需要强调的是,由于立法指导思想的急进超前、覆盖人群和总体实施效果相当有限等原因(陈达,1931;吴至信,1937;陕西省总工会工运史研究室,1988;彭南生、饶水利,2006;刘秀红,2013),这四部国共劳动法的意义在于明确应然标准,而非迅速成为普遍实然。中共《劳动法》为职业妇女界定的母职模式尤其具有文本规范上的领导力。在陕甘宁、晋察冀、晋冀鲁豫、晋西北、山东省、苏中和苏皖等边区陆续于20世纪三四十年代出台的妇女劳动保护中,虽然具体措施与《劳动法》有差异,而且直接覆盖人群也都相当有限,但均沿用了该法协调女性双重生产的框架。中华人民共和国成立后,随着更多城镇人口被迅速卷入工业大生产,人们的生活普遍依赖于参加现代工业生产和换取工资后,这一框架通过前后三个版本的女职工劳动保护规定和相应的禁忌劳动规定推向全国,无酬照顾子女为主、赚钱抚养为辅的现代职业妇女的母职从应然标准落地为普遍现实。

在父职方面,虽然《修正工厂法》的总体落实情况很差,但因公死亡抚恤金的发放情况较好。吴至信1937年对富有代表性的49家铁路、厂矿企业的调查发现,这项抚恤金的提供率是该法规定的所有劳工保障中唯一达到100%的。[1]再加上国统区工业一直延续清末以来的性别特征——男工的人数和平均工资均多于女工(李文海、夏明芳、黄兴涛编,2014a:2,586),所以该法事实上一直引导和增强着父亲作为赚钱抚养子女主要责任人的地位。在中共《劳动法》方面,陕甘宁、晋察冀、晋冀鲁豫、晋西北、山东省、苏中和苏皖等边区的劳动保护条例和改善雇工待遇办法均沿用了该法对死亡劳工家属提供抚恤金、规定女性禁忌和男性专属工作的规定,并和各边区奖励生产技术条例、优待专门技术干部办法一起,向承担繁重、危险、技术工作的男性

---

[1] 吴至信:《中国惠工事业》,李文海等,2004:119。

劳动者提供较高的声望、工资和福利（韩延龙、常兆儒，1984：640～700，763～768），从而不断巩固男性承担赚钱抚养子女主要责任的可能性。与《劳动法》未明确规定工资应包含抚养子女费用不同，《晋冀鲁豫边区劳工保护暂行条例》等7部边区劳动法规明确规定工资在能养活劳工本人外，还需能够维持1～1.5个人的最低生活标准，并和这些边区婚姻条例所规定的男女离婚后子女抚养条文一起（韩延龙、常兆儒，1984：804～861），呼应、强化和细化了《劳动法》所要求的母亲以无酬照顾为主、父亲以赚钱抚养为主的分工：子女年幼时跟随母亲生活，母亲负责提供日常照顾和经济支持；如果女方无力抚养且未再婚，则由父亲提供子女的生活费；如果女方再婚，则由新夫负责抚养；子女长大不再需要频繁日常照顾后，原则上与父亲共同生活，由父亲提供经济支持。由此，中共《劳动法》既没有仿效欧美工业国部分中上层男性独自养家的模式，也没有采取苏俄那样国家代替父亲的模式，而是初步走出一条中间道路：赚钱抚养子女的主要责任人＋缺席父亲。

行文至此，可以总结出国共劳动法构建母职和父职规范的不同路径：女工被假设必然要当母亲，女工的母亲身份被高度肯定，《劳动法》特设专门章节清晰界定母职规范；在有普婚、普育传统的中国，大多数男工都迟早要当父亲的事实被忽略或否定，《劳动法》对父职零散且晦暗不明的规定需要参照婚姻法或民法等其他制度才能辨识。这一构建路径一直延续至1995年开始实施且使用至今的《中华人民共和国劳动法》。

与工业大生产等现代制度、民法和婚姻法等法规、知识分子群体对父职、母职的设计等众多力量一起，20世纪30年代的这四部国共劳动法顺应、扭转、推动着中国现代母职和父职的构建。其所生发的母职和父职发展到今天，已展现出显著的局限性：子女照顾职责的母亲化，损害了女性平等参加有酬工作的权利；赚钱抚养子女责任的沉重和随之而来的有酬工作，优先损害了男性向子女提供充足日常照顾的权利；儿童无法获得父亲足够的日常照顾与成长陪伴。这尤其不适应当代家庭生活和育儿模式的新变化：家庭亲密关系增强（吉登斯，2001）；孩子对父母经济上无用但情感上无价（泽利泽，2008）；生育不仅是责任，更是权利，从父职中获取生命意义与人生快乐是男性权利(国际劳工组织工作条件和就业处,2012;Addati et al.,2014)。在低生育率的风险已经来临、新生人口已渐成稀缺资源的当代中国,是否能使全面两孩由政策期待落实为众多家庭的现实选择,其关键环节之一在于反思劳动法对母职和父职的构建,承认大多数成年就业男性都迟早将成为父亲的事实,将父职引入劳动法,承认有足够时间照顾子女是男性的劳动权利。因此,有必要追溯奠定了中国现代母职和父职基本样貌的 20 世纪 30 年代劳动法,以期在新形势下重新设计生育正义和性别正义。

参考文献

1. 毛泽东:《女子自立问题》,中共中央文献研究室编:《毛泽东早期文稿》,湖南出版社,1990 年。

2. [法]阿利埃斯·菲力浦:《儿童的世纪——旧制度下的儿童和家庭生活》,沈坚、朱晓罕译,北京大学出版社,2013 年。

3. 曾繁花:《清末分娩场域的嬗变》,《南京中医药大学学报》(社会科学版),2012 年第 2 期。

4. 陈达:《我国工厂法的讨论》,《时事月报》,1931 年第 4 卷第 5 期。

5. 陈东原:《中国妇女生活史》,商务印书馆,2015 年。

6. 程郁、朱易安:《上海职业妇女口述史——1949 年以前就业的群体》,广西师范大学出版社,2013 年。

7. [日]大滨庆子:《“贤妻良母”与近代日本女权主义》,《中国女性文化》,2003 年第 3 期。

8. 戴雪红:《女性主义对资本主义的批判:立场、观点和方法》,光明日报出版社,2010 年。

9. 邓峰、丁小浩:《人力资本、劳动力市场分割与性别收入差距》,《社会学研究》,2012 年第 5 期。

10. 丁丽:《北洋政府时期的劳动立法问题探析》,《北方论丛》,2015 年第 6 期。

11. 龚廷泰、谢冬慧:《列宁的劳动法思想体系述论》,《江苏社会科学》,

2012 年第 2 期。

12.［美］海迪·哈特曼：《资本主义、父权制和性别分工》，李银河主编：《妇女：最漫长的革命》，中国妇女出版社，2007 年。

13.韩贺南：《爱与“母职”——五四时期“女性本质”的解构与建构》，《中华女子学院学报》，2008 年第 2 期。

14.韩延龙、常兆儒：《中国新民主主义革命时期根据地法制文献选编》，中国社会科学出版社，1984 年。

15.衡芳珍：《20 世纪 30 年代国共两党的工厂法》，《江苏社会科学》，2013 年第 4 期。

16.［美］艾米莉·洪尼格：《姐妹们与陌生人——上海棉纱厂女工 1919—1949》，韩慈译，江苏人民出版社，2011 年。

17.胡愈之：《莫斯科印象记》，《民国丛书》（第五编 80），上海书店，1989 年。

18.金天翮：《女界钟》，上海古籍出版社，2003 年。

19.金一虹：《流动的父权：流动农民家庭的变迁》，《中国社会科学》，2010 年第 4 期。

20.康有为：《大同书》，辽宁人民出版社，1994 年。

21.柯小菁：《塑造新母亲：近代中国育儿知识的建构及实践 1900—1937》，山西教育出版社，2011 年。

22.安东尼·吉登斯：《亲密关系的变革——现代社会中的性、爱和爱欲》，陈永国、汪民安译，社会科学文献出版社，2001 年。

23.李春玲、李实：《市场竞争还是性别歧视——收入性别差异扩大趋势及其原因解释》，《社会学研究》，2008 年第 2 期。

24.李达：《列宁底妇人解放论》，《新青年》，1921 年第 9 卷第 2 号。

25.李文海、夏明芳、黄兴涛编：《民国时期社会调查丛编：社会保障卷》，福建教育出版社，2004 年。

26.李文海、夏明芳、黄兴涛编：《民国时期社会调查丛编：城市（劳工）生活卷》（上），福建教育出版社，2005 年。

27. 李文海、夏明芳、黄兴涛编:《民国时期社会调查丛编:城市(劳工)生活卷》(下),福建教育出版社,2005年。

28. 李文海、夏明芳、黄兴涛编:《民国时期社会调查丛编:婚姻家庭卷》,福建教育出版社,2005年。

29. 李文海、夏明芳、黄兴涛编:《民国时期社会调查丛编(二编):城市(劳工)生活卷》(上),福建教育出版社,2014年。

30. 李文海、夏明芳、黄兴涛编:《民国时期社会调查丛编(二编):城市(劳工)生活卷》(下),福建教育出版社,2014年。

31. 李扬:《歧路纷出,何处是归程——民国时期知识女性在事业与家庭上的两难选择》,《北京社会科学》,2016年第6期。

32. 李忠:《近代中国劳工教育的历史变迁》,《河北师范大学学报》(教育科学版),2010年第5期。

33. 林燕玲:《国际劳工标准:女工和童工保护》,《中国劳动》,2012年第3期。

34. 刘伯红:《中国社会转型期的女职工劳动保护》,《妇女研究论丛》,2009年第2期。

35. 刘伯红:《特殊保护势在必行,平等发展更需坚持——女职工劳动保护的国际趋势》,《妇女研究论丛》,2012年第4期。

36. 刘慧英:《女权、启蒙与民族国家话语》,人民文学出版社,2013年。

37. 刘明辉:《关注女职工职业禁忌的负面影响》,《妇女研究论丛》,2009年第2期。

38. 刘秀红:《南京国民政府时期劳工社会保障制度研究(1927—1937)》,扬州大学博士学位论文,2013年。

39. 柳亚子:《关于妇女问题的两大营垒》,《申报》,1936年2月8日。

40. 卢淑樱:《科学、健康与母职:民国时期的儿童健康比赛(1919—1937)》,《华南师范大学学报(社会科学版)》,2012年第5期。

41. 鲁迅:《鲁迅文集:坟》,沈阳:万卷出版公司,2016年。

42. 马忆南:《"女性禁忌从事的劳动"再思考》,《妇女研究论丛》,2009

年第 2 期。

43.穆随心:《劳动法"倾斜保护原则"正义价值探究——基于马克思主义正义理论视域》,陕西师范大学博士毕业论文,2011 年。

44.彭南生、饶水利:《简论 1929 年的〈工厂法〉》,《安徽史学》,2006 年第 4 期。

45.陕西省总工会工运史研究室:《陕甘宁边区工人运动史概述》,陕西省总工会工运史研究室编:《陕甘宁边区工人运动史料选编》(上册),工人出版社,1988 年。

46.实业部劳动年鉴编辑委员会编纂:《民国二十一年中国劳动年鉴》(全七册·一),《近代中国史料丛刊三编第六十辑》,文海出版社,1990 年。

47.宋少鹏:《清末民初"女性"观念的建构》,《中国现代文学研究丛刊》,2012 年第 5 期。

48.宋少鹏:《"西洋镜"里的中国与妇女:文明的性别标准和晚清女权论述》,社会科学文献出版社,2016 年。

49.汤济苍:《儿童公育与会食》,中华全国妇女联合会妇女运动历史研究室编:《五四时期妇女问题文选》,生活·读书·新知三联书店,1981 年。

50.汤梦君:《中国生育政策的选择:基于东亚、东南亚地区的经验》,《人口研究》,2013 年第 6 期。

51.汪华:《近代上海社会保障研究(1927—1937)》,上海师范大学博士毕业论文,2006 年。

52.王瀛培:《社会文化史视野下的中国女性与医疗卫生研究述评》,《妇女研究论丛》,2014 年第 3 期。

53.[日]武川正吾:《福利国家的社会学:全球化、个体化与社会政策》,李莲花、李永晶、朱珉译,商务印书馆,2011 年。

54.吴帆:《欧洲家庭政策与生育率变化——兼论中国低生育率陷阱的风险》,《社会学研究》,2016 年第 1 期。

55.向鸿波:《历史分期观念与"中国近世史"的生成》,《中山大学学报》(社会科学版),2017 年第 4 期。

56.肖海英:《"贤妻良母主义":近代中国女子教育主流》,《社会科学家》,2011 年第 8 期。

57.夏晓虹:《晚清文人妇女观》(增订本),北京大学出版社,2016 年。

58.徐愫:《流动人口收入性别差异的实证研究——以苏浙沪三省(市)数据为依据》,《贵州社会科学》,2015 年第 5 期。

59.[日]须藤瑞代:《中国"女权"概念的变迁——清末民初的人权和社会性别》,须藤瑞代、姚毅译,社会科学文献出版社,2010 年。

60.谢振民:《中华民国立法史》(下册),中国政法大学出版社,2000 年。

61.杨可:《劳工宿舍的另一种可能:作为现代文明教化空间的民国模范劳工宿舍》,《社会》,2016 年第 2 期。

62.杨菊华:《单独二孩政策下流动人口的生育意愿分析》,《中国人口科学》,2015 年第 1 期。

63.杨云霞:《新民主主义革命时期女工劳动立法分析》,《西北大学学报》(哲学社会科学版),2010 年第 1 期。

64.游鉴明:《超越性别身体——近代华东地区的女子体育》(1895—1937),北京大学出版社,2012 年。

65.[美]维维安娜·泽利泽:《给无价的孩子定价》,王水雄、宋静、林虹译,格致出版社和上海人民出版社,2008 年。

66.翟振武、李龙、陈佳鞠:《全面两孩政策下的目标人群及新增出生人口估计》,《人口研究》,2016 年第 4 期。

67.章可:《超越历史分期概念:汉语"现代"概念的创出》,《史学理论研究》,2015 年第 3 期。

68.张亮:《中国儿童照顾政策研究——基于性别、家庭和国家的视角》,上海社会科学院出版社,2016 年。

69.张青根、沈红:《教育能缓解性别收入差距吗?》,《复旦教育论坛》,2016 年第 4 期。

70.张希坡:《革命根据地的工运纲领和劳动立法史》,中国劳动出版社,1993 年。

71. 张周国:《南京国民政府时期劳动契约制度研究》,华东政法大学博士毕业论文,2010 年。

72. 赵婧:《母性话语与分娩医疗化——以 20 世纪三四十年代的上海为中心》,《妇女研究论丛》,2010 年第 4 期。

73. 赵妍杰:《不独子其子:五四前后关于儿童公育的争论》,《社会科学研究》,2015 年第 5 期。

74. 中国第二历史档案馆编:《中华民国史档案资料汇编》(第三辑工矿业),江苏古籍出版社,1991 年。

75. 中国第二历史档案馆编:《中华民国史档案资料汇编》(第五辑第一编财政经济五),江苏古籍出版社,2010 年。

76. 中华全国妇女联合会妇女研究所、中国第二历史档案馆:《中国妇女运动历史资料·民国政府卷》(上),中国妇女出版社会,2011 年。

77. 周穗明:《20 世纪末西方新马克思主义》,学习出版社,2000 年。

78. 朱邦兴、胡林阁、徐声编:《上海产业与上海职工》,上海人民出版社,1984 年。

79. 朱季康:《论民国妇女身份的转变对幼儿公育思想的影响——基于民国学者视野的考察》(1912—1949),《北京社会科学》,2015 年第 2 期。

80. 左际平、蒋永萍:《社会转型中的城镇妇女的工作和家庭》,当代中国出版社,2009 年。

81. Addati, L.; Gassirer, N.; Gilchrist, K., 2014, *Maternity and paternity: Law and practice across the world*. International Labor Office. -Geneva: ILO.

82. Bernard, J., 1981. The good-provider role: Its rise and fall, *American Psychologist*, 36(1).

83. Chernova, Z., 2012, The Model of 'Soviet' Fatherhood: Discursive Prescriptions, *Russian Studies in History*, 51(2).

84. Coltrane, S., & Galt, J., 2000, The history of men's caring. In Meyer, M. H. (ed.), *Care work: Gender, labor, and welfare states* (p. 15 – 36). New York: Routledge.

85. Hartmann, H., 1997. "The Unhappy Marriage of Marxism and Feminsm", Nicholson, L. (ed), *The Second Wave: A Reader in Feminist Theory*, N. Y.: Routledge.

86. Kimmel, M., 1996, *Manhood in American: A cultural history*. New York: Free Press.

87. Lamb, M. E., 2000, The history of research on father involvement: an overview, *Marriage & Family Review*, 29(2 − 3).

中国妇女劳动保护制度的百年演变逻辑①

在中国,妇女劳动保护是指除了男女两性通用的劳动保护措施外,专门为女性提供的劳动保护措施。根据《女工劳动保护条例草案》(1956年)、《女职工劳动保护规定》(1988年)、《女职工禁忌劳动范围的规定》(1990年)和《女职工劳动特殊保护规定》(2012年),主要是指女性在经期、孕期、产期和哺乳期的带薪生育假和禁忌劳动等女性生育保护,合称"四期保护"。为落实马克思主义妇女解放路线,即妇女外出参加公共劳动,同时生育家务等劳动社会化,中国共产党从1922年就开始尝试制定妇女劳动保护政策,1931年出台、1933年修改的《中华苏维埃共和国劳动法》已形成了中国妇女劳动保护的基本框架。从那时到现在,作为实现马克思主义妇女解放目标、实践马克思主义妇女解放路线的具体制度,中国的妇女劳动保护已走过近百年的历史。分析这近百年的演变逻辑,不仅可以促进这项制度的完善,更可以深化对马克思主义妇女解放路线的理解并进一步发展。

一、1922—1949年:基本框架形成

1917年俄国十月革命成功后,马克思主义开始在中国大规模传播。马克思主义的妇女理论和妇女解放路线成为初生中国共产党开展妇女运动的

① 原文已发表于《中国社会科学内部文稿》(内部刊物)2017年第4期,略加删改后,本文公开发表于《中华女子学院学报》2018年第1期,"人大复印资料中心(妇女研究)"2018年第3期全文转载。本文是天津市哲学社会科学规划研究项目(TJSRWT15-013)的阶段性成果。

基本原则,1918年苏俄政府颁布的《苏俄劳动法典》直接成为中国共产党制定妇女劳动保护政策的范本。从1922年第二次全国代表大会的《关于妇女运动的决议》起,中共开始"努力保护女劳动者的利益""保护女工及童工的利益",并于接下来的三大、四大、八七会议、六大等会议不断细化政策(中央档案馆,1989)。1931年通过、1933年修改的《中华苏维埃共和国劳动法》(韩延龙、常兆儒,1984)已较完整地形成中国共产党妇女劳动保护的基本框架:三类劳动保护措施和雇主责任制。

第一类劳动保护措施是孕期、产期和哺乳期之内的"三期"保护:女性在孕期和产期可休息6或8周,工资照发;哺乳期间工作时每天可得到带薪的哺乳时间;厂方在"三期"内不可降低女性工资或开除女性等。第二类是托幼服务,即"在工厂内设立哺乳室及托儿所,由工厂负责请人看护"。第三类是禁忌劳动。一种是禁止所有女性从事的特别繁重和危险的劳动,另一种是禁止女性在"三期"内从事被认为有害于母亲和胎儿、婴幼儿的劳动。雇主责任制是指"三期"间女性的工资和幼儿园的建设和看护费用等均由雇主完全负担。

从内容看,上述措施的确是在落实马克思主义的妇女解放路线:妇女参加公共劳动+育儿公共化。上述劳动保护提供的经济支持、工作岗位保障和托幼服务,不但可以有效减少女性在生育期间对父权制家庭和男性的依赖,促进女性经济和人格方面的独立,而且可以保护女性的外出就业不会因生育而中断,从而增强女性参加公共劳动的可能性和稳定性,但也蕴含着以下风险。

第一,只为女性提供的上述生育支持否认了男性在女性怀孕、分娩和哺乳期间可照顾女性、胎儿和新生儿的权利和责任。

第二,托幼服务是儿童照顾公共化的关键环节,对妇女解放、性别平等、育儿制度产生了深远的影响。但要求用人单位只向女性提供托幼服务进一步强化了生育责任的女性化,并将只能由女性完成的怀孕、分娩和哺乳的生的责任延长为只应该由女性完成的多年的育的责任,从而开启了母职、父职的新制造:由母亲而非父亲负责将育儿从私领域带入公领域并协调家内、家外双重工作,父亲在公私领域照顾子女的责任均被豁免。

第三,雇主责任制、生育责任的女性化、男性生育责任的被否定共同促成了劳动力市场的性别等级:男性一等、女性二等。这成为后来百年间妇女劳动保护中的沉疴,直接阻碍着育儿公共化和妇女解放。

第四,通过生育责任女性化和雇主责任制,国家以只出政策、不直接承担经济责任的方式得到整个社会和生产体系运转所必需的人口再生产。

为女性规定双重禁忌劳动的理论依据可溯源至经典马克思主义:因为女性体力较弱且有生育特殊生理机能,所以要为妇女提供劳动保护。[①] 20 世纪二三十年代的中国本土也存在相关话语,如,"女子刚从封建压迫之下解放出来,她们的身体,许多受了很大的损害(如缠足),尚未恢复"等。旧中国极高的分娩死亡率和 20 世纪 20 年代开始的新法接生运动,也促成了生育使女性脆弱的观念。由此,女性体力弱于男性,生育使女性更加脆弱和工作能力受损,因而女性需要保护成为中国共产党劳动妇女保护框架中不言自明的传统。

上述三类劳动保护措施和雇主责任制组成的妇女劳动保护框架在中华人民共和国成立后不久迅速扩展为包括经期在内的"四期保护",深刻地影响着妇女劳动保护和妇女解放的发展,特别是生育社会化的方向、程度和具体形式,并构成社会主义政治、经济、文化等社会结构的基础。

二、1950—1985 年:创建经期保护与践行"四期保护"

20 世纪 50 年代,中国妇女劳动保护的细则迅速发展,《劳动保险条例》(1951)、《劳动保险条例实施细则修正草案》(1953)和 1956 年颁布的《工厂

---

① 如,马克思在《临时中央委员会就若干问题给代表的指示》(1866 年)中指出,"必须绝对禁止妇女从事任何夜工,也禁止她们从事对妇女较弱的身体有害的,以及可能使她们受到有毒物质及其他有害物质影响的各种劳动"。在《资本论》(1867 年)的第十三章《机器和大工业》中马克思进而提出,机器使肌肉力成为多余,为压低工资资本家雇佣肌肉力不如成年男性的妇女和儿童。恩格斯则在《致盖尔特鲁黛·吉约姆-沙克》(1885)中指出,"劳动妇女,由于她们的特殊生理机能,需要特别的保护"。

安全卫生规程》《女工保护条例草案》和《女工保护条例说明》先后出台,除继续发展中华人民共和国成立前已基本成形的孕期、产期和哺乳期"三期"保护外,中国基层工作者自主开创议题,创造性地构建了经期保护。①

经期保护的开端可追溯至中华人民共和国成立前。在 1927 年第四次国共两党大会上通过的《女工童工问题决议案》中,月经假被明确提出,"女工因生理关系,每月除星期日另给三天的休假日,照发工资"(中华全国总工会中国工人运动史研究室,1984:P298)。但未曾进入 1931 年和 1933 年的《中华苏维埃共和国劳动法》。1953 年,上海一家私营工厂发现因为许多女工认为月经污秽而见不得人,在处理月经时经常用不卫生的肮布或破纸,导致女工的月经病很严重,于是建立了全国第一家女工卫生室,供女性行经时冲洗使用(杨秀萼,1953:P11,转引自王瀛培,2016)。初生的社会主义政权迅速接棒,很快将建立科学卫生的女工卫生室、消除月经病、提高女工出勤率扩大为全国范围内的妇女劳动保护新重点。两年之后,时任纺织工业部副部长的张琴秋发表讲话时指出:"妇幼保健站和妇女卫生室也在逐渐增加……卫生室内设有冲洗器、温水调节器、消毒器、烘干器、经带保管箱、休息室及一些必需药品,并有专人负责。"(张琴秋,1955:2~3)1956 年颁布的《中华人民共和国女工保护条例(草案)》和《工厂安全卫生规程》将女工卫生室/冲洗室正式写入,要求女职工多的用人单位酌情建立卫生室,并对卫生室的设备和日常管理标准等做了明确要求。

规定行经期间的禁忌工作是经期保护的另一个重点。1958 年中国共产

① 虽然 1953 年有位作者发表文章介绍了苏俄建立女工卫生室、供女工行经冲洗之用(顾汝松:《要保护女工身体的健康》,《妇婴卫生》,1953 年 10 月;顾汝松:《要推广"女工卫生室"》,《妇婴卫生》,1953 年 12 月),但 1918 年发布一直使用到 1966 年才废止的《苏俄劳动法典》中并未提及卫生室,也未发展出经期不接触冷水或低温、不进行攀高或重体力作业等如中国般详尽的经期保护,所以从主干内容看,中国的经期保护并非源自苏俄。而且在当今世界上,除中国外,仅有印度尼西亚、越南、日本、朝鲜和中国台湾实行经期保护,且开始时间都晚于中国(Haspels Nelien; Meyer Timde; Paavilainen, Marja, Equality and non – discrimination at work in East and South – East Asia: Exercise and tool book for East and South – East Asia and the Pacific, Bangkok: ILO, 2011, http://www.ilo.org/wcms-sp5/groups/public/ – – –asia/ – – – ro – bangkok/ – – – sro – bangkok/documents/publication/wcms_178417.pdf,2016 年 8 月 9 日)。所以中国应该是创立经期保护的首个国家。

党八届六中全会通过的《关于人民公社若干问题的决议》指出,"在月经期内也一定要让妇女得到必要的休息,不做重活、不下冷水、不熬夜"(中共中央文献研究室,1995)。1960年春天,时任全国总工会女工部部长的杨之华(1960:1)在其文章《加强女工保护工作,更好地为生产建设持续跃进服务》中,将经期、孕期、产期和哺乳期的保护合称为"四期保护"这一专门语汇,并沿用至今。

经期保护实际上属于社会流行病学,注重从社会环境方面促进女性生殖健康,对防止社会经济生产损害女性健康起了积极的正面作用,但同时也将本是正常身体功能的月经病理化为使女性虚弱和工作能力受损的类疾病,经期禁忌则以妇女劳动权益保障的方式确认了月经的病理化后果,并成为男强女弱的新证据。尤其重要的是,与其他"三期"相对短暂相比,经期保护被认为是女性在长达三四十年的整个育龄期间都需要的,从而使得女弱于男成为贯穿女性整个生命周期的生物特征。

包括经期保护在内的妇女劳动保护和劳动法的总目标在于保护劳动者的健康不被过度的劳动或恶劣的劳动环境所损害,但时常让步于"大干快上""超英赶美"的现代化渴望。"大跃进"至"文革"结束期间,中国总体上呈现劳动力短缺,妇女们宝贵的人力资源被进一步发现和动员。随着女性就业比例的大幅度提升,许多女性进入"四期保护"禁止的工作岗位。

典型代表是20世纪六七十年代在石油、港务、煤矿、电力、林业等部门普遍出现的"铁姑娘"现象(金一虹,2006;左际平、蒋永萍,2009)。目前,国内学者对"铁姑娘"现象的一个常见批评是:这种隐藏在普遍标准之后的男性特殊主义,要求的是男女之间的机械雷同,既忽视了性别差异,又造成了性别之间的实质不平等。全国妇联也意识到这个问题,不但在1979年婉转地要求停止"铁姑娘"现象,而且早在20世纪60年代初就强调"由于女工有生理上的特点和操劳家务的负担,更应该切实执行中央'关于劳逸结合问题的指示',使她们有必不可少的休息"。① 换言之,全国妇联是通过强调以下两方面的女性特性来增强"四期"保护的必要性和迫切性:女性需要通过行经、怀孕、分娩、哺乳等功能来完成生育功能,女性需要照顾子女和承担其他家务。通过强调性别差异来换取特殊优惠的"四期保护"在为女性免去一些过度使用体力、工作环境条件恶劣的劳动的同时,也从以下方面将生育进一步本质化为女性的专属职责。

第一,女性在孕前、孕中和哺乳期从事过于繁重工作或接触有毒有害工作环境固然会影响胎儿和幼儿发育,男性如此劳动也会影响精子质量,并会通过皮肤、衣物等无意中将有毒害物质带回家,从而威胁孕妇产妇和胎儿幼儿的健康。但当生育功能被用来为女性独享劳动保护提供合法性时,会轻视或否认男性的身体也有生育功能、男性也参与生育过程的事实,从而将生育功能排他性地构建为女性独有。

第二,中国妇女劳动保护初期就形成的女性家内家外责任双肩挑和男性被豁免照顾子女之责的传统,在 20 世纪六七十年代被用来为女性争取免于部分繁重劳动,从而再次强化了儿童照顾职责的女性化。

然而并非只有极重体力工作会严重损害女性的健康。从 1956 年开始直至 20 世纪 80 年代初停止的陕西"银花赛"中,为了提高棉花产量,种植棉花成了极为耗费体力的工作,但这种体力耗费并不是指搬运重物等爆发性的重体力工作,而是以令人很不舒适的姿势长时间地工作,如整天弯着腰或蹲在田间劳作。根据"四期保护"规定的女性禁忌工作类别,棉花田间的这些工作是女性可以从事的,但女性付出的代价是高发的子宫脱垂和脱肛(高小贤,2005)。所以"四期保护"并不能有效地防止女性从事严重伤害身体健康的工作,而且不论是被"四期保护"禁止的极重体力工作,还是没有纳入"四期保护"禁忌的一些工作,都是在违背包括男人在内的所有人的身体极限。

---

① 1960 年《中央批转劳动部、总工会、妇联党组关于女工劳动保护工作的报告》,http://www.wsic.ac.cn/internalwomenmovementliterature/12964.htm,2016 年 5 月 7 日检索。1961 年《中央转发全国妇联党组关于农村妇女劳动保护政策和农村托儿组织问题的两个报告》,http://www.wsic.ac.cn/internalwomenmovementliterature/12970.htm,2016 年 5 月 7 日检索。

但当女性身体以子宫脱垂等铁证如山的证据要求落实"四期保护"和合理劳动量的同时,男性身体则由于缺乏这些证据而被误以为强壮得可以承受,从而强化了女性体力不如男性的刻板印象。换言之,对劳动安全的忽视和"男人能干的事,女人也能干"的妇女解放标准,使得男女劳动者的身体都被过度损耗了。

20世纪50年代至80年代,托幼公共服务继续发展,在帮助女性协调家外有酬工作与家内无酬育儿工作发挥了巨大作用,但中华人民共和国成立前托幼设计中就已经存在的内在缺陷进一步显现。第一,幼儿园覆盖面很有限,群体分化明显。"四期保护"本身要求的是大型用人单位设立幼儿园,从而使中小用人单位的就业女性、城市非正规就业的女性和广大农村女性,难以享受托幼公共服务。虽然城镇街道、乡镇政府和农村公社都曾尝试提供托幼服务,但都未能做到长久普遍。第二,用人单位为女员工提供的幼儿看护服务从哺乳期延长到幼儿期,如,1953年通过的《劳动保险条例实施细则修正草案》要求"有四周岁以内的子女20人以上"的单位设立幼儿园,从而将生育责任的女性化由生的阶段延长至绵延多年的育的阶段。换言之,托幼服务与儿童照顾责任的性别分配不平等同步发展。

三、1986年至今:向保护母性机能的聚敛

1986—1993年出现了妇女劳动保护制定和修订的高峰,《女职工保健工作暂时规定》(1986年)、《女职工劳动保护规定》(1988年)、《女职工禁忌劳动范围的规定》(1990年)和《女职工保健工作规定》(1993年)先后出台。"四期保护"被正式写入上述全国性法规,保护母性机能被宣布为妇女劳动保护的核心,并延续至2012年颁布后使用至今的《女职工劳动保护特别规定》。

(一)保毓书团队的努力

1985年,北京医科大学公共卫生学院劳动卫生教研室的保毓书教授和

她的团队受劳动部委托,开始进行 1949 年后全国第一次全面系统的女性禁忌劳动研究,其成果由劳动部于 1990 年以《女职工禁忌劳动范围的规定》的名称在全国颁布实施(晓讷,1989;周树森,1995)。规定女职工禁忌劳动实际是在构建性别差异,必须回答三个问题:①男女在劳动保护方面存在哪些差异? ②有什么证据这些差异的确存在? ③为了不与男女平等、妇女解放的既定方针相左,男女差异如何不被当作女弱于男的证据? 即,构建男女差异时如何防止性别歧视?

中华人民共和国成立前的《苏维埃共和国劳动法》已基于男女差异的两个设定规制了女性双重禁忌工作:女性因体力本弱于男性而不能做特别繁重或危险的工作,女性因承担生育而不能在生育期内做有损于胎儿和母婴健康的工作。这两个性别差异的广为接受,和中国几十年“时代不同了,男同志能做的事,女同志也能做”这一话语所构建的以男性为标准的认知方式使保毓书团队将男女差异视为女性体力弱于男性的证据,但这一观点很容易造成女性被劳动力市场排斥,从而违背党和国家对男女平等的承诺,所以保毓书团队竭力淡化体力对女性工作能力造成的影响,转而强调女性工作能力之所以弱于男性是因为女性身体具有生育机能,应该得到特殊劳动保护而非歧视。在多篇论文中,该团队不断论述重体力劳动、频繁下蹲等会导致腹压增强,进而影响女性子宫和卵巢等内生殖器的位置与功能;有毒有害物质会增加不孕、妊娠中毒、孕妇流产、乳汁流毒、幼儿发育不全的风险等观点(保毓书,1979;保毓书、周树森,1989a;保毓书、周树森,1989b;保毓书,1993)。换言之,保毓书团队的策略是努力将 20 世纪 30 年代所规定的妇女因体力和生育而需要双重禁忌劳动聚敛为只是因生育而需要禁忌劳动,再加上中华人民共和国成立后前 30 年间不断将生育构建为女性的专属功能、将男性从生育中排除出去,从而形成生育机能就是母性机能的观念。因此,在 1991 年召开的亚太地区职业安全卫生研讨会上,保毓书明确指出,“(中国)将女职工母性机能保护,作为女职工劳动保护的主要内容”(保毓书、周树森,1991:P8)。相应地,以母性保护为统帅,女性被分为五个群体:非怀孕哺乳期的一般妇女(含经期女性)、已婚待孕女性、孕妇、乳母和更年期妇女。

并强调在女性的每个生命阶段,都需防止有害工作对母性机能的损伤。

那么有足够的证据证实被规定的禁忌劳动的确会损害女性的生育功能吗?保毓书团队坦率地承认:没有。第一,该团队承认个体差异往往大于性别差异,一概禁止女性做某些工作是不恰当的。第二,当保毓书团队对禁忌条例所列出的 28 种有害职业因素进行 92 项比对时,发现只有 30 项属于"接触与对母性机能或胎儿发育的影响之间可能存在有因果关系",其余均属于不能确定(保毓书、周树森,1989b:37、39),但"对某些可疑有性腺毒性的有害职业因素,应限制未婚或已婚待孕的妇女接触"(保毓书、周树森,1989a:45)。换言之,当证据不足以支持诉求时,保毓书团队用女性因生育而脆弱,所以必须得到保护这一在既往中国妇女劳动保护中已取得政治正确性地位的信念来填补逻辑空白。

20 世纪 70 年代末期开始的市场经济为这一信念提供了必要性和紧迫性。中国经济公有制一统天下的局面被打破后,乡镇企业和其他私营企业迅猛发展,这些新兴企业由于普遍遵循利润最大化的原则,所以倾向于尽量压缩用工成本(潘锦棠,2002)。保毓书团队的一项研究发现,在 1987 年调查的 4583 所乡镇企业的 33 万名女职工中,从事毒害作业者高达 42%。因此,保毓书团队希望通过强调母性机能来促进女职工劳动权益的落实(保毓书、王簶兰、周仁,1989)。但 20 世纪 90 年代开始不久,中国开始了新一轮的深化市场经济改革,新自由主义减少福利、强化市场竞争的理念开始在中国扎根,这直接削弱了过往妇女劳动保护所依赖的制度环境:企业在计划经济之下以无须考虑成本的方式提供福利,以实现劳动人民在社会主义国家当家做主、劳动最光荣、劳动者权益优先于经济效率的社会主义承诺。所以1886—1993 年间新修订的妇女劳动保护法规不久就面临困境:保护母性机能的诉求无法阻挡市场经济对利润和国内生产总值的渴求,"四期保护"的落实变得更为艰难。

在劳动部、卫生部等相关部门的支持下,保毓书团队继承中国妇女劳动保护在中华人民共和国成立前就已形成的女性因生育而需要保护这一逻辑,完成了我国妇女劳动保护向保护母性机能的聚敛。在中国市场经济转型的初期,保毓书团队和相关部门敏锐地发现了女性劳动权益受损的现象,并试图用强调女性生育来抵抗具有攻击性的市场,所以 1988—1993 年间妇女劳动保护的修订高峰实际是面对市场入侵时政府和学者联手进行的社会自我保护。但适合计划经济的"四期保护"显然难以适应市场经济这一社会主义新阶段,进一步强化的母性机能保护措施还使女性在劳动力市场的地位更加边缘。

(二)调整与坚持

面对 20 世纪 80 年代以来"四期保护"的举步维艰,相关部门主要采取了三项措施来应对。

第一项措施是通过 1994 年颁布的《企业职工生育保险试行办法》将孕期、产期和哺乳期的大部分保护从企业独立负责恢复为 1953—1969 年曾实行的生育保险社会统筹,即在区域内的所有参保单位间统筹。时至今日,与"四期保护"的其他内容相比,生育保险的保障力度最强,但仍然存在几大问题:覆盖率低、替代率不足和群体不平等。

第二项措施是将托幼服务从企业中剥离出去。伴随国家从托幼服务大踏步退出的是,育儿责任的家庭化被显著加强。而且与妇女劳动保护刚刚开始就构建的新型母职一致的是,回归家庭的儿童照顾责任并非在家庭成员之间公平分配,而是首先落在女性这个传统的第一责任人身上,双方的祖父母被动员起来替代退出的单位托幼服务,被构建为标准或优秀职场人的父亲们则继续缺席于孩子的日常照顾。

第三项是于 2012 年颁布了妇女劳动保护的新版本《女职工劳动保护特别规定》。1988 年的妇女劳动保护规定在运行了 20 年后,特别是遭遇市场经济转轨的巨大挑战之后,研究者们发现该规定已对女性们产生了直接的负面影响(佟新、龙彦,2002;刘明辉,2009;潘锦棠,2009;刘伯红,2009,2012;林燕玲,2012;陈林林、兰婷婷,2016)。妇女劳动保护规定的基本逻辑之一是强调男女差异、保护女性生育机能,既忽视了个体差异,也未能有效保障女性与男性享有平等的工作机会和待遇,加剧了行业和职业中的性别隔离。

规定的女性工作禁忌过多,很多缺乏坚实的科学基础,而且许多用人单位任意扩大禁忌,从而加剧了女性在就业市场的边缘化。

实际上,上述负面效果并非完全由 1988 年妇女劳动保护规定引发,而是中国妇女劳动保护从性别差异出发、保护女性生育这一逻辑不断发展的结果。换言之,在对妇女解放的追求中,差异路线和平等路线都容易制造歧途。平等路线容易陷入以男性为标准的伪平等,差异路线则容易将性别差异本质化,在妇女劳动保护中,差异路线还易于将生育病理化,过分夸大女性在生育期间的工作无能,并将儿童照料责任女性化。要强调指出的是,并非只有中国的妇女劳动保护会陷入平等/差异的两难困境和理论僵局,国际劳工组织这个世界上最大的劳动标准和劳工权益制定者也曾被长期困扰,在经过几十年的艰难摸索之后,才找到平衡女性有酬工作和女性与胎儿健康、促进公正性别分工的较好方式。以托儿服务为例,国际劳工组织于 1965 年通过的《(有家庭责任妇女)就业建议书》还认为儿童照顾和家务是女性责任,要求企业为所雇佣的女性提供托儿服务,但逐渐"意识到为实现男女的完全平等,改变男女在社会和家庭中的传统角色诚属必要",因此于 1981 年通过了《有家庭责任的男女工人享有同等机会和同等待遇公约》,要求社会各界为所有需养育儿童的就业者提供保育服务。① 对于必须由女性承担的怀孕、分娩和母乳喂养等育儿劳动,则强调不可损害女性在家外从事有酬劳动的机会和待遇,所以于 2000 年通过了新版《保护生育公约》,明确宣称该公约目的在于:保护女性和胎儿的健康不会被女性从事的经济工作所危及,保护女性就业和经济安全不被生育所危及。② 2012 年,国际劳工组织确认了男性也有参与育儿的权利、需求和职责,而且育儿并不是孩子健康出生即结束,而是需要至少十几年的密集劳动,所以国际劳工组织又提出超越女性生育保护的观念,建议在孩子出生时给予男性带薪陪产假,在孩子十几岁之前

---

① 见该公约的前言和第五条,http://www.ilo.org/dyn/normlex/en/f? p = NORMLEXPUB:12100:0::NO::P12100_ILO_CODE:C156,2016 年 6 月 9 日检索。

② http://www.ilo.org/wcmsp5/groups/public/ - - - ed_norm/ - - - normes/documents/normativeinstrument/wcms_c183_zh.pdf,2016 年 6 月 9 日检索。

给予父亲和母亲或其他照顾人足够的带薪或不带薪的育儿假;为了促进育儿劳动中的性别平等,部分育儿假还必须是父亲来休,不可转让,否则作废。

所以要彻底消除研究者们指出的中国妇女劳动保护的缺陷,不仅中国妇女劳动保护本身的逻辑需要重大变革,而且整个社会的性别分工、父职标准、家庭与工作的关系等都需要转型。对1988年妇女劳动保护条例的修订于2008年启动,全国妇联组织专门队伍调研,提出了一个借鉴国际劳工组织上述理念与法规的建议稿(马冬玲、李亚妮,2009;《女职工劳动保护规定》修改课题组,2011)。然而2012年颁布的《女职工劳动特殊保护法规》基本沿袭了1988年版本的内容,全国妇联的绝大部分建议未予采纳。从相关部门的答记者问可看出,原因之一是为了与既有法律法规衔接,所以难有较大修改(《国务院法制办负责人就〈女职工劳动保护特别规定〉答记者问》,2012)。但更深层的原因是,以"四期保护"为核心的中国妇女劳动保护制度适合以计划经济为基础的传统社会主义,当中国全面转型进入市场经济后,妇女劳动保护制度需要借鉴国际劳工组织的上述理念和具体制度,在总结计划经济时期妇女劳动保护的得失经验基础上,发展出适合社会主义市场经济的新理论与新设计。这一理论创新工作显然在中国还远远不够,所以2012年的妇女劳动保护修订呈现新瓶装旧酒的效果也就不足为奇。另外,在中国妇女劳动保护百年实践中,照顾子女这一育儿重任首先应该由女性承担这一女性特征和性别分工一直未受到有效质疑,而且构成了整个社会政治经济结构和性别文化的支柱。表现之一就是在社会政策群中已形成相互支持的互文性,从而使有关部门难以在妇女劳动保护规定上单独推进。

四、讨论:中国百年妇女劳动保护制度的逻辑

推进妇女解放一直是马克思主义、中国共产党章程和中国宪法的重要目标,更是中国妇女劳动保护的宗旨。通过近百年实践,中国妇女劳动保护制度有力地在以下方面推动了妇女解放。女性在生育期间应享有休假、生活津贴和医疗补助、带薪的体检时间和哺乳时间等已成为社会主流价值观

和中国女性就业者的基本权益。基层工作者们创建的经期保护在女性健康知识与基本物质资料都匮乏的时代,对妇女生殖保健发挥了巨大作用。经期、孕期、产期和哺乳期组成的"四期保护"强有力地保护了妇女和下一代的健康。托幼公共服务在我国从无到有,有力地促进了女性外出参加有酬工作。而且不管是免费的集体福利,还是有偿的市场服务,托幼公共化都成了当代中国生育制度中不可缺少的组成部分。在计划经济向市场经济转轨所带来的巨大挑战面前,带薪产假成为我国制度化程度最高的妇女劳动保护措施之一,2011年的《生育保险办法(征求意见稿)》和《社会保险费申报缴纳管理规定(草案)》还拟将生育保险覆盖到所有用人单位,并包括自我雇佣者。从理论上看,中国妇女劳动保护历经百年的得失经验从以下方面加深了人们对生育和整个妇女解放的理解。

(一)生育职责的女性化

中国妇女劳动保护的百年发展产生了生育职责女性化的效果。第一,生育被认为是女性才有的生理机能,从而将男性从生育中排斥出去,既豁免了男性照顾子女的职责,也剥夺了男性照顾子女的权利。

第二,将女性生育病理化。即,将本是正常身体经历的生育构建为会让女性虚弱、工作失能的疾病。它的策略性运用可以为女性争取减少对劳动力的过度役使和接触恶劣工作环境等劳动权益,但代价是强化了女性劣于男性的文化认知与劳动力性别等级,并陷入愈受劳动力市场排斥,愈要求生育保护,愈受排斥的恶性循环,从而使生育职责女性化这一非正义既体现在社会经济结构又体现在文化之中,而且被二者互相强化。

第三,当生育被自然化为女性的本能和天生技能、否认男性参与生育的事实后,容易制造出男主外女主内是最经济合理的性别分工的假象。如美国新家庭经济学的代表加里·贝克尔(1965)等人就将丈夫从事市场劳动、妻子从事家务劳动的性别分工合理化为利他主义下的家庭整体利益最大化策略。我国20世纪80年代以来分别引发三次"妇女回家"全国大讨论的发起人也都持此观点(郑也夫,1994;王贤才,2001;张晓梅,2011)。

第四,托幼公共服务成为女性专属生育职责的辅助,即在承认生育是公共事务的同时保留生育是女性专属责任的尾巴。所以20世纪80年代以后托幼服务成为妇女劳动保护制度中最早消失的育儿公共化措施并不奇怪。

在中国,生育是女性的特殊困难这一说法跨越了1956年、1988年和2012年的三个妇女劳动保护版本,表明生育是女性专属职责不论是计划经济还是市场经济都是得到共同认可的,称得上是百年中国最巩固的性别差异和性别分工。时至今日,这一观点仍不断翻新。如,在中国独生子女政策停止、新生人口开始逐渐成为稀缺资源的今天,女性可生育的身体优势愈发凸显,不少人士要求通过延长产假、恢复痛经假和更年期假期来增强"四期保护",并成为一些地方政府的新政策。因此,在中国妇女劳动保护需要重新发展理论和重新设计具体制度的今天,首要的任务之一是通过厘清过去近百年间妇女劳动保护构建的三类性别差异,破除生育职责女性化这一本质主义。①女性怀孕、分娩、母乳喂养这些必须由女性完成的差异,应充分尊重,并通过带薪假期和免费医疗等社会保障促进人口再生产的分配正义。②消除为性别不平等正名的差异,如,女性因生育而脆弱和工作失能,所以女性是劣等劳动力等"差异"应摒弃。③将女性生育过程中被贬低但实际上有益于全社会的差异弘扬至所有父母,如充分地陪伴孩子成长和参与家庭生活。

(二)生育社会化

生育本质主义的经验教训显示,在追求育儿公共化和妇女解放之中,单方面肯定女性生育功能、否认男性生育功能的路线已走到尽头,没有育儿劳动的性别再分配,就不可能消除不公正的性别分工;不触动育儿责任的不公正性别分配,就无法真正做到育儿公共化,而且会形成社会经济文化结构中的新型男女不平等。因此,新马克思主义女性主义学者米切尔·巴雷特(Barrett,1989)将马克思主义关于育儿社会化是妇女解放关键条件的观点更推进一步:妇女解放的关键在于育儿责任的公平分配。

公平分配的关键之一是承认父职,即承认许多男性积极参与育儿的事实,承认每一位男性都有照顾子女的权利、需求和职责。1974年瑞典首次设立的男性带薪陪产假,是人类历史上第一次通过社会保障政策来承认就业男性也是父亲(Hojgaard,1997)。1981年国际劳工组织通过的《工人与家庭责任公约》在国际范围内确认了男女都有育儿的权利与责任。2013年,全世界已有79个国家提供了男性带薪陪产假、父亲育儿假等(Addati et al.,2014:50)。对父职特别是男性分担儿童照料职责的确认,显著消减了生育只是女人事情的错误认知与生育上的不公正性别分工,促进了男性充分参加家庭生活的权利、儿童得到父亲足够关爱的权利,从而有效地促进了家庭和有酬工作之间的平衡。对欧盟国家的研究还发现,为男性提供充足的带薪育儿假可以使男性更有动力、减轻职场工作压力(Gronlund & Oun,2010)。在中国当下,承认和促进父职还是避免落入超低生育率陷阱的关键。

在育儿责任的公共化方面,当代相关理论和实践发现:儿童照料不可能也不应该被完全公共化。

第一,育儿属于典型的照顾劳动,需要父母等养育人在多年间连续密集地向数量相当有限的儿童提供大量的生活照顾和情感关怀(董晓媛,2009),所以高质量的育儿劳动不易成为恩格斯所向往的劳动力最大程度节省的规模经济(恩格斯,1845/2005:612);托幼公共化只能分担儿童照料的重担,而非替代。

第二,父母对父职和母职的认同并非因生物和血缘原因而自动发生,而是需要多年间持续地、积极地认同和履行,所以必须充分重视和珍惜父母们为全社会培养下一代的辛苦的劳动和巨大的付出,纠正国家在家庭政策中的功利主义立场(吴小英,2012),在经济和时间方面提供充足的家庭支持政策,如带薪的产假、陪产假和育儿假等。

第三,法兰克福学派的当代掌门人阿克塞尔·霍耐特(2005)认为,人作为社会主体,需要从彼此的爱和亲密关系中获得情感承认。亲职关系作为人类历史上生产爱和亲密关系的最悠久、最广泛制度之一,是成人和子女从彼此获得情感承认的关键途径,是生产社会团结的最小单位和最普遍机制,所以不应该也无必要将儿童照料完全公共化。

第四,将包括育儿在内的所有家务转化为有偿公共服务实际上是对资本逻辑的认同(吴宁,2009)。这一路线不但视家务劳动为应该被摒弃的劳动,而且继续维持交换价值与使用价值、有酬工作与家庭生活之间的二元等级。但家务劳动不但创造着极为巨大的国民生产总值,而且是整个社会运转的必要基础,所以包括育儿在内的家务劳动的根本方向不是完全的社会化,而是要承认家庭和家务劳动的价值,废除有酬经济生产劳动和无酬家务劳动之间的等级排序和性别分工。

总之,多年的研究和实践发现,育儿社会化包含两方面的含义:育儿公共化和家庭社会化。中国百年妇女劳动保护的"四期保护"政策具有育儿公共化的含义,但并不足够,需要在重构性别分工、两种劳动的基础上重新规划。承认父职、给予父母等儿童养育者足够的育儿假期,是对家庭作为儿童社会化首要场所的承认和尊重,需要对恩格斯"消除个体家庭作为社会经济单位的属性"的观点进一步思考和发展。

(三)妇女解放

马克思主义为妇女解放留下了丰富的理论资源,包括父权制家庭中男性控制妇女的劳动,阶级压迫与性别压迫同时开始,生育从公共劳动转为父权家庭私人劳动是女性地位历史性下降的关键,生育具有自然属性和社会属性,资本家通过雇用妇女和儿童来压低成年男性工人的工资和追求剩余价值最大化,妇女解放需融入阶级解放等。其后,马克思主义性别研究者们在汲取马克思主义妇女解放理论的基础上,除上文所述的生育本质主义和育儿社会化理论外,在生育和性别方面取得了下列长足发展。

第一,妇女解放既是阶级解放的一部分,也有相对于阶级解放的独立性,父权制并非派生于阶级。父权制与资本主义、种族等其他社会力量一起,通过生产、再生产、性关系、母职和异化等具体机制共同构成了压迫女性的复合结构(Chodorow,1978;Barrett,1989)。

第二,分配给女性承担的包括生育在内的家务劳动并非自由劳动,而是同时受到父权和资本这一双头兽的控制和剥削,二者相互支持,形成了私人父权制和公共父权制,共同维持着不平等的性别分工,所以消除包括生育在内的性别分工不平等是妇女解放的关键(米切尔,1997;哈特曼,1997)。

第三,马克思主义认可人口再生产的价值,但却没有纳入其劳动价值论(萨克斯,1998),所以需要通过消除性别的刻板分工、承认男女两性共同参与雇佣劳动和无酬家内劳动的需求来承认人口再生产的价值,从而打破物质再生产/人口再生产、交换价值/使用价值、有酬劳动/无酬劳动之间的二元等级。

第四,通过国家力量来推进性别平等与公正是马克思主义的巨大吸引力所在,也是社会主义国家的传统。劳动法规是国家和人民之间就劳动权益达成的契约,在社会主义市场经济新时期中,妇女劳动保护法规的修订需要将广大妇女由被定位为福利和发展政策的被动对象转变为积极主体,从而促使社会主义国家成为表达最先进性别文化、构建最先进生产力的代表。

总之,南茜·弗雷泽(2009)等学者指出,目前世界上还没有能够取代社会主义的新的广泛的社会正义新秩序,社会主义还有巨大的民主潜力可以挖掘。所以在我国社会主义建设发生巨大变化的时候,妇女劳动保护作为性别、生育和社会政策的交叉点,对其近百年的发展历史进行反思,将有力地从理论和战略上促进马克思主义妇女解放理论的与时俱进。

参考文献

1. 保毓书:《妇女搬运作业时的负重问题》,《国外医学参考资料(卫生学分册)》,1979 年第 3 期。

2. 保毓书:《关于妇女劳动卫生科学研究问题的若干思考》,《工业卫生与职业病》,1993 年第 5 期。

3. 保毓书、周树森:《对女职工禁忌从事劳动范围的研究》,《中国妇幼保健》,1989 年第 5 期。

4. 保毓书、周树森:《女职工禁忌从事的劳动范围的研究(续)》,《中国妇幼保健》,1989 年第 6 期。

5. 保毓书、周树森:《中国的妇女劳动保护》,《中国安全科学学报》,1991

年第 4 期。

6. 保毓书、王簃兰、周仁:《我国妇女劳动卫生的成就和展望》,《中华劳动卫生职业病杂志》,1989 年第 5 期。

7. 陈林林、兰婷婷:《劳动就业中的性别歧视与合理差别对待》,《北京联合大学学报》(人文社会科学版),2016 年第 2 期。

8. 董晓媛:《照顾提供、性别平等与公共政策——女性主义经济学的视角》,《人口与发展》,2009 年第 6 期。

9. [德]恩格斯:《恩格斯:在爱北斐特的演说》,《马克思恩格斯全集》(第 2 卷),人民出版社,2005 年。

10. [美]南茜·弗雷泽:《正义的中断——对"后社会主义"状况的批判性反思》,于海青译,上海人民出版社,2009 年。

11. [美]海迪·哈特曼:《资本主义、家长制与性别分工》,载李银河主编:《妇女:最漫长的革命——当代西方女权主义理论精选》,生活·读书·新知三联书店,1997 年。

12. 韩延龙、常兆儒:《中国新民主主义革命时期根据地法制文献选编》卷 4,中国社会科学出版社,1984 年。

13. [德]阿克塞尔·霍耐特:《为承认而斗争》,胡继华译,上海人民出版社,2005 年。

14. 高小贤:《"银花赛":20 世纪 50 年代农村妇女的性别分工》,《社会学研究》,2005 年第 4 期。

15.《国务院法制办负责人就〈女职工劳动保护特别规定〉答记者问》,《中国职工教育》,2012 年第 6 期。

16. 林燕玲:《国际劳工标准:女工和童工保护》,《中国劳动》,2012 年第 3 期。

17. 刘伯红:《中国社会转型期的女职工劳动保护》,《妇女研究论丛》,2009 年第 2 期。

18. 刘伯红:《特殊保护势在必行,平等发展更需坚持——女职工劳动保护的国际趋势》,《妇女研究论丛》,2012 年第 4 期。

19. 刘明辉:《关注女职工职业禁忌的负面影响》,《妇女研究论丛》,2009年第2期。

20. 马冬玲、李亚妮:《女职工劳动保护与性别平等——"〈女职工劳动保护条例〉(修订草案)讨论会"综述》,《妇女研究论丛》,2009年第1期。

21. 马忆南:《"女性禁忌从事的劳动"再思考》,《妇女研究论丛》,2009年第2期。

22. [英]朱丽叶·米切尔:《妇女:最漫长的革命》,载李银河主编:《妇女:最漫长的革命——当代西方女权主义理论精选》,生活·读书·新知三联书店,1997年。

23.《女职工劳动保护规定》修改课题组:《〈女职工劳动保护规定〉修改调查报告》,http://www.ilo.org/wcmsp5/groups/public/---asia/---ro-bangkok/---ilo-beijing/documents/publication/wcms_166057.pdf,2016年6月9日检索。

24. 潘锦棠:《中国女工劳动保护制度与现状》,《劳动保障通讯》,2002年第4期。

25. 潘锦棠:《建立女职工劳动保护费用分担机制》,《妇女研究论丛》,2009年第2期。

26. [美]凯琳·萨克斯:《重新解读恩格斯——妇女、生产组织和私有制》,载王政、杜芳琴主编:《社会性别研究选译》,生活·读书·新知三联书店,1998年。

27. 佟新、龙彦:《反思与重构——对中国劳动性别分工研究的回顾》,《浙江学刊》,2002年第4期。

28. 王贤才:《男女平等与回归家政》,《民主与科学》,2001年第2期。

29. 吴宁:《女性与家务劳动——高兹的女性观略论》,《学习与探索》,2009年第4期。

30. 吴小英:《公共政策中的家庭定位》,《学术研究》,2012年第9期。

31. 晓讷:《〈女职工禁忌从事的劳动范围〉通过专家审定》,《劳动保护》,1989年第2期。

32. 杨秀萼:《我们工厂里有了"女工特别室"——一个女工的自述》,《妇婴卫生》,1953 年第 2 期;载自王瀛培:《国家卫生行政下的中国妇女保健理论与实践——以对 1949—1954 年上海的考察为主》,华东师范大学历史系博士学位论文,2016 年。

33. 杨之华:《加强女工保护工作,更好地为生产建设持续跃进服务》,《劳动》,1960 年第 5 期。

34. 张琴秋:《日益增长中的纺织女工保护工作》,《劳动》,1955 年第 3 期。

35. 张晓梅:《三八女性提案:鼓励部分女性回归家庭是中国幸福的基础保障》,http://blog.sina.com.cn/s/blog_47768d4101017xsd.html,2016 年 8 月 2 日检索。

36. 郑也夫:《男女平等的社会学思考》,《社会学研究》,1994 年第 2 期。

37. 周树森:《记妇女劳动卫生妇幼卫生专家保毓书教授》,《中华预防医学杂志》,1995 年第 5 期。

38. 中华全国总工会中国工人运动史研究室:《中国工会历次代表大会文献》卷 1,工人出版社,1984 年。

39. 中共中央文献研究室:《建国以来重要文献选编》(第 11 册),中央文献出版社,1995 年。

40. 中央档案馆:《中共中央文件选集》(第 6 册),中共中央党校出版社,1989 年。

41. 左际平、蒋永萍:《社会转型中的城镇妇女的工作和家庭》,当代中国出版社,2009 年。

42. Addati, L., Cassirer, N., Gilchrist, K., 2014, *Maternity and paternity at work: law and practice across the world, International Labour Office.* – Geneva: ILO.

43. Barrett. M., 1989, *Women's Oppression Today: The Marxist/Feminism Encounter*, London: Verso.

44. Chodorow, N., 1978, *The Reproduction of Mothering: Psychoanalysis and the Sociology of Gender.* Berkeley: University of California Press.

45. Gary,B., 1965, A Theory of Allocation of Time, *Economic Journal*, 75 (299).

46. Gronlund, A. & Oun, I., 2010, Rethinking work – family conflict: Dual – earner policies, role conflict and role expansion in Western Europe, *Journal of European Social Policy*, 20(3).

47. Hojgaard,L., 1997, Working fathers—caught in the web of the symbolic order of gender, *Acta Sociologica*, 40(3).

关爱父职的事实存在和影响因素研究

——基于 2010 年全国第三期妇女地位调查

一、问题的提出

2013 年以来两孩政策的落地不畅引发各界关注,彻底放开生育控制、再次延长女性产假和设立生育基金等都在试图为中国避免陷入超低生育率寻找对策。然而尽管多名学者指出,目前中国低生育率的核心症结在于"养不起,没人看"(郑真真,2017;蒙克,2017),但父亲在生育中的责任和权利尚未引起足够重视。相形之下,北欧等国家自 20 世纪 70 年代起就将父职引入社会政策、学术研究和大众生活,并通过积极施行关爱父职等综合人口措施成功地将终生生育率保持在人口替代水平左右(徐安琪、张亮,2009;黄玉琴、萧易忻,2017)。由此,国内不断有学者建议借鉴北欧父职政策(吴帆、王琳,2017)。由于有效借鉴的前提是对中国当代父职的基本情况进行准确深入地描述和解释,所以本文将基于实证数据尝试回答:作为绝大多数成年男性最为重要的人生经验,广大父亲们在子女日常照顾方面承担了哪些责任,哪些父职被大众和社会政策所忽视,什么因素影响广大父亲们的父职承担。

关于中国当代父职的基本面貌,研究者们基于多项全国性调查,认为父亲总体而言缺席于孩子日常生活,即很少为子女提供日常照顾。如国家卫生与计划生育委员会于 2014 年进行的全国性家庭追踪调查显示,在调查时点的最近六个月,母亲和父亲各自单独照料 0～5 岁孩子日常生活的比例非常悬殊,分别为 47.6% 和 1.8%;2010 年的全国第三期妇女地位调查发现,

75.6%的女性承担了子女生活照料的全部或大部分,远超于男性所占的8.1%(吴帆、王琳,2017)。但仔细分析2010年全国妇女地位调查的数据可以发现,父亲总体上缺席于孩子日常照顾的判断有可能遮蔽了众多父亲在特定方面积极承担父职的事实:在生活照料和功课辅导上,各有近35%的父亲们承担了一半、大部分或全部的劳动。

鉴于迄今为止,关爱父亲、关爱父职①在中国总体上是受到忽视的现象和研究领域,除徐安琪和张亮等少数学者根据地方数据进行的分析外,很少见到运用全国数据研究总体情况,也罕有对日常照料和功课辅导两方面父职的细致研究,下文将分为三部分进行讨论。首先,根据2000—2010年的全国妇女地位调查数据分析关爱父职的比重和历史变化趋势。接下来,基于2010年的数据,对日常照料和功课辅导方面的关爱父职,通过回归方程分析影响广大男性承担关爱父职的个人、家庭和社会政策等不同层面的因素。最后,总结全文,并对今后的社会政策和学术研究提出建议。

二、关爱父职的事实存在

本文所使用数据源自"2010年妇女社会地位调查全国样本数据"(光盘版)。该调查时点为2010年12月1日,采取三阶段不等概率抽样法,由全国妇联和国家统计局共同完成,包含29693份个人问卷。基于研究问题和数据可得性,本文聚焦于下列男性的关爱父职情况:调查时在业、在婚、有17岁及以下年龄的子女同住、调查前一天为工作日的男性。为确定亲子关系和受访者所回答的照顾孩子情况是指照顾自己的孩子,本文将受访者限定为户主或配偶。去除在所用到变量上含有缺失值的个案后,共得2114名父亲的

---

① 父职(fatherhood)是指社会构建出来的关于男人如何做父亲的理念和实践。与工业社会以来鼓励男性赚钱养家和缺席于子女日常照顾的父职相反,欧美社会自20世纪七八十年代起陆续出现了鼓励男性做关爱父亲的浪潮。即,重视父亲在儿童成长中的作用,要求父亲通过积极参与子女日常生活,向子女提供充足的照料、指导和陪伴等,社会文化、劳动力市场和社会政策应支持父亲积极参与孩子日常生活。由此在父职上,形成韦伯意义上的两大"理想"类型:缺席父职和关爱父职。

数据。

在父职方面,该调查分别询问了受访者近一年承担"照料孩子生活"和"辅导孩子功课"两个问题,提供了"从不""很少""约一半""大部分"和"全部"五个选项。本文将答案为前两项的男性归为生活照料或功课辅导类型的缺席父亲,将回答后三项的男性归为关爱父亲。

表1　父职承担基本情况

	生活照料		功课辅导	
	人数	比例(%)	人数	比例(%)
缺席父亲	1324	62.6	1196	56.6
关爱父亲	790	37.4	918	43.4

表1的数据部分地印证了国内关于父职的基本判断——许多父亲缺席于孩子日常生活,但同时也显示两点。第一,当我们把对子女日常照顾的承担比例从只关注全部或主要,扩大至父母均等承担时,父职母职之比并不像前文相关研究所显示的那样悬殊。将父母平均承担情况纳入,其实更符合关爱亲职的界定:关爱亲职既是责任也是权利,父母中的一方不应挤占另一方均等提供日常照顾、积极参与孩子日常生活的权利。第二,笼统的父职承担需要细化,与提供生活照料相比,父亲们更可能提供功课辅导。即,在子女日常生活的父职具体承担方面存在偏好。

把历史维度纳入,将全国妇女地位调查的2010年数据与2000年数据比照后发现,关爱父职的内容发生了显著变化。由于2000年调查中只询问了主要承担者的情况(在照料孩子、辅导孩子功课方面,这些家务劳动在您家里主要是由谁来承担?),并没有询问承担约一半的情况,所以图1列出两次调查相关数据中的可比部分[①]。该图显示,前后10年相比,在子女生活照料

---

① 该数据源自全国妇联提供的"2010年妇女社会地位调查全国样本数据"(光盘版)所附的"2000年妇女社会地位调查全国样本数据"。由于在该调查中,要推算父亲是否与17岁及以下子女同住,只有初婚者的数据可实现,所以为具有可比性,本文将该调查中的父亲限定为初婚、调查时在业且有17岁及以下子女者。

上,尽管比例近乎翻番,但以父亲为主的比例始终很低;在功课辅导的主要承担者上,父亲所占比例剧烈下降。这表明,在这两方面的父职上,父职偏好由差异巨大向平衡方向发展,但代价是以父亲为主要功课辅导者的比例显著下降。不过,由于2000年调查只询问了主要承担者,无法比较前后10年父母在承担一半职责方面的异同,所以图1有可能只呈现了父母分工差异最大的部分。

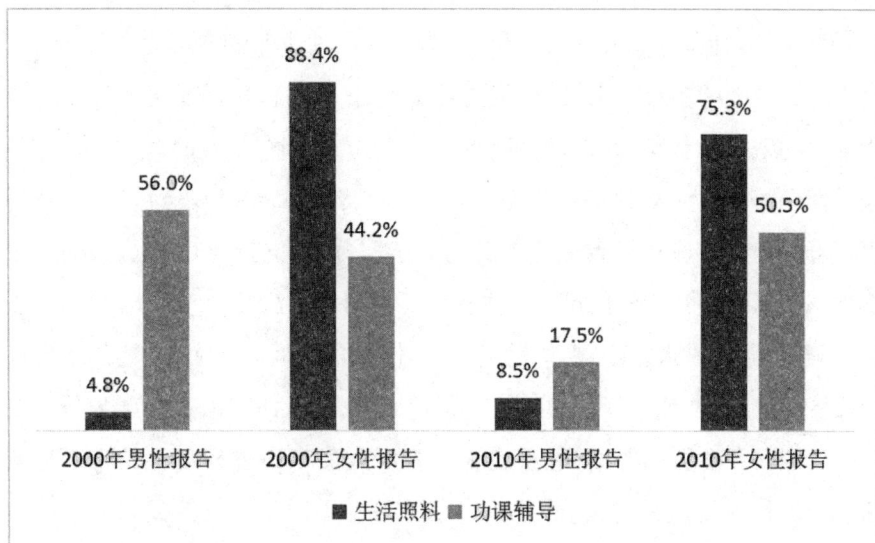

图1 男女受访者各自报告的育儿劳动中以自己为主要承担者的比例

为什么广大父亲在2000年时是子女功课辅导的主力,2010年却剧烈下滑为辅助者? 由于这两次妇女地位调查对父职承担的测量方式不同,所以暂且难以通过准确定量分析来探究,但现有研究为我们提供了定性思考的方向。

第一,"子不教,父之过"作为儒家传统,支撑着功课辅导方面的关爱父职。如,徐安琪、张亮(2007)在上海部分居民中的调查发现,男女受访者都较认可"子不教,父之过",且男性高于女性,在从肯定到反对的连续谱中,接近于"比较肯定"。

第二,男主外女主内界限的模糊和变动,为功课辅导的主要责任归于父亲还是母亲提供了滑动的可能。无论是根据结构功能论关于工业社会中父亲主要承担工具性抚养、母亲主要承担表达性抚养的经典观点（Parsons，1949），还是费孝通（1988）在中华人民共和国成立前基于西南乡村的观察，所得出的父亲主要承担社会性抚育、母亲主要承担生理性抚育、父母除以身作则外均很少明确教育子女的观点，或是根据本文所研究的2114名父亲中，六成赞同男主外女主内、挣钱养家主要是男人的事，教育子女都难以被明确判断为外事或内事、父亲之责或母亲之职。

第三，10年间教育竞争的加剧，使为子女提供功课辅导成为人力和时间投入更加巨大的多年的育儿劳动，母亲以密集母职和教育经纪人的身份成为主力（金一虹、杨笛，2015；杨可，2018）。父亲在子女日常照顾中偏向选择娱乐性和间断性活动的特点和特权（Brandth & Kvande，1998），母亲被认为更适合承担重复性和细致性育儿劳动的亲职分工和性别气质，都为辅导子女功课从以父亲为主转向母亲为主提供了空间和合法性。

第四，性别收入差距自20世纪80年代以来的显著扩大，既增加了男性的经济优势，也增加了其作为赚钱养家者的压力，从而在减少父亲为子女提供生活照料和功课辅导的同时，也损害着广大父亲通过积极参与日常育儿活动来满足为父情感的权利（王向贤，2017）。中国目前支持父职社会政策的匮乏，促使关爱父亲成为整体不支持环境下的男性个体自觉。

关爱父亲的大规模存在从被遮蔽、被忽视转为可见具有以下意义。在社会承认方面，在目前生育责任高度家庭化的情况下，三分之一强的父亲通过积极为子女提供生活照料和功课辅导，与妻子、双方老人一起，为国家和社会培育着不可或缺的国民和劳动力，他们在人口再生产方面的付出应该被看到、承认和珍惜。同时这也表明，不论社会政策是否正式承认父亲对子女有提供日常照顾的责任或权利，众多父亲都有履行这一父职的愿望和行动。在研究方面，只有明确意识到关爱父亲大规模存在，才可能通过学术研究分析关爱父亲们的现状和需求，以及近三分之二的缺席父亲缘何很少为子女提供日常照料或功课辅导。在研究时，需要既吸收国外关于关爱父职的先进理念和经验，也对中国本土特色足够敏感，从而为制定承认和支持关爱父职的社会政策提供学术基础。在社会进步方面,父亲积极参与子女日常生活、提供日常照顾,既符合经典马克思主义关于男女平等和每一个人都应自由全面发展的理念,也顺应第二次人口转型和亲密关系变革所促成的父亲有权利从照顾子女中体验为人之父和获取人生意义的情感权利,更是劳动权利的发展,即继国际劳工运动于20世纪20年代承认就业女性有权利通过带薪假期和劳动保护获得母职支持之后,20世纪70年代起瑞典等国家继续推进劳工权益,承认就业男性有权利获得父职支持。推进关爱父职,将会推动更加注重民生、关注民众获得感和幸福感的社会主义新时代继续前进。

三、关爱父职的影响因素

将父职区分为生活照料和功课辅导其实是较为新颖的角度,既不同于国外研究者发展的投入、可接近、责任三因素模型(Lamb,2000),也不同于学前教育研究者等从欧美引入父职范畴并进行初步本土化的尝试,将父职划分为情感表达、间接支持、学业鼓励、互动监督和规则约束(许岩,2010)。而且上文已显示,通过将父职划分为这两方面可以细化对当代中国父职的认识,特别是所发现的10年前后在生活照料方面的有限变化和功课辅导方面的显著不同,初步表明这一划分能够有效捕捉当代中国父职的部分实质。同时正因为这一划分较为新颖,国内外罕有文献研究影响这两方面关爱父职的异同因素,所以下面将基于上文所界定的2114名父亲,设立两个二分因变量——生活照料方面的关爱父职和功课辅导方面的关爱父职,将缺席父亲赋值为0,将关爱父亲赋值为1,并分别建立回归模型进行研究。

(一)研究假设、自变量和控制变量

1. 男性社会经济地位假设

倡导父亲积极为子女提供日常照料、享受育儿带来的生命意义和幸福愉悦的关爱父职,作为一种新理念和新实践,整体上呈现出由信息获取和资源占取方面都居优势的社会中上层向下层扩散的特点。因此,多位研究者

比较一致的发现是:在教育程度和职业的社会等级序列中居较高位者更易接受和实践关爱父职(徐安琪、张亮,2007;许岩,2010)。但社会经济地位较高群体易于拥有的高收入和相应的较长工作时间,被发现对父亲参与孩子日常生活起阻碍作用(Brandth & Kvande,1998;徐安琪、张亮,2009)。由此,本文提出社会经济地位影响男性成为关爱父亲的假设。

研究假设1:社会经济地位高的男性,更可能成为生活照料和功课辅导这两方面的关爱父亲。

2.男性的性别分工观念假设

男性的性别分工观念从以下三方面影响着男性是否成为关爱父亲和所表现出的特色。第一,反对男主外女主内的刻板性别分工、赞成父母灵活承担育儿的具体职责,被发现会促进男性积极向子女提供日常照料(许岩等,2006)。第二,男性认可的男性气质类型对父职有中介作用。认可传统的控制型男性气质,即要求男性主宰、强硬、情感疏离等,会阻碍父亲向子女提供日常照顾(Petts et al.,2018)。第三,有些男性会将传统男性气质与当代新型关爱父职相结合,形成男性化育儿方式(Brandth & Kvande,1998)。即,侧重承担开发子女智力和学业辅导,带领孩子外出走入大自然和广阔社会等。

2010年调查共设有四个相关题项,分别是"男人应该以社会为主,女人应该以家庭为主""挣钱养家主要是男人的事情""丈夫的发展比妻子的发展更重要"和"男人也应该主动承担家务劳动",每一题项提供非常同意、比较同意、说不清、不太同意和很不同意五个选项,本文分别赋值为1分、2分、3分、4分和5分。对四个题项进行因子分析时,最后一个题项的信度只有−0.091[1],所以舍弃,将受访男性在前三个题项的得分累加,经过极差标准化的值视为性别分工分值,值域在0~100分之间。值越小,代表性别分工观念越坚持性别分工隔离的传统;值越大,代表性别分工观念越趋向现代意义的平等。

---

① 三个题项的KMO为0.70,通过因子斜交旋转,这三个题项的alpha值分别是0.83,0.84和0.81。

研究假设2:男性的性别分工观念越平等,越可能成为生活照料和功课辅导这两方面的关爱父亲。

3.夫妻资源对比假设

虽然整体而言,工业化以来的政治、经济和文化等制度促使劳动力市场形成性别等级,鼓励父亲赚钱养家和母亲无酬照顾子女(鲁宾,1998),但具体夫妻间无酬育儿劳动的分配,还会根据二人为家庭带来的资源进行社会交换,在教育程度和收入等方面居于优势者会减少对无酬育儿劳动的承担(Brines,1994)。性别角色理论进一步细化了上述理论,指出从夫妻资源差别到育儿分工,会以性别表演为中介(Kroska,2003)。如,一些女性虽然在收入和教育等方面优越于丈夫,但为了维护自己的女性气质和母职身份,促进家庭的和睦,她们中的一些人会有意多承担育儿劳动(杨菊华,2014)。反之,如果丈夫在夫妻资源对比中未占据传统男性气质所要求的优势,有些男性会通过减少家务来弥补受到质疑和减损的男性气质(Brines,1994)。不过佟新等人(2015)和刘爱玉等人(2015)对全国妇女地位调查数据的分析未予以证实,父亲对子女的日常照料和功课辅导是否也遵循同样的性别策略尚未可知。

在夫妻受教育程度和经济收入的资源差方面,本文将以双方在最高受教育程度上的差别情况来测量前者,后者则通过国内相关研究普遍采用的经济依赖统计方式来检测。即,通过(丈夫收入—妻子收入)/(丈夫收入+妻子收入)来计算丈夫对妻子的经济依赖,-1表示丈夫对妻子收入的完全依赖,1表示丈夫对妻子收入的完全独立。同时,为检测经济上依赖于妻子的丈夫是否会通过有意减少父职投入来弥补自己因经济弱势而被削弱的传统男性气质,本文还将分析经济依赖平方对于父职的影响。由此,形成夫妻资源对比假设。

研究假设3:夫妻资源对比越平等,男性越可能成为生活照料和功课辅导这两方面的关爱父亲。

4.社会政策假设

有研究者梳理了我国1980—2008年关于儿童早期发展的家庭政策,认为尽管出现了为家庭提供育儿支持的社会政策转向,但仍以家庭为育儿的首要主体(徐浙宁,2009)。与之相应的是,迄今为止,我国社会保障和社会政策很少明确承认父亲有责任、有权利为子女提供日常照料,从而使得向就业男性提供带薪陪护假成为我国少有的直接针对父职的社会政策。该政策出现于20世纪90年代,许多省、直辖市、自治区陆续通过当地的人口与计划生育条例,要求用人单位对遵守计划生育政策的男性员工进行奖励——在孩子出生后提供带薪陪护假,各地普遍为3~7天(徐安琪、张亮,2009)。2013年单独两孩政策出台后,许多地方政府对该假期有所延长,多为7~15天,从而将该政策出台的初衷从20世纪90年代的奖励男性遵守以少生为宗旨的计划生育,转为鼓励全面两孩。瑞典于1974年开始为就业男性提供育儿假,成为全世界首个通过社会政策承认就业男性也是父亲的国家。对该国和提供男性育儿假其他国家的研究发现,父亲假等社会政策会促进男性的父职承担(Klinth,2008)。由此,本文建立以下假设。

研究假设4:与未曾休带薪陪护假的男性相比,曾休此假的男性成为生活照料和功课辅导两方面关爱父亲的可能性较大。

5. 控制变量

国内外有研究发现,子女的年龄等特征会影响父职承担情况。如,与学龄前儿童相比,父亲们更可能为学龄儿童提供学业辅导(Palm,2014)。由于2010年全国妇女地位调查询问的是唯一或最小子女出生时父亲是否休了护理假,所以为数据匹配起见,下面将最小子女的年龄作为控制变量。

城市国有企业曾普遍提供的托幼服务随20世纪90年代中期单位制的瓦解而大规模消失,再加上质优价廉的托幼市场服务的缺失,使照料年幼儿童方面出现了巨大的赤字,祖辈成为许多成年子女育儿的帮手(吴帆、王琳,2017)。与农村夫妻相比,城市夫妻更依赖老年父母的育儿支持,并通过灵活变换的扩展家庭组合形式,为成年子女提供育儿支持(石金群,2016)。因此,下面将是否与自己的或配偶的父母同住、户口作为控制变量。

(二)样本描述

表2 样本的基本特征(n=2114)

变量	均值	标准差
受教育年限(年)	9.50	3.26
个人总收入(万元)	2.60	3.37
工作时长(分钟)	467.76	136.32
性别分工观念	41.20	27.27
经济依赖	0.41	0.39
经济依赖的平方	0.31	0.36

变量	频次	比例(%)
夫妻教育程度差:丈夫低	318	15.04
相同	1104	52.22
丈夫高	692	32.73
带薪陪护假:未休	1606	75.97
休过	508	24.03
17岁及以下子女的个数:1个	1554	73.50
2个及以上	560	26.50
最小子女的年龄段:0~3岁	250	11.83
4~5岁	234	11.70
6~11岁	849	40.16
12~17岁	781	36.94
是否与自己的或配偶的父/母同住:否	1900	89.88
是	214	10.12

表2显示,2114名父亲的性别分工观念总体上略偏向传统,受教育年限平均相当于高一。在夫妻资源对比中,丈夫的受教育程度和上年个人总收入总体上高于妻子。另据计算,在休了带薪陪护假且回答了具体天数的432名男性中,中位数和众数都是7天。在17岁及以下且同住的孩子方面,只有89名父亲的孩子数量为3~5个,所以将有2名及以上孩子的父亲人数合并

计算。

(三)回归分析

表3　关爱父亲的 logistic 回归分析（n = 2209）

变量	模型1:生活照料		模型2:功课辅导	
	回归系数	标准差	回归系数	标准差
受教育年限(年)	0.042*	0.019	0.105***	0.019
个人去年总收入(元)	0.000	0.000	0.000	0.000
工作时长(分钟)	0.000	0.000	-0.001	0.000
性别分工观念	0.103***	0.017	0.105***	0.017
夫妻教育程度差(参照类:丈夫低)				
相同	0.206	0.136	0.425**	0.138
丈夫高	0.340*	0.152	0.830***	0.153
经济依赖	-1.117***	0.243	-0.757**	0.242
经济依赖的平方	0.295	0.263	0.130	0.258
带薪陪护假(参照类:未休)				
休过	0.047	0.117	-0.214+	0.118
17岁及以下子女的个数(参照类:1个)				
2个及以上	0.046	0.116	0.227*	0.113
最小子女的年龄段(参照类:0~3岁)				
4~5岁	0.117	0.192	-0.116	0.192
6~11岁	0.222	0.151	0.206	0.149
12~17岁	0.051	0.152	0.286+	0.150
与自己的或配偶的父/母同住情况				
(参照类:非同住)	-0.241	0.156	-0.085	0.150
户口(参照类:农业)	0.092	0.122	0.308*	0.121
常数项	-1.235***	0.324	-2.001***	0.324
Log pseudolikelihood	-1400.61		-1419.33	

注:(1)为了便于解读,模型中的性别分工观念除以10。(2)表中的回归系数是指 B。(3) +P < 0.10, *P < 0.05, **P < 0.01, ***P < 0.001。(4)模型分析时,对数据进行了加权。

表3显示,假设1得到部分证实,在受教育年限、个人上年总收入和工作时长这三个变量中,只有第一项对男性是否成为生活照料和功课辅导方面的关爱父亲有显著影响,而且成为后者的可能性更大,男性受教育年限每增加1年,成为生活照料方面关爱父亲的可能性会增加4.3%($e^{0.042}-1$),但成为功课辅导方面关爱父亲的可能性则增加11.1%。

假设2得到证实,而且对男性成为这两方面关爱父职的影响程度几乎相同。即,当性别分工观念向平等方向增加1个单位时,男性成为这两方面关爱父亲的可能性均会增加约1成。

假设3总体上得到证实。丈夫的教育程度高于妻子时,会显著增加其成为这两方面关爱父亲的可能性,特别是后者。联系男性本人教育程度高增加其成为两方面关爱父亲可能性的发现,可以看出,父亲向孩子提供功课辅导,部分也是出于能力互补、家庭利益最大化的策略。同时,表3显示,夫妻教育程度相同,对男性成为生活照料方面关爱父亲无影响,但增加其成为辅导功课方面关爱父亲的可能性。这表明,在上述回归方程中的其他变量保持不变时,广大父亲们的确更可能为子女提供功课辅导,而非生活照料。

夫妻中丈夫经济收入优势对其成为两方面关爱父亲有显著的削弱作用,特别是生活照料方面。表3显示,男性经济依赖每减少1个单位,即朝经济收入完全独立于妻子每增加1个单位,男性成为生活照料方面关爱父亲的可能性减少67.3%,明显大于后者可能性的减少(53.1%)。这表明,丈夫在经济收入中的优势,的确可以减少其为子女提供日常照顾的概率,且优势越大,父职投入越少。经济依赖平方的不显著,表明男性不会用少给子女提供生活照料或功课辅导来弥补男性气概,即男性气概与是否成为生活照料或功课辅导方面的关爱父亲无关。

假设4基本上被否定。带薪陪护假被发现与男性是否成为生活照料方面关爱父亲无关,这并不令人意外,因为带薪陪护假的天数不但非常有限,而且只是在孩子出生时提供,对于需要持续多年的育儿劳动而言,该假期几乎不可能增加父亲去年一年间与孩子日常互动的时间可及性。在功课辅导方面,休陪护假的男性反而比不休者更少可能成为关爱父亲。初看上去,这令人意外,但父亲育儿假在国外的发展史能提供部分解释。瑞典于1974年推出男女通用的父母假后,直到1995年,使用率仍然很低,只有4%的男性使用(Mansdotter & Lundin,2010)。使用率低的四个原因是:家庭经济,工作场所和同事,孩子的母亲,传统的性别角色。如,在就业男性的父职身份还被未广泛承认之前,雇主一般不欢迎男员工休父育假,同事们也倾向于认为该男性不是优秀员工或可靠同事(Klinth,2008)。由此,休了此假后感受到各方面压力的男性减少功课辅导等父职投入是符合逻辑的。不过总体而言,对于已在中国实施了二十余年的男性陪护假,国内相关研究严重匮乏,对于哪些体制因素、哪些家庭和个人因素影响男性是否休陪护假,如何休,如何影响男性对父职的理解、认同与实践,目前都是未知数,亟须对其进行全面、准确和深入的描述和解释。

整体分析表3,影响男性是否成为这两方面关爱父亲的因素基本相同:妻子在夫妻收入中的比重大、性别分工观念较平等,男性教育水平较高。控制变量对男性是否成为生活照料方面的关爱父亲无显著影响,但家有2名或更多17岁及以下孩子、最小子女正值中学阶段、城市户口会促进男性成为功课辅导方面的关爱父亲。其他自变量对男性是否成为这两方面关爱父亲都没有显著影响。

四、讨论与建议

综合上文内容与研究者们对当代中国育儿性别分工的发现,可以得出结论,尽管女性承担了大部分的洗衣、做饭等家务劳动,但在孩子的生活照料和功课辅导方面,三四成的父亲承担了一半、大部分或全部责任,从而证明众多关爱父亲不但事实存在,而且需要从父职是性别公正和家道国运新基石的高度予以政策承认和社会支持。

第一,多地为配套两孩政策而出台的延长女性产假、凸显女性生育功能的措施和生育二孩对女性就业有不利影响的初步显现说明,我们在既片面强调女性特质又要求男女就业平等方面已面临僵局(李芬、风笑天,2017),

承认和支持为子女积极提供日常照顾既是父亲责任也是父亲权利是一个有效的破局方向。即,从不触动育儿责任不公正性别分配的前提下以男性有酬劳动为女性解放标杆,转至促进男女两性平等公正地成为双就业者和双照顾者。

第二,在当代中国社会政策很少正式承认父职的情境下,三四成的父亲仍积极为子女提供日常照顾和功课辅导的事实说明,父亲通过积极与子女日常互动、提高幸福感和获得感是社会主义新时代情感权利和情感民主应该在亲职间公平分配的表现,男性育儿陪护假应从目前的短短数日、覆盖面小和群体间不平等分配转为社会政策充分承认的劳动权利和社会权利。在辅导子女功课的主要承担者中,父亲所占比例在10年间的急剧下降,表明没有社会政策的承认与支持,关爱父职难以持久。男性带薪陪护假作为中国当代父亲育儿假的雏形,其理念、设置方式和对关爱父职的影响均需深入调查。

第三,夫妻收入平等和男性平等性别分工观念对关爱父职的促进作用表明,性别公正、平等和每一个人潜能的全面自由发展,必然需要母职和父职的同时解放。男性必须成为赚钱养家主要承担者的刻板性别分工和父职迷思需要打破,才可能为承认和支持父亲充分参与子女日常生活提供足够空间,从而打破母亲必须是子女主要照顾者的桎梏。

第四,从家道国运的高度来看,习近平总书记所指出的"家风好,就能家道兴盛、和顺美满;家风差,难免殃及子孙、贻害社会"在两孩时代尤为重要①。1980—2011年的3个10年间,中国家庭平均理想子女数量从2.13个、1.90个已下降至1.67个,实际生育率则已接近超低生育率陷阱的1.3个。为实现人口安全这一最基本国运,促进两孩政策的真正落地,满足众多家庭生育二孩的心愿,需要从承认众多父亲积极为子女提供生活照料和功课辅导的事实出发,珍视众多父亲的付出,并切实通过社会政策予以支持。

---

① 赵银平:《十八大以来,习近平这样谈"家风"》,新华网,2017年3月29日,http://www.xin-huanet.com/politics/2017－03/29/c_1120713863.htm。

第三期全国妇女地位调查是首次证明中国大规模存在关爱父职的全国性调查,为继续在这方面保持引领,为准确、全面和及时地跟踪研究关爱父职的现状、发展趋势和制定有效政策,建议以后在广泛吸收国外先进研究成果、密切结合中国本土特色的原则下,从以下四方面完善调查。第一,通过文献研究、定性研究和探索性的小规模定量研究,建立可有效捕捉中国国情的父职理论框架,提炼可准确深入描述现实的变量、题项和问卷。第二,在全国妇女地位调查等类似的既有纵贯调查中,增加父职调查的内容。第三,应考虑进行全国范围内的父职专项调查,以便搜集到足够数据来进行研究。第四,目前国内外研究者已发现,通过回忆法来搜集父职母职相关资料时,受访者易因记忆磨损和认知变化等对亲职参与情况进行系统性的高估或低估,因此建议通过亲职时间日记或研制更易于客观评估的量表等方式准确记录和搜集父职数据。

参考文献

1. 费孝通:《乡土中国 生育制度》,北京大学出版社,1988 年。

2. 金一虹、杨笛:《教育"拼妈":"家长主义"的盛行与母职再造》,《南京社会科学》,2015 年第 2 期。

3. 黄玉琴、萧易忻:《"低生育率陷阱"风险下如何实现生育率翻转?——东亚和欧美的经历及对中国的启示》,《福建论坛》,2017 年第 5 期。

4. 李芬、风笑天:《拐点效应? 二孩政策对青年职业流动的影响探析——基于全国 12 城市的实证研究》,《中国青年研究》,2017 年第 10 期。

5. 刘爱玉、庄家炽、周扬:《什么样的男人做家务——情感表达、经济依赖或平等性别观念?》,《妇女研究论丛》,2015 年第 3 期。

6. [美]鲁宾·盖尔:《女人交易——性的"政治经济学"初探》,载王政、杜芳琴主编:《社会性别研究选译》,生活·读书·新知三联书店,1988 年。

7. 蒙克:《"就业—生育"关系转变和双薪型家庭政策的兴起——从发达国家经验看我国"二孩"时代家庭政策》,《社会学研究》,2017 年第 5 期。

8. 石金群:《转型期家庭代际关系流变:机制、逻辑与张力》,《社会学研究》,2016 年第 6 期。

9. 佟新、刘爱玉:《城镇双职工家庭夫妻合作型家务劳动模式——基于 2010 年中国第三期妇女地位调查》,《中国社会科学》,2015 年第 6 期。

10. 王向贤:《承前启后:1929—1933 年间劳动法对现代母职和父职的建构》,《社会学研究》,2017 年第 6 期。

11. 吴帆、王琳:《中国学龄前儿童家庭照料安排与政策需求——基于多源数据的分析》,《人口研究》,2017 年第 6 期。

12. 徐安琪、张亮:《父亲参与:和谐家庭建设中的上海城乡比较》,《青年研究》,2007 年第 6 期。

13. 徐安琪、张亮:《父亲育儿假:国际经验的启示和借鉴》,《当代青年研究》,2009 年第 2 期。

14. 徐浙宁:《我国关于儿童早期发展的家庭政策(1980—2008)——从"家庭支持"到"支持家庭"》,《青年研究》,2009 年第 4 期。

15. 许岩:《城市父亲参与儿童教养的基本情况与特点》,《学前教育研究》,2010 年第 7 期。

16. 许岩、纪林芹、张文新:《城市父亲参与儿童教养的特点及其与性别角色的关系》,《心理发展与教育》,2006 年第 3 期。

17. 杨可:《母职的经纪人化——教育市场化背景下的母职变迁》,《妇女研究论丛》,2018 年第 3 期。

18. 杨菊华:《传续与策略:1990—2010 年中国家务分工的性别差异》,《学术研究》,2014 年第 2 期。

19. 杨菊华、杜声红:《部分国家生育支持政策及其对中国的启示》,《探索》,2017 年第 2 期。

20. 郑真真:《从家庭和妇女的视角看生育和计划生育》,《中国人口科学》,2015 年第 2 期。

21. 郑真真:《兼顾与分担:妇女育儿时间及家人影响》,《劳动经济研究》,2017 年第 5 期。

22. Brandth,B. Kvande,E.,1998 , Masculinity and Child Care:the Recon-

struction of Fathering, The *Sociological Review*, 46(2).

23. Brines, J., 1994, Economic dependency, gender, and the division of labor at home, *American Journal of Sociology*, 100(3).

24. Kroska, A., 2003, Investigating gender differences in the meaning of household chores and child Care, *Journal of Marriage and Family*, 65(2).

25. Klinth, R., 2008, The Best of Both Worlds? Fatherhood and Gender Equality in Swedish Paternity Leave Campaigns, 1976 – 2006, *Fathering*, 6(1).

26. Lamb, M. E., 2000, The History of Research on Father Involvement: an Overview, *Marriage & Family Review*, 29(2 – 3).

27. Mansdotter, A. & Lundin, A., 2010, How Do Masculinity, Paternity Leave, and Mortality Associate? —A Study of Fathers in the Swedish Parental & Child Cohort of 1988/89, *Social Science & Medicine*, 71(3).

28. Palm, G., 2014, Attachment Theory and Fathers: Moving From "Being There" to "Being With", *Journal of Family Theory & Review*, 6(4).

29. Parsons, T., 1949, The social structure of the family, in Anshen, R. N. (ed.) *The family: its function and destiny*, New York: Harper & Broth.

30. Petts, R. J., Shafer, K. M., Essig, L., 2018, Does Adherence to Masculine Norms Shape Fathering Behavior? *Journal of Marriage and Family*, 80(4).

主题三

变化与挑战

两孩政策、非婚生育和生育观的变革①

2013 年以来,我国人口和生育领域发生了一大一小两个转向。大的转向是指:2015 年,我国实行三十多年的独生子女政策结束了,国家转而"提倡一对夫妻生育两个子女"(《中华人民共和国人口与计划生育法》第十八条)。小的转向是指:"非婚生子女享有与婚生子女同等的权利"(《中华人民共和国婚姻法》第二十五条)由抽象的法律条文变为户口登记方面的初步现实。上述一大一小两个转向的发生并非偶然,是新生人口在我国由严控对象到初步稀缺的表现,也显示我国当代生育观需要反思和重构。作为构建我国当代生育观的两大支柱力量——儒家生育观和计划生育国策,其要点有哪些,共同构建出了哪些当代生育观,正在经历和需要哪些变化,下面将结合两孩政策和非婚生育进行讨论。

一、两孩政策的期待和遇冷

从民族国家利益而言,为什么要从独生子女政策转而允许和鼓励两孩,政府和学术界已清晰地阐明了这一政策重大调整的必要性和意图。第一,现代化进程和我国 30 年计划生育政策的叠加效应之一是低生育率。我国总和生育率从 1990 年后就降至人口替代率(2.1)以下,2000 年和 2010 年的人

① 本文已发表于《山西师大学报》(社会科学版),2017 年第 1 期。本文是天津市哲学社会科学规划研究项目(TJSRWT15 – 013)的阶段性成果。

口普查显示,总和生育率已低至1.2(刘家强、唐代盛,2015)。尽管有人口学家较为乐观,认为我国0岁组人口漏报严重,并根据"打靶"方式倒推出2010—2015年我国总和生育率均在1.5~1.7之间(翟振武等,2015),但欧美国家的经验是一旦某个国家的总和生育率低至1.5,那就非常难以回升,即低生育陷阱。而且,即使根据翟振武等乐观派的数据,我国目前已处于低生育陷阱边缘。因此,两孩政策被赋予扭转生育率下滑、防止落入低生育率陷阱的众望。第二,现代化进程和我国30年计生政策的效应之二是人口老龄化。因此,两孩政策被期望能增加劳动力人口比例,减轻少子化程度(即14岁以下儿童占总人口的比例),延长人口红利。第三,男孩偏好和计生政策对人口数量的严控使得我国30年来约有2000万~3000万的女性胎儿被人工流产(李树茁等,2006),从而造成同一数量的男性面临婚姻挤压、难以成婚。因此两孩政策被期望能减少男孩偏好,降低高居多年的出生性别比。第四,其他的必要性和意图包括:通过生育来拉动内需,保证中国人口和华夏民族的人口占世界人口的比例保持稳定等。

这四项主要意图均需人们的两项生育行为来实现:生育两孩,生育时没有或减少对男孩的偏好。但从两孩政策实施两年的情况看,人们并没有表现出决策者们所希望的上述两项行为。不管是单独两孩政策,还是全面两孩政策,全国范围和局部的调查均显示,在可以生二孩的家庭中,明确想生的只占20~30%左右,没想好的占1/3;在明确不生和没想好的家庭中,最大的担心是经济压力过大和无人照料(叶文振2014;石智雷、杨云彦,2014;杨菊华,2015a;张丽萍、王广州,2015)。研究已表明,人们之所以因生不起、没人带而不生第二孩的根本原因在于我国的生育责任家庭化、女性化和严重依赖隔代育儿(叶文振2014;石智雷、杨云彦,2014)。1978年中国市场经济转型以后,国家从育幼责任中撤离,原先与社会主义计划经济共生的公共托幼机构不但在数量上巨减,而且育幼也由较强的公共服务属性转为高度的家庭私有责任(张亮,2016)。在男主外女主内等一系列与性别交织在一起的社会制度的构建下,回归家庭的儿童照顾责任并非平等分配于每个家庭成员:男性被继续要求以外出有酬工作为优先,大量父亲成为程度不等的缺席父亲;女性一方面继续在外从事有酬的工作,另一方面成为育儿照顾劳动的主要承担者;当年轻夫妇特别是妻子难以承担沉重的照顾责任时,双方父母通过隔代育儿,帮助年轻夫妻分担重任。在精细化育儿所要求的巨额金钱和人力投入面前,两代六位成人倾举家之力养育一个孩子尚不成问题,但两孩政策的遇冷,表明两孩成为许多家庭不能承受之重。

特别是,我国目前严重依赖的祖父母隔代育儿正在遭受以下挑战。第一,中国当代社会的个体化倾向在增强。即集体从价值和优先性等方面不再必然高于个体,个体有独立于他人的生命意义和乐趣(阎云翔,2016)。所以有研究显示,目前祖父母在隔代育儿方面显示出的高度自我牺牲精神有可能难以持续(沈奕斐,2013)。第二,在当代中国的育儿场域,祖辈家传的传统话语和年轻夫妻信奉的科学话语正在竞争,且基本趋势是后者占上风,反映在育儿代际分配上则是祖辈趋于只干活、不决策。所以育儿责任和权力上分配的代际不平等、祖辈育儿责任的繁重和权力的失落也在挑战着代际合作育儿的可持续性。第三,正在逐步实施的延迟退休则直接减少着祖辈隔代育儿的时间和人力。

因此,只要我国目前的政府支持非常有限、育儿责任基本家庭化的生育制度不根本变革,两孩政策虽然应该会提高我国的总和生育率,但效果很有限,不能确保我国避免落入低生育率陷阱。关于两孩政策希冀促进出生性别比平衡的初衷,调查发现,该政策不但没有减少男孩偏好,反而使城市家庭因一胎政策而被长期压制的男孩偏好有了释放机会。如许多调查都发现,第一孩男孩的夫妇与第一个孩子是女孩的夫妇相比,前者生二孩的意愿明显高出许多;与第一孩是女孩的夫妇相比,第一孩是男孩时的夫妇普遍不在意二孩的性别,也就是说,反正已有男孩了,所以才能容忍第二孩是女孩(叶文振 2014;石智雷、杨云彦,2014;赵琳华等,2014)。换言之,虽然新生人口数量有增加,但代价是男孩偏好通过新获得的二孩机会在城市反弹。幸运的是,本轮男孩偏好回潮的影响有限,主要原因有以下两点。首先,许多家庭因无法负担昂贵的生育成本而选择不生二孩,从而没有通过二孩来进行男孩偏好的可能。其次,父系制度造就了男方应该负担婚房、女儿养老比儿子养老更令父母身心愉快的性别分工,从而使少量家庭在生育时开始偏好女孩(赵琳华等,2014)。

综上所述,只要我国生育责任家庭私有化的制度不发生根本变革,一对夫妻生育两个孩子的政策倡导就很难转化为众多夫妇的现实选择,而且对生育制度进行根本变革显然难度大且周期长。当一对夫妻生育两个孩子难以成为新生人口的主要来源时,稀缺性日显的新生人口从哪里来呢?欧美国家近几十年的经验是:非婚生育。2012年在欧盟的28个成员国中,有40%的孩子出生在婚姻之外的同居伴侣和单亲家庭中。除拉脱维亚、奥地利、瑞典、冰岛这四个国家早在1960年就有约10~25%的孩子出生于婚外,其他国家的非婚生育率纷纷从20世纪80年代起开始迅速增长,到2012年时,6个国家一半以上的孩子出生于非婚家庭中(Eurostat)。在美国当代,生育与婚姻分离的趋势也很强劲,以2011年有过生育的美国女性为例,38%属于非婚生育(Monte,2012)。那么,在这些国家已主流化的非婚生育在中国能成为新生人口的重要来源吗?这是下文将要讨论的重点。

二、非婚生育与儒家三位一体生育观

非婚生育首先面对的是儒家生育观所构建出的三位一体,即异性恋、婚姻与生育三者的不可分离、缺一不可。再加上儒家社会的父权父系性质,儒家认可的婚育模式是:唯有异性恋婚姻才有权生育,异性恋婚姻必须生育,生育必须发生在异性恋婚姻之内,孩子的合法性由父亲赋予。围绕三位一体,儒家生育观形成以下三个要点。第一,经过儒家仪礼认可后的夫妇作为五伦起点,相当于儒家社会的本体,亲疏远近、空间分布、劳动分工等各种构建均基于夫妇(杜芳琴,1988),从而排除了同居、同性恋等异性恋婚姻以外的其他亲密伴侣关系的合法性。第二,个体必须与异性结成夫妻且生育。儒家认为人是社群取向的整体存在,人群的存在形式应是五伦推衍出来的家国同构,生育就是通过夫妻合作实现上事宗庙和下继后世的生命宗旨,并由此实现五伦的推延(杜芳琴,1988;陈东原,1990)。这使得生育成为每个人最根本的社会义务和生命意义,从而否定了不生育的自由。第三,儒家社会以父权父系为根本经纬,要求生育必须在根据父权父系来计算谱系的异性恋婚姻之内。这不但否定了父亲身份不明的生育的合法性,而且成为男孩偏好的源头。

儒家生育观源远流长、影响深远,称得上是构建我国当代生育观的第一大力量。在过去30年间,独生子女政策则成为第二大力量,并通过强大的国家能力与儒家生育观支持的多育和男孩偏好进行了多年的角力。但就儒家生育观的三位一体而言,独生子女政策基本上一直是在支持和强化。如,在曾随处可见的"只生一个好"宣传画中,只呈现一种婚育模式:一对年轻的异性恋夫妇与他们唯一的孩子。由此,在过去的30年间,异性恋、婚姻和生育的三位一体更加得以巩固,并造就了中国当代社会的以下现象。

第一是中国成年人普婚普育。2010年的第六次人口普查数据显示,在育龄尾端的40~44岁人群中,从未结过婚的比例仅占2.5%(国务院人口普查办公室、国家统计局人口和就业统计司)。笔者根据2010年第三期妇女地位调查的数据计算发现,在44岁以上的受调查者中,只有0.9%从未生育。而且中国的生育几乎都是发生在婚姻之内,在过去多年间,全国累积的因非婚生育而未能取得户籍的人数只有130万(李雪莹,2015)。换言之,异性恋婚姻生育几乎成为唯一的生活方式。这为每对夫妻平均至少生育一个孩子提供了坚实的基础,但同时也制造了生育的强制性,再加上我国社会保障的不足等诸多原因,使许多成人的生命意义过分依赖生育,失去了父母身份外的其他存在意义,既加剧了100万失独家庭的痛楚,也制造了许多自愿和非自愿的高危产妇。

第二是生物性生育成为构建社会团结的核心方式。生物性生育是指基于血缘和基因形成的生育,并由此形成生物性亲职;与此相对应的是社会性亲职,指通过收养、继养等非血缘方式形成的父母与子女的关系。秉承异性恋、婚姻和生育的三位一体,直到现在,生育自己的亲生骨肉仍是许多中国人不假思索、无须反思的人生"元价值",并由此形成人际连接。这突出显示在中国当代家庭生育二孩的动力上。国内多项相关调查发现,"一个孩子太孤单"是生育二孩的第一大原因(陈蓉、顾宝昌,2014)。笔者通过访谈近五十位父母和祖父母进一步澄清后发现,这主要是指独生子女年幼时无同龄兄弟姐妹陪伴,特别是担心父母去世后,孩子没有亲戚走动,乏人照应等。这表明,在目前的中国,血缘仍是建立人际关系、分配资源、寻求庇护与温暖的主要渠道,即,费孝通先生于八十多年前辨识的差序格局仍然在当代中国不断再生产出来,特殊主义而非普遍主义仍是形成当代中国人际连接的主要原则。因此,生物性生育在构建小群体内部社会团结的同时,也在通过差序格局生产着损害整个社会团结的扩大型利己主义。

再回到上文提出的问题:非婚生育有可能成为我国新生人口的重要来源吗?笔者的回答是,只要异性恋、婚姻、生育这三位一体仍神圣普遍到不容忍其他亲密伴侣关系和生育主体,那非婚生育就不可能成为新生人口的重要来源。那为什么在当代欧美国家,非婚生育能够提供40%的新生人口呢?其主要原因至少包括以下三个。

第一,多个欧盟国家将育儿视为全社会的共同责任,而非家庭的私有责任,所以为家庭育儿提供充足的社会支持。以欧盟成员国瑞典为例,在儿童所需的照顾人手方面,瑞典政府提供了较充足的父/母带薪育儿假期,并且努力促进父母公平休假。在每个孩子满8岁之前,父母共有480天的育儿假,除父母各有2个月必须由本人休的父亲假和母亲假外,其他时间二人均可休。在这480天的育儿假中,390天都可得到政府的育儿津贴,而且收入替代率相当高。根据不同的计算方式,只要不超过上限,工资高者可得到自己上年工资收入的80%(王向贤,2014)。育儿人手的另一大来源是政府提供的质优价廉的公共托幼服务,瑞典儿童的入托率达80%以上。在育儿所需的经济投入方面,瑞典政府通过对所有儿童提供的儿童津贴和对瑞典全体公民或居住者提供的住房津贴显著分担了育儿的直接经济成本。

第二,在欧盟的许多国家中,亲密伴侣形式呈多元化且已得到社会和法律的认可,所以孩子无论出生在哪类家庭之中,孩子的基本权益都可得到保障,并由国家和抚养人共同分担育儿责任。还以瑞典为例,在孩子抚养权上,瑞典从1987年起,陆续颁布了《同居者法案》《同性恋同居法案》《伴侣登记法案》《家庭法》等法律,明文规定不论是同居还是注册结婚,不论伴侣关系是同性间的还是异性间的,不论孩子是亲生还是收养,抚养人均享有几乎完全相同的抚养权利和责任(王向贤,2014)。

第三,自20世纪80年代以来,欧美国家出现了第二次人口转型,亲密伴侣关系由强调永远、唯一的浪漫之爱向强调关系质量的融汇之爱转换,许多人更加注重的是亲密关系是否让人精神愉悦,而非物质依赖(吉登斯,2001)。这其实也是恩格斯早在近两百年前就倡导的原则:婚姻应该完全基于双方的爱慕。因此,离婚率高几乎是所有发达国家的特点,如在2011年的欧盟5亿人口中,每千人中的结婚率是4.2,离婚率则是2.0(Eurostat,2016)。在成人间的亲密伴侣关系因纯粹化转向而变动性增强时,如何保障儿童的利益呢? 欧盟国家不是限制成人的亲密关系自决权,而是采取上述措施,通过国家与成人共同分担育儿责任、承认亲密伴侣和家庭形式的多元化等方式来保障儿童的权益。

总之,非婚生育之所以能成为欧美国家的重要人口来源,关键在于在这些国家中,生育被视为公民权。仍以瑞典为例,在育儿所需的财力方面,瑞典政府通过提供较充足的育儿津贴,使公民无须依赖市场(即无须依赖自己通过在市场出售劳动力而换取收入);在育儿所需的照顾人力方面,瑞典政府通过提高质优价廉的公共托幼服务使公民无须依赖于家人;在孩子的孕育上,瑞典政府通过对多元生育主体的认可和支持,使公民无须依赖婚姻、同居、伴侣或生物性生育就可获得生育和抚育儿童的权利。换言之,瑞典生育制度中的公民权可理解为:通过劳动的"去商品化"和育儿的"去依赖化",使每位公民都可生育自治。那么,当生育成为无须依赖他人的个体主义行动时,会使社会分裂成一个个的原子吗? 恰恰相反,通过尊重多元生育主体,通过对育儿提供较充足的社会福利,瑞典政府鼓励和支持公民们自愿地形成社会联结。

与非婚生育在欧盟国家得以主流化的上述三个条件相比,我国目前基本没有非婚生育成为新生人口重要来源的可能,但这并不代表非婚生育的现象不存在,或异性恋夫妇之外的生育主体和生育需求不存在。根据一些资料显示,我国黑户人口目前已达 1300 万,其中的 10% 是因非婚生育而未能取得户口(李雪莹,2015;尤莉灵,2015),这构成了本文开头所提我国人口政策发生一小转向的背景,即 2016 年 1 月 14 日,国务院办公厅印发《关于解决无户口人员登记户口问题的意见》,要求各地无前置条件地为非婚生育子女办理户口。① 虽然根据极有限的报道,无法判断在这 1300 万桩非婚生育中,有多少是意愿生育,但近几年自愿的、知情的非婚生育的确正在出现。其中最出名的当属 2015 年 6 月吴霞和沈博伦未婚生育,虽然这均是两人的第一个孩子,但还是被相关部门认定是违反计划生育,为伸张未婚生育权,二人在网上发起众筹社会抚养费的活动,16 小时后被叫停(朱新伟,2015)。同年 7 月,未婚未育的演艺人士徐静蕾在接受媒体采访时,提到自己已在美国冷冻了卵子,以防自己年长后想生育而不得,但央视新闻迅速指出,根据我国卫生部的规定,单身女性无权使用包括冷冻卵子在内的辅助生殖技术(新闻直播间,2015)。相关讨论在全国迅速风靡一时,许多人质疑国家是否有权力干涉女性的身体自决权。所以,非婚生育在我国目前直接面对的是儒家三位一体生育观与计划生育管理体制联手形成的生育理念和生育权力分配。换言之,非婚生育权在目前的我国实际是奢侈的权力,因为它要求一系列前提:生育是公民权,国家权力不可随意扩张,亲密关系和性倾向可自由选择,生育与婚姻不应捆绑,生育可异性性交而实现、也通过人工授精、代孕生殖辅助等方式实现等。

从各国经验来看,为实现 2.1 的人口替代率,新生人口只可能从两个途径获得:促进一对夫妻平均生育两个孩子,或支持非婚生育。既然非婚生育在目前的我国强烈地水土不服,那可以转向看似容易的一对夫妻生育两个孩子吗?但许多学者和本文都已指出,这同样需要我国生育观和生育责任分配发生根本变革,而且变革方案与非婚生育主流化所需的变革方案是高

---

① 具体相关条文如下。"不符合计划生育政策的无户口人员。本人或者其监护人可以凭《出生医学证明》和父母一方的居民户口簿、结婚证或者非婚生育说明,按照随父随母落户自愿的政策,申请办理常住户口登记。申请随父落户的非婚生育无户口人员,需一并提供具有资质的鉴定机构出具的亲子鉴定证明。"http://news. xinhuanet. com/politics/2016－01/14/c_128628350. htm。

度一致的。韩国、日本和新加坡提供的反面例子是,在过去的几十年间,这三个国家陆续从瑞典等斯堪的纳维亚国家学来了很多支持生育的社会政策,但生育率仍处于 1.3 以下的极低水平。除生育支持仍不足够外,还应该与这三个国家不容忍非婚生育有关(汤梦君,2013;杨菊华 b,2015)。随着人均收入和社会保障程度的提高等原因,在这三个曾经是普婚普育的国家,终身不婚的比例和晚育的程度都在提高。2010 年日本的人口普查显示,在 50 岁以下男性中从未结婚的比例达 23%(Population and households of Japan,2010);2014 年,新加坡在 40~44 岁的居民中,单身比例在男女两性中均达到 15%(Minstry of social and family development,2015);韩国和日本的平均初育年龄都已超过 30 岁,属世界最高之列(汤梦君,2013)。但这三个政府仍坚持倡导亚洲式家庭观:即人们应该与异性结婚,生育应该发生在异性恋婚姻内,不出意外的是,这三个国家的非婚生育率都少得可以忽略,约 2%(汤梦君,2013;杨菊华 a,2015;彭希哲等,2015)。

三、想象新型生育观

最后再回到我国当前的生育形势,笔者的基本观点是,在生育观和生育制度不发生根本变革的情况下,指望通过政策的零星修补就促使人们普遍无男孩偏好地生育两孩是不大可能的;非婚生育已成欧美国家的重要人口来源,但我国目前的生育观和生育责任分配制度使其在国内几无可能。因此,不论是避免我国落入低生育陷阱、促使社会政策对家庭功能的支持,还是回应近年社会对生育权重新分配的热烈讨论,都需要社会各界拓展想象,积极构建美好的生育观。基于瑞典在生育方面的社会民主模式,现尝试提出以下原则。

（1）平等:生育的权利和责任应该在国家、用人单位、家庭、性别和代际之间经由充分有效的磋商来公正分配;各种亲密伴侣关系、家庭形式(指核心家庭、扩展家庭、单亲家庭、单人家庭等)、性倾向、生育方式(指异性性交或生育辅助技术、生物性亲职或社会性亲职等)、(除公正审慎讨论过的必要情况之外的)所有成人都平等地拥有生育权利和责任。

(2)民主：每个母亲都应该是知情自愿的、每个父亲都应该是知情自愿的、每个孩子都应该是被想要而来到人世。被誉为"世界节育之母"的桑格夫人于1920年就指出节育的首要目的是让女性获得身体控制权和生活自主权,从而实现女性作为一半人类的基本权利;每个孩子都应是生育者的自愿选择,而非暴力和无知所致,被生育者所期待的应该是每一个孩子的先赋人权(Sanger,1920)。这些一百年前提出的原则在当代中国仍非常重要,因为目前中国的大量非婚生育并非是知情的自愿的选择,而是源于避孕知识欠缺、避孕责任性别分配不平等或女性的性自主被破坏。而且,不仅生命的最初孕育应该是当事人的知情自愿选择,而且抚育的过程也应该通过前述的各方面平等来保障自愿生育者都能自治完成。

(3)有连接的个体主义：上述平等生育权秉承的是个体主义路线,即认为每一成年个体都有权利自治和自治,但许多个体希望通过生育来与他人建立密切关联,从而安顿自己的身心,所以好的生育观应该承认和支持通过生育进行的有连接的个体主义,同时也尊重和支持其他人士自愿知情选择的不生育和其他生活方式。在亲子关系中,有连接的个体主义支持当事人程度不等地彼此在物质或精神方面分享和依赖,但每一个体都不应该因亲子关系而丧失个体的独立性和个体价值,如孩子不应该是父母的私有财产,父母不应该成为孩奴,不应该因孩子去世而失去所有的独立存在价值。另外,有连接的个体主义不同于社群主义,因为社群主义强调群体必然优于个体,这对具有集体吞没个体传统的中国社会着实危险,所以建议由成年个体反思性地自主选择是否建立和建立什么样的社群。在因生育而形成的个体连接中,虽然孩子在连接形成之初无法表达自己的意愿,但在连接的存在过程中,孩子与抚养人始终应是分享依赖但不丧失个体价值的关系。

上述原则实际要求构建我国当代生育地貌的两大力量——儒家关于异性恋、婚姻、生育的三位一体及计划生育管理机制——均发生重大变革。早在20世纪80年代,新儒家代表杜维明就提出传统儒学必须经历创造性转换才能与以自由、民主和平等为核心的普世文明接轨。在当代生育主体多元化的大趋势下,在尊重多元生活方式的全球生活政治语境中,儒家生育观需要意识到自己的三位一体对其他亲密伴侣关系和生育主体的不宽容。同时,上述原则对政府也提出了高期望,因为欲实现个体在生育上的自决自治,需要国家提供恰当的社会政策来保障个体不被强制性地依赖于其他个体、家庭或劳动力市场。那么如何保证在公民依赖于国家的情况下,国家能够承认并尊重公民权利,而且有足够的能力或纠错机制来实施适当有效的政策呢? 这要求政府在形成过程和性质上成为"结构化的共同体的集体成就"(俞可平,2005:127)。即,公民充分平等地共同构建社会。

参考文献

1. 陈东原:《中国妇女生活史》,上海文艺出版社,1990 年。

2. 陈蓉、顾宝昌:《生育意愿与生育行为的演变历程及二者关系研究——以上海主例》,载顾宝昌、马小红、茅倬彦主编:《二孩你会生吗》,社会科学文献出版社,2014 年。

3. 杜芳琴:《女性观念的衍变》,河南人民出版社,1988 年。

4. 杜维明:《儒家思想新论——创造性转换的自我》,江苏人民出版社,1991 年。

5. 国务院人口普查办公室、国家统计局人口和就业统计司:《中国 2010 年人口普查资料》,http://www.stats.gov.cn/tjsj/pcsj/rkpc/6rp/indexch.htm。

6. 李树苗、姜全保、[美]费尔德曼:《性别歧视与人口发展》,社会科学文献出版社,2006 年。

7. 李雪莹:《全国 1% 人口是黑户 没有户口对生活有什么影响》,新京报网,2015 年 11 月 24 日,http://www.bjnews.com.cn/graphic/2015/11/24/385456.html。

8. 刘家强、唐代盛:《"普遍两孩"生育政策的调整依据、政策效应和实施策略》,《人口研究》,2015 年第 6 期。

9. 彭希哲、李赟、宋靓珺、田烁:《上海市"单独两孩"生育政策实施的初步评估及展望》,《中国人口科学》,2015 年第 4 期。

10. 沈奕斐:《个体家庭 iFamily:中国城市现代化进程中的个体、家庭与国家》,上海三联书店,2013 年。

11. 石智雷、杨云彦:《符合"单独二孩"政策家庭的生育意愿与生育行为》,《人口研究》,2014 年第 5 期。

12. 汤梦君:《中国生育政策的选择:基于东亚、东南亚地区的经验》,《人口研究》,2013 年第 6 期。

13. 王向贤:《社会政策如何构建父职? ——对瑞典、美国和中国的比较》,《妇女研究论丛》,2014 年第 2 期。

14. 赵琳华、吴瑞君、梁翠玲:《大城市"80 后"群体生育意愿现状及差异分析》,《人口与社会》,2014 年第 1 期。

15. 翟振武、陈佳鞠、李龙:《中国出生人口的新变化与趋势》,《人口研究》,2015 年第 2 期。

16. 张亮:《中国儿童照顾政策研究:基于性别、家庭和国家的视角》,上海人民出版社,2016 年。

17. 朱新伟:《未婚生子"众筹 4 万元社会抚养费 卫计委回应"》,观察者,2015 年 7 月 10 日,http://www.guancha.cn/life/2015_07_10_326435.shtml。

18. [美]阎云翔:《中国社会的个体化》,陆洋等译,上海译文出版社,2016 年。

19. 杨菊华:《单独二孩政策下流动人口的生育意愿分析》,《中国人口科学》,2015 年第 1 期。

20. 杨菊华:《中国真的已陷入生育危险了吗?》,《人口研究》,2015 年第 6 期。

21. 张丽萍、王广州:《中国育龄人群二孩生育意愿与生育计划研究》,《人口与经济》,2015 年第 6 期。

22. 叶文振:《"单独二孩"生育政策的女性学思考》,《中共福建省委党校学报》,2014 年第 12 期。

23. [英]安东尼·吉登斯:《亲密关系的变革:现代社会中的性、爱和爱欲》,陈永国、汪民安译,社会科学文献出版社,2001 年。

24. 尤莉灵:《中国黑户人口超 1300 万 到底是什么原因导致的呢》,新华网,2015 年 11 月 24 日,http://www. qh. xinhuanet. com/2015 - 11/24/c_1117245010. htm。

25. 俞可平:《社群主义》,中国社会科学出版社,2005 年。

26. Minstry of social and family development. Singapore Social Statistics in Brief, 2015, http://103. 226. 132. 53/files/1039000004995EC0/app. msf. gov. sg/Portals/0/Files/SPRD/2015％20MSF％20Singapore％20Social％20Statistics ％20in％20Brief. pdf, p. 7.

27. Monte, L. M. & Ellis, R. R., 2012, *Fertility of Women in the United States*. Report, U. S. Census Bureau Population and households of Japan 2010, http://www. stat. go. jp/english/data/kokusei/2010/poj/mokuji. htm.

28. Sanger, M., 1920, *Woman and the New Race*. New York, http://www. gutenberg. org/cache/epub/8660/pg8660. html.

父母身份的艰难构建：以孩子患有自闭症为例①

一、问题的提出

自 2011 年 6 月 1 日至 2014 年 6 月 18 日，全国共有 16 个省、区、市建立了 32 个婴儿安全岛，共接收弃婴 1400 多名，其中大多数有严重残疾②。多篇报道指出这些父母在将孩子留在弃婴岛时的挣扎、辛酸和绝望，也有许多人批评这些父母不负责任。那么当孩子有严重残疾时，为什么有些父母们能够接受为人父母的身份，有些却不能？换言之，生育并不会必然带来父母身份的认同，而是需要当事人在社会情境之下予以积极构建。下面就以自闭症③为例，分析当孩子有严重残疾时，父母身份的构建过程。

自闭症是广泛性发育障碍的一种亚型，起因不明，患者男女比例为 6∶1 左右，一般自婴幼儿期开始显现，主要表现为不同程度的言语发育障碍、人际交往障碍、兴趣狭窄和行为刻板；约 3/4 的患者伴有明显的精神发育迟滞，部分患者在一般性智力落后的背景下某方面具有较好的能力（Wang & Michaels，2009）。美国近年来的儿童发病率为每万名中有 68～147 例（Elder et al.，2011；Zylstra et al.，2014）。我国尚未有全国性统计数据，但北京、A 市、

①　本文已发表于《社会工作》，2016 年第 1 期，王向贤和李晶晶分别为第一和第二作者。

②　詹佳佳：《中国弃婴岛：求助弃婴还是鼓励弃婴？》，凤凰网站，2014 年 12 月 3 日，http://news.ifeng.com/a/20141203/42633956_0.shtml

③　国内外目前有人认为，自闭症不是疾病，只是与人们习以为常的生活方式不同，如果社会能普遍接受自闭症是一种生活方式，并提供相应的社会支持，那自闭症不会对本人及其家庭造成巨大的负面影响。但鉴于受访父母所感受到的自闭症所带来的巨大挑战，本文暂且称自闭症为一种疾病。

广州等地的调查表明,在当地每万名儿童中,约有 15～75 名患有自闭症(刘靖等,2007;苏媛等,2011;王馨等,2011)。根据 2015 年发布的《中国自闭症教育康复行业发展状况报告》,在全国 0～14 岁儿童中,现有 200 万名患有自闭症。① 更令人关注的是,2006 年第 2 次全国残疾人抽样调查结果显示,在全国患有精神残疾的 0～6 岁儿童中,自闭症所致的精神残疾占 37%(第二次全国残疾人抽样调查办公室,2008)。因此,自闭症并不罕见,是严重影响大量儿童及其家庭的流行病。

　　我国对自闭症的研究并不缺乏,在中国知网中,以"自闭症"或"孤独症"为关键词检索,共出现文献 7237 份,但研究自闭症儿童父母的文献相当少,以关键词"自闭症"或"孤独症"+"家庭"或"父母"来检索,只搜集到十几篇文章。② 在 Academic Search Premier(学术期刊集成全文数据库)这个全球最大的英文多学科数据库中,以摘要中同时出现 autism、parents、Chinese 为检索标准,共搜得 38 篇文章。③ 这些文章的主要发现或结论如下:①自闭症儿童的父母们会经历以下阶段:震惊、否认、迷茫阶段;努力医治和相应的悲观失望或盲目乐观阶段;接受或放弃阶段(张宁生、荣卉,1997;Hutton & Caron,2005;雷秀雅等,2010)。②自闭症儿童的父母面临巨大的经济和情绪压力,亲职愁苦远高于一般儿童的父母,即感觉自己无力履行父母职责、与配偶严重冲突、缺乏社会支持等(Midence and O'Neill,1999;秦秀群等,2008)。③照顾自闭症儿童的责任基本完全由个体家庭承担,严重缺乏社会援助(Mc-Cabe,2008;Wang & Michaels,2009)。

　　那么在同样的上述背景下,为什么有人接受了自己是自闭症孩子的父母身份,有人却拒绝呢? 笔者在东部大城市 A 市从 2013 年 11 月至 2014 年 1 月深入访谈了家有自闭症孩子的 8 位父亲、9 位母亲和 2 位从事自闭症特殊教育的教师。所有的访谈均录音并转写成文字。下面是研究发现。

---

　　① 《首部〈中国自闭症教育康复行业发展状况报告〉发布》,该报告由北京师范大学出版社(集团)有限公司、五彩鹿儿童行为矫正中心等编著,中国残疾人福利基金会予以支持。引自 2015 年 4 月 2 日的 http://edu. people. com. cn/n/2015/0402/c1053 - 26791256. html。
　　②③　检索时间为 2015 年 7 月 25 日。

二、难以接受的因素

由于自闭症是终身性的,而且不可治愈只可缓解,所以当孩子被确诊后,父母们都非常震惊和难以接受,觉得是"人生最黑暗的时间"(父亲3)。通过访谈,发现父母们难以接受的原因主要包括以下两项。

(一)社会对残疾的歧视

中国社会主流自五四时期起接受了达尔文主义中的弱肉强食、适者生存的竞争法则(浦嘉珉,2009),构建或增强了正常与残疾之间的二元等级。残疾人往往被视为是需要矫正的偏离,当其无法矫正时,会被视为社会和家庭负担,从而使自闭症人士及其家庭蒙受着严重的歧视。歧视的作用机制之一是污名化,即从道德、因果报应等角度解释孩子得自闭症是父母本人或家族曾做了巨大的罪孽(Chen & Tang, 1997;Deng et al, 2001;Yang & Pearson,2002;Holroyd, 2003)。歧视的作用机制之二是对优生优育的迷恋。中国30年来的计划生育政策鼓励公众优生优育,以质量换数量,所以做了孕期疾病筛查的受访父母们根本没有想到会有自闭症,有些父母则误以为是自己照顾方式错误才导致孩子成为残疾人。歧视的作用机制之三是中国目前严重缺乏保障残疾人生活尊严的社会政策。这使得整个社会在资源分配、空间安排、自我认知等方面系统地形成正常人/残疾人这一二元等级,从而使受访父母们痛切地意识到孩子、家庭和自己将会终身面对的问题标签和耻辱标签。

由于深感社会对自闭症的歧视,几乎所有受访者家庭都不同程度地疏离于外界。如母亲7提到她小区里一位母亲愿意告诉陌生人自己的孩子有自闭症,但不愿告诉邻居,以避免在半熟人社区中遭受歧视。教师1提到一位父亲在过去的近十年，每天在机构①和家之间接送孩子，但仍想方设法与这家机构保持距离。如接送孩子时会将车停在离机构500米的距离；当不得不进入机构时，会特别选择人少的时候；不愿带孩子参加有机构标志的活动。这些都表明受访者不同程度地内化了社会强加于自闭症的污名。父亲1虽然经常带孩子出去坐公交车闲逛，但几乎从未与车上乘客主动交流，从而形成实质上的隔离于公共社会。社会强加于自闭症的耻辱和污名是如此深重，以至父亲3说到，"我觉得它（孩子有自闭症）永远是心底的一个不愿意去触碰的伤疤，也许它会愈合，但是痕迹永远在那"。

所幸近年A市对公众开展了一些意识提高活动，包括在电视、广播等媒体做自闭症的专题节目，在公共场合发放宣传页等。所以有受访者谈到在公共意识提高活动较多的大城市，公众对自闭症有所了解，但在这类活动较少的中小城市和乡村，公众普遍对自闭症缺乏了解，从而增强了自闭症父母"我家孩子是异类"的压力感。不过，尽管大城市公众对自闭症的了解略多，但也远远未达到非常了解的程度，所以当自闭症孩子在公众场合哭闹时，受访父母都提到周围会人用无声的眼光或明确的语言责怪孩子的"不正常"或父母没有监护好自己的孩子。令人高兴的是，有少量受访家长打破了自闭症的污名。如母亲4不但将孩子有自闭症的情况告诉了所有亲友，而且主动告诉医生和照相师等，这样别人在与孩子打交道时很少会觉得孩子异常或歧视孩子。

（二）照顾责任的私有化

受访父母在孩子未出世之前，都模糊地想过自己将来如何做父母，包括教育孩子；用孩子在学业和工作上的成就增加自己作为父母的荣耀；与孩子一起玩耍；做孩子的楷模；一些受访男性还提到要行使和体验父亲的权威，让孩子继承自己的产业；养儿防老等。但按照严重残疾是不合格社会成员

---

① 本文中的"机构"特指为自闭症儿童和家庭提供专业服务的民间机构，该称呼是该领域和群体中的通称。

的世俗标准来看,自闭症显然使这一切都化为泡影。更严峻的是,由于国家和社会目前提供的支持极其有限,使得照顾自闭症孩子的责任几乎完全私有化为家庭责任,父母们所期望的标准天伦之乐不但化为泡影,而且终生都需要面对自闭症所带来的巨大经济和精神压力。

对于依靠工资生活的人来说,孩子患自闭症往往意味着夫妻中一方需辞职专门照顾孩子,而且强化了家庭中的性别分工:妻子主内,承担无酬的家务劳动,做照顾和教育孩子的主要责任人;丈夫主外,通过从事有酬工作为家庭提供经济支持,做照顾和教育孩子的帮手。对于母亲而言,由于养育自闭症孩子需要专门的特殊教育技巧,所以母亲们的教养负担大大加重了。对于父亲而言,由于照顾自闭症孩子的巨大经济花费[1]几乎完全由家庭承担,赚钱成为许多父亲履行父职的最重要任务。一些父亲不得不主动加班,再加上往往需要妻子全职照顾孩子,父亲们作为家里唯一的赚钱养家者,经济压力巨大。对于机构而言,由于政府提供的经济非常稀少,为筹得基本的运营费用,这些机构不得不按照市场化原则,向家长收取不菲的费用。以 A市一家认可度较高的机构为例,每名儿童每月的学费为 2800 元,再加上家长接受培训需交纳的每小时 50 元的学费,这对普通家庭显然是相当大的负担,以至于家长们普遍得出结论:送孩子去机构是要拼财力的。

除了沉重的经济压力外,由于自闭症人士需要终身照顾,所以受访父母们非常担心自己和配偶去世后,孩子该怎么办。即使为孩子存够金钱,但自闭症使孩子没有花钱的能力,而且国内目前也找不到值得信赖的信托机构,这些都使受访者们强烈地感受到无能为力,对未来没有把握,用父亲 2 的话说,就是"心里总有事"。

---

[1] 熊妮娜等人(2010)对 227 名家长的研究表明,在孤独症儿童、肢体残疾儿童、智力残疾儿童和普通儿童四类儿童中,自闭症孩子的花费最多,每年约两万元,相当于这些家庭的人均年收入。国外也有研究结果显示,自闭症儿童的医疗保健开支大大高于患有其他精神障碍的儿童。

三、影响母亲身份认同的因素

在访谈直接涉及的 17 位母亲中,有 1 人在孩子确诊后就放弃,有 1 人是放弃多年后又开始照顾孩子,但与父亲相比,母亲放弃孩子的比例小许多。笔者调研后的初步结论是:这与照顾孩子的女性化有关。

(一)母职被构建为本能

访谈表明,从怀疑孩子有自闭症到确诊,基本是母亲一个人的战斗。在孩子几个月时,作为孩子主要照顾者的母亲首先发现孩子有些异常,如不看人、不肯吃奶等,但一般都认为是婴幼儿的正常表现。到孩子两岁左右,当同龄的孩子都会走路和说话了,而自家孩子还不会时,母亲们都开始担心,有的上网查阅资料,有的带孩子到医院看医生。丈夫和双方父母一般则认为她在小题大做,认为孩子不过是发育晚,"贵人语迟"这句民间俗语常被用来解释和回避孩子自闭症的初期表现。在确诊是自闭症后,全家人都遭受到巨大沉痛的打击,但由于母亲一般早已开始怀疑,所以并不意外,而是出于侥幸心理被彻底粉碎后的巨大痛苦,父亲和父母的双亲则多否定医生的诊断。

母亲们尽管痛苦,但很少有放弃孩子的,而且由于被构建成照顾孩子的第一责任人,且构建得如此稳固,以至于爱孩子、完全奉献给孩子被视为母亲的本能。相比之下,父亲尽管也被认为有责任照顾孩子,但存在选择空间,所以当男性拒绝做自闭症孩子的父亲时,一些受访人表示理解。与此形成鲜明对照的则是母职的不可撤销。如父亲 4 认为,"很多父亲可能就放弃了,妈妈可能舍不得孩子,怕孩子受罪,毅然就接受这个挑战了,愿意和孩子一起共存亡"。母亲 5 的话也印证了这位男士的观点。当笔者问道,"对孩子有无产生过放弃的念头?"她的回答是:"没有,不可能,这种想法是不可能存在的,存在的话他以后怎么办啊。"

(二)丈夫对妻子的投入喜忧参半

在本次调查涉及的 17 位母亲中,2 位永久或长期放弃孩子,1 位辅助照顾孩子,1 位正在考虑是否辞职专门照顾孩子。除此之外,别的母亲均已辞掉工作,将自己完全奉献给孩子:照顾孩子的日常起居;到机构里通过陪读、参加家长培训或做志愿者来学习如何对孩子进行训练,并在家里日复一日地教育孩子。对于妻子全身心的投入,父亲们在感谢佩服的同时,有些受访男士觉得父母和孩子如此捆绑在一起会失去自我和个体的独立。

> 虽然父母都希望为了孩子可以粉身碎骨,但是实际上呢,现在这个社会每个人都有自己的价值,也有所谓的,你这一辈子来世界上干什么。你可能需要你自己的社会地位,还有我有假期我也想出国,我也要去好多地方旅游。像这种东西呢可能让你不会像过去的父母那么执着地把所有的精力都放在孩子身上,把他当成一种改造,当你达不到的时候,反而更失落,所以有时候有些东西呢我并没有说完全为了他放弃掉一切一切。(父亲 4)

传统男权强调男性的独立、自我实现和娱乐需求,所以这位父亲尽管也努力照顾孩子,但坚持自己和孩子是相对独立的个体;同时通过经济理性来计算自己对孩子的付出与回报。与此同时,他觉得与妻子对孩子的无私奉献相比,自己的需求不够高尚,于是用自私是普遍人性来解释自己的言行。"人都是比较自私的,这一辈子都纠缠在孩子的身上的话,可能自己这一辈子都完了,你没有办法面对他。"

此外,母亲对孩子的全身心投入有时候会对父亲们形成压力,或被丈夫认为减损了女性气质。如,丈夫 5 认为妻子在刚发现了孩子患自闭症的时期,不但要求全家都聚焦于孩子,并且表情上都要显现出焦急的神情,而这位丈夫一直是以外出工作为主,仅在晚上下班或周末时陪孩子玩耍,而且有时还要外出与朋友聚会,所以一直没有将孩子放在自己生活中最重要的位置。当面对妻子全方位的压力时,这位丈夫无法接受,两人很快离婚。丈夫4则认为女性完全将自己与孩子重合后,会无心和无暇维持自己在外貌、举止方面的女人味,渐渐在丈夫眼中会失去异性的吸引力。

(三)服务机构的支持

除医院中的相关科室外,我国目前基本上依靠民间机构为自闭症儿童和家庭提供服务。根据"中国孤独症支援网",我国目前约有三百家民办机构,多由自闭症儿童的父母或其他热心公益的人士建立。与我国巨大的需求相比,这些民间机构的数量虽然稀少,但他们为自闭症儿童和家庭提供着非常宝贵的服务,主要包括:以日托的形式教育自闭症孩子;培训父母们如何养育自闭症孩子;为自闭症儿童的家长们结成非正式自助团体提供机会;通过汇聚爱心资助和志愿者,为自闭症家庭提供物质帮助和社会接纳。受访母亲们正是通过机构才真正接纳了孩子。

> 我是(在机构里)干了一年特教(指为自闭症儿童提供的特殊教育),才接受我孩子的,之前我不接受,我从心里不接受。但是一年特教经历,我遇上了很多这样的孩子,有比我们家孩子强的,也有比我们家差的,而且有的家庭的经历比我们还糟糕。我带的一个就是,他爸爸跑了,也不说离婚,也不说干嘛,就跑了,人间蒸发了,所以那孩子特别差。所以经历了这些以后,我觉得我家孩子还可教,还算听话,而且还掌握了一些方法。你有了方法以后就不会那么恐惧。在这个圈子里不断地去经历吧,然后就慢慢接受了。(母亲4)

四、影响父亲身份认同的因素

(一)父亲们的挣扎和抗拒

本调查和国内外相关研究都发现,父亲对自闭症孩子的接受率明显低于母亲。如雷秀雅等人(2010)对 87 对夫妇的调查表明,放弃孩子的父亲和母亲比例分别是 1/4 和 1/30。为什么放弃自闭症孩子的父亲明显多于母亲呢? 本文的初步结论是:父亲比母亲更认同社会对正常和成功的界定,当自闭症影响到孩子和自己的合格社会成员资质或强者形象时,一些父亲会非常难以接受。

在第一次确诊孩子有自闭症后,母亲 4 回忆丈夫当时的表现,"他逃避,什么都不管,什么都不问,不能提起自闭症,一提起自闭症,他就说,'这孩子肯定没事儿'。他也不去网上查,是我天天在网上查什么是自闭症,因为这个他跟我生气。后来那个时候我加入了一个家长群嘛,他就说'你跟他们聊,有什么用啊',就跟我全是火气"。当这位女士希望丈夫承诺和她一起养大孩子时,丈夫沉默并通过离婚放弃了孩子。另外,接纳孩子是接受孩子的更高阶段:不仅接受了孩子有自闭症的现实,而且能发展出心理复原能力,认可孩子的价值,感受到孩子带来的欢乐。国内有研究表明,约一半的母亲会在 4~10 年后真正接纳孩子,父亲们则需要更长的时间,能从接受转为接纳的父亲比例也少于母亲(雷秀雅等,2010)。如,受访母亲 2 说,"其实对于女儿我早就能面对她了,但她爸爸还是不能完全面对。有时候晚上就跟说梦话似的,半夜里把我推醒了'你说孩子什么时候能好啊'? 这种问题我没办法回答他,我就说'睡吧睡吧,我困了'"。

(二)促使父亲接受的原因

最基本的原因当属血缘的生物意义、社会意义及其产生的血肉相连感。如父亲 5 所说,"不管他是有病也好还是怎么样也好,他都是我亲生的,是我的血脉"。本调查还发现,父系家庭的传统会特别增强父亲对自闭症儿子的接受和认同。心疼孩子、觉得孩子很无辜也是父亲们接受的重要原因。"我要怎么拯救你这个世界上我最心疼的人儿啊。你还那么小,却几乎已经注定无法享受世间的美好,每念及此,爸爸总是感觉被压得无法呼吸,心如刀绞,常常夜晚醒来,无法躺着,只能坐起来。"(摘自受访教师 2 收藏的一位父亲的信)这样的全心爱孩子、毫不念及自己的父爱令人动容。

被妻子感召。如父亲5所说,"当她(妻子)很积极很投入地去做这个事情的时候,那我这边对以后就更有信心。因为人自己再怎么强,再怎么努力,还是希望有支持,不那么孤单吧。"母亲4的话也印证了妻子的投入激发出了丈夫对于孩子的责任感。"一开始丈夫也不接受孩子,但是看到我对孩子特别努力,然后他就说:'你都对孩子那么努力,我还是个男人',也是会激发他内心里的一种能量吧。我觉得是我的努力,我的这种努力让他觉得有依靠。"

而且,由于自闭症孩子的父母间存在明显的性别分工,所以父亲们是否能够接触到对自闭症家庭极为重要的外界支持系统,基本上取决于妻子。如果妻子对孩子坚持不懈,积极接触外界支持系统,那么丈夫们就较可能通过妻子这个中介,来接触到这些支持系统。如一个妻子所说,"我觉得如果我不努力的话,他(丈夫)可能会越来越绝望,因为他没有那些时间去接触到那些社会支持系统,他可能会守着这个孩子越来越绝望,越来越封闭。但是有我在这里,有什么活动我都会去,我可能让他觉得有了这样的孩子不全是悲哀吧"(母亲6)。

(三)弱肉强食与宗教

三位受访父亲谈到,他们本人不信仰佛教和基督教,认为这些信仰没有什么实际用途,"祷告完了还得照顾孩子,不是说你祷告了就不用照顾了"(父亲4),但发现宗教信仰会促使妻子接受孩子。

受访父亲4的妻子在带着孩子到外地机构参加训练的过程中开始信仰基督教。他认为妻子接受基督教的主要原因如下:①基督教倡导平等,不对她和自闭症孩子另眼相看,这使饱受社会排斥的她觉得温暖和被接纳。②女性作为相对于男人的弱者,容易富有牺牲精神,所以倡导容忍、牺牲精神的基督教易于和女性心灵契合。

都是妈妈和女性这边先信(宗教)的,因为她们作为不是最强者,她们内心有柔软的一面,当宗教有机会接触到她的时候,当别人用宗教带来的一些善良对待她们的时候，她们心里那个种子就特别容易开花结果。而且不是说麻醉自己吧，她们更需要这样一种东西懂得人间的真善美，靠着这种对宗教真善美的认知和别人对她提供帮助的这种回馈呢，她更愿意付出给孩子。

至于他自己，他认为作为男性，接受了弱肉强食、自我奋斗的竞争原则，所以不容易接受基督教。

像我过去呢是无神论者，尤其学历越高，可能越反动，更不信这些东西，对吧，只信个人奋斗这些东西……这个世界本就弱肉强食，我最应该做的就是教孩子如何保护自己和降低对别人的干扰，那样我就不用太担心了。

宗教除了促使女性更接受自闭症孩子外，在夫妻关系上，父亲4认为由于基督教倡导女性隐忍，用顺从、宽宏大量来感化丈夫和别人，所以他发现信了教的妻子变得更加顺从了，从而促使他反省自己，更好地做丈夫和父亲。上文提及的母亲4的故事印证了这位男士的分析。她的丈夫在得知孩子是自闭症后，不肯与她一起抚养孩子，并且外遇，打算再生一个健康的孩子，这位女性激烈抗争，要求保全家庭未果后二人离婚。信仰基督教后，这位女性开始用基督教倡导的妻子要顺从丈夫来合理化丈夫过去的行为，否定了当初自己要求丈夫停止外遇、参与照顾孩子的正当要求，认为是自己没有体谅到前夫面对的压力，自己过于逼迫他。

所以我觉得我以前的做法也不是很得当吧，他在外边有别人的时候，我就很强势地跟他说"你赶紧和她分开，孩子都这样了，你还这样，还不想想别的办法"怎么怎么样。可能触到了他的痛处，也给他了一些额外的压力。圣经上说"妻子要用好品行去感动自己的丈夫"，我觉得也就验证了圣经那句话吧。我觉得如果我不这么努力去做的话，可能他也不会转变到今天这样。

她的变化促使前夫反省自己的行为，特别是觉得前妻作为一个女人，都对孩子不离不弃，自己作为一个男人，更应承担责任，于是开始积极参与对孩子的照顾，并要求与前妻复婚。但受访丈夫3担心，由于基督教要求女性顺从、隐忍，这会使一些丈夫更可能做坏事，而且由于忏悔可以消除罪恶，所以他认为一些丈夫可能会用忏悔为自己已做的或未来要做的坏事开脱。

（四）备受考验的父职效能感

访谈所涉及父亲们的普遍感受是，尽管通过血缘观念和妻子感召等原因接受了自闭症孩子后，但总体上觉得自己做父亲的能力不足，即父职效能感低下。不少父亲只能和自闭症孩子相当有限地交流。如，虽然待在一个房间，但各看各的电视或各玩各的手机，不能一起做看书、讲故事、玩游戏等需要分享沟通的活动。因此，虽然一些父亲会在下班后或周末与孩子玩耍，但由于玩得辛苦，有时会借口需加班或社交应酬而逃避。如母亲1提到，"他爸回来就是玩电脑，也不想和孩子玩，都是我让他陪孩子玩他才玩的。最近他都不怎么回家了，经常说加班，在公司里待着"。

父职效能感会因人和因时而异（Donaldson et al., 2011）。有的孩子症状较轻，或在积极有效的康复训练下进步较明显，能和父亲进行有效互动，如主动叫"爸爸"、给爸爸开门，或当父亲给孩子买了玩具时，孩子会对父亲笑或拉父亲的手等，都会明显促使父亲们感觉到来自孩子的正面回馈，加深对孩子的感情，增强父亲的喜悦感和成就感，并更有动力去教育和陪伴孩子。如，父亲2看到女儿在语言、认知、情绪控制上都比以前有较明显进步时，表示愿意"跟她乐呵呵地过吧"。但当孩子拒绝父亲时，父亲们会体会到无能为力，感觉自己走不进孩子的世界，从而不由自主地减少对孩子的情感。

另外，本调查发现受访男士们觉得父亲难当，并非完全因为孩子的自闭症，而是有制度原因。如，父亲3的另一个孩子是正常儿童，但即使这样，他也只能与孩子玩一会，时间长后也会烦。这表明男主外女主内的分工将照顾孩子女性化、提供经济支持男性化,从而制度性地将大量父亲构建为缺席父亲,即主要提供经济支持,但很少参与孩子的日常生活,这不但使父亲们缺乏照料孩子日常生活的动力和技能,而且拥有是否带或不带孩子、带多久、如何带的选择空间。

五、小结

与国内外相关研究类似,当孩子有自闭症时,受访者们对于自己的父母身份都经历了艰辛的认同过程,包括震惊、慌乱、沮丧和备受考验的亲子关系、夫妻关系和家庭功能。而且本研究发现,性别身份强烈影响着父母对自闭症孩子的接受程度、养育能力和家庭分工,父亲通常比母亲经历了更多的挣扎。雷秀雅等人的研究(2010)发现,在所调查的 87 对自闭症孩子的父母中,在 4～10 年后能形成较合理成熟育儿方式的父母只占 1/3,其他的父母要么只养不教,要么交给配偶或家中老人,或遗弃。

关于历经磨难最终成功接受了严重残疾孩子的父母们,本研究和国内外相关研究都发现(徐媛,2010;邱丽,2011;Bekhet et al., 2012;Bitsika et al., 2013;薛景科,2014)只有发展出足够复原力的父母们才有可能真正地接纳严重残障子女,而父母们能否发展出足够的复原力,则取决于他们是否能够在家里家外得到足够的资源。以自闭症为例,这些资源包括:①来自配偶的经济和情感支持、日常照顾孩子等方面的帮助;②自闭症机构所提供的关于如何养育自闭症孩子的专业帮助;③相关机构和国家政策提供的经济支持;④全社会是否和在多大程度上接受自闭症孩子和家庭,不歧视不排斥,并提供切实帮助;⑤父母是否能形成足够的解决问题能力、父母效能感、接纳在体力或智力上面临挑战的孩子。换言之,自闭症等严重残障带来的压力超出了个体家庭的承受能力,亟须从经济、职场、情感、育儿技能、社会价值观念等方面提供有效的综合社会保障措施。

参考文献

1. 车文婷、雷秀雅:《自闭症儿童家长心理压力及其影响因素的研究》,《山西农业大学学报》(社会科学版),2013 年第 6 期。

2. 第二次全国残疾人抽样调查办公室:《第二次全国残疾人抽样调查数据分析报告》,华夏出版社,2008 年。

3. 龚云、杜亚松、李惠琳、张喜燕、安宇、吴柏林:《孤独症患儿父母压力和情绪变化及相关因素》,《中国儿童保健杂志》,2012 年第 4 期。

4. 刘寒:《福利多元主义视角下孤残儿童福利供给研究》,郑州大学硕士毕业论文,2014 年。

5. 刘靖、杨晓玲、贾美香:《2004 年北京市 2～6 岁儿童广泛性发育障碍的现况调查》,《中国心理卫生杂志》,2007 年第 21 期。

6. 浦嘉珉:《中国与达尔文》,钟永强译,江苏人民出版社,2009 年。

7. 秦秀群、苏小茵、高玲玲:《孤独症儿童父母的亲职压力调查研究》,《中华护理杂志》,2008 年第 10 期。

8. 邱丽:《残疾儿童家长生活质量及其影响因素的研究》,山东大学硕士毕业论文,2011 年。

9. 苏媛媛、张欣、李爱月、李义民、刘功妹:《天津市婴幼儿孤独症患病率与危险因素》,《中国妇幼保健》,2011 年第 26 期。

10. 王馨、杨文翰等:《广州市幼儿园儿童孤独症谱系障碍患病率和相关因素》,《中国心理卫生杂志》,2011 年第 6 期。

11. 徐媛:《特殊儿童家长的心理弹性研究》,华东师范大学硕士毕业论文,2010 年。

12. 薛景科:《北京市残疾儿童家长生活质量的现况及影响因素研究》,山西医科大学硕士毕业论文,2014 年。

13. 张宁生、荣卉:《残疾儿童的父母如何调适心路历程》,《心理科学》,1997 年第 20 期。

14. 张晓霞、罗洪英、罗治安:《孤独症儿童康复过程中家长的心理状况分析》,《中国科技信息》,2009 年第 17 期。

15. Bekhet, A. K., Johnson, N. L. & Zauszniewski, J. A., 2012, Resilience in Family Members of Persons with Autism Spectrum Disorder: A Review of the Literature. *Issues in Mental Health Nursing*, 33(10).

16. Bitsika, V., Sharpley, C. F. & Bell, R., 2013, The Buffering Effect of Resilience upon Stress, Anxiety and Depression in Parents of a Child with an Autism Spectrum Disorder, *Journal of Developmental & Physical Disabilities*. 25(5).

17. Chen, T. Y., & Tang, C. S., 1997, Stress appraisal and social support of Chinese mothers of adult children with mental retardation. *American Journal on Mental Retardation*, 101(5).

18. Deng, M., Poon – McBrayer, K. F, & Famsworth, E. B., 2001, The developmental of special education in China: A sociocultural review, *Remedial and Special Education*, 22(5).

19. Donaldson, S. O., Elder, J. H., Self. E. R. & Christie, M. B., 2011, Fathers' Perceptions of Their Roles During In – Home Training for Children With Autism. *Journal of Child and Adolescent Psychiatric Nursing*, 24(4).

20. Elder, J. H., Donaldson. S. O., Kairalla, J., Valcante, G., Bendixen, R., Ferdig, R.,Self, E., Walker, J., Palau, C. & Serrano, M., 2011, In-Home Training for Fathers of Children with Autism: A Follow up Study and Evaluation of Four Individual Training Components. *Journal of Child and Family Studies*, 20 (3).

21. Holroyd, E. E., 2003, Chinese cultural influences on parental caregiving obligations toward children with disabilities. *Qualitative Health Research*, 13 (1).

22. Hutton, A. M., &. Caron, S. L., 2005, Experiences of families with children with autism in rural New England. *Focus onAutism and Other Developmental Disabilities*, 20(3).

23. McCabe, H., 2008, Autism and Family in the People's Republic of China: Learning from Parents' Perspectives, *Research & Practice tor Persons with*

Severe Disabilities, 33(1 – 2).

24. Midence, K., & O'Neill, M., 1999, The experience of parents in the diagnosis of autism. *Autism*, 3(3).

25. Tehee E., Honan, R. & Hevey, D., 2009, Factors Contributing to Stress in Parents of Individuals with Autistic Spectrum Disorders. *Journal of Applied Research in Intellectual Disabilities*, 22(1).

26. Wang, P. & Michaels, C. A., 2009, Chinese Families of Children with Severe Disabilities: Family Needs and Available Support. *Research & Practice for Persons with Severe Disabilities*, 34(2).

27. Yang, L. H., & Pearson, V. J., 2002, Understanding families in their own context: Schizophrenia and structural family therapy in Beijing. *Journal of Family Therapy*, 24(3).

28. Zylstra, R. G., Prater, C. D., Walthour, A. E. & Aponte, A. F., 2014, Autism: why the rise in rates? *The Journal of family practice*, 63(6).

亟须变革的家庭内社会再生产①

——以天津市第三次妇女地位调查为例

国内在近三十年来，不断有呼声要求变革私人化、女性化和无酬化的家庭内社会再生产机制，但多着眼于其对女性的不公正。如，要求制止劳动就业市场对女性的歧视，要求保障女性就业权益、减轻女性家务负担等（刘良书，2005；马冬玲，2010；王歌雅，2011；第三期中国妇女地位调查课题组，2011；彭刚，2012）。这些要求非常正当且十分必要，但社会再生产绝不只是性别问题，而且事关整个国家经济与社会的可持续发展（李慧英，2002；刘伯红等，2008）。

本文认为，截至目前，家庭内社会再生产的私人化、女性化、无酬化几乎没有受到真正触动。其原因除了社会普遍没有真正认识到在家庭内进行的社会再生产是个人、家庭、企业与市场、政府存在和发展的根基和关键力量外，部分地区还因为相关决策部门需要加深对以下事项的理解：①家庭内社会再生产是如何被构建为私人化、女性化和无酬化的；②为什么说在目前，"三化"后的社会再生产已到了不可持续的程度；③可能的变革措施是什么。下面将依据天津市第三次妇女地位调查的相关数据，尝试回答这三个问题，以促进天津市社会经济的可持续发展。

全文共分六部分。第一部分阐述理论框架，论述变革目前家庭内社会再生产机制的必要性和迫切性。第二部分讨论男权家庭制是如何为劳动力

①　该文删减后已发表于《山西师大学报》（社会科学版），2013年第3期。

和人口再生产的女性化和无酬化提供了可能。第三部分讨论家务劳动是如何被构建为女性化和无酬化的。第四部分讨论生育的私人化、女性化和无酬化。第五部分讨论养老的私人化。第六部分将基于前些部分的数据分析,提出具体的政策建议。

一、理论框架

(一)什么是社会再生产和家庭内社会再生产

社会再生产(Social Reproduction)是指使社会结构和传统得以维持和存在的过程。包括三个层面:社会系统的社会再生产,劳动力的再生产(包括维持生命,教育和培训等),人的生物性再生产(Edholm et al., 1977; Bakker, 2007)。家庭作为社会的基本单位之一,全方位地参与着社会再生产。如,个体家庭通过将女儿嫁到男方家的方式,再生产着父系的家庭制度。劳动力和人的再生产更是主要通过家庭得以完成,包括生育,为儿童、老人、病人和有劳动能力者提供身体、精神和情绪照顾,使其可以享有社会普遍认可的生存条件,从而使劳动者的生产力得以维系和不断再生产出来(Chen, 2008)。家庭内社会再生产即指在家庭内进行的对社会系统、劳动力和人口的社会再生产。

(二)社会再生产在国家、市场和家庭之间的分配

虽然家庭是实现社会再生产尤其是劳动力和人口再生产的重镇,但并不意味着国家和市场可以免除分担社会再生产的职责。相反,国家和市场严重依赖在家庭内进行的社会再生产为其源源不断地提供国民和劳动力。家庭可以在没有国家和市场的条件下存在,国家和市场却离不开家庭。所以政府作为整个社会的协调者以及公共、家庭和个体利益的维护者,必须充分认识到家庭在社会再生产方面所发挥的奠基性作用,并积极采取有效措施保证社会再生产在国家、市场和家庭三者间的合理分配。尤其是在目前

的中国,非常不合理的社会再生产责任分配已严重地影响到国民经济与社会的可持续发展、公民基本的生存权和发展权(刘伯红,2008;Chen,2008)。在这样的形势下,格外需要政府公正积极地重构社会再生产的分配。

(三)近三十年来,对社会再生产的"三化"——私人化、女性化和无酬化

第一,从国家、市场和家庭之间的责任分配上,劳动力和人口的再生产在相当大的程度上被私人化为个体家庭的责任。即,实质为社会再生产的儿童抚育、养老、照料病人、做饭、清洁、日常采购、精神抚慰等被转化为家务劳动。在我国的计划经济时代,在城市中,通过单位制,政府和企业为广大城市家庭提供着托幼、食堂、医疗等实现社会再生产所需的部分服务。相比之下,农村家庭虽然得到的社会再生产公共服务较少,但也可以通过全民享有的免费医疗等制度获得一些社会再生产服务。但自1978年市场经济开始建立以来,政府大规模地从表面上不直接创造交换价值的社会再生产撤出。至于市场,在其没有认识到社会再生产实际是剩余价值最大化的根基和直接影响力量之前,显然不愿分担社会再生产的职责。于是家庭成为社会再生产的最大承担者,换言之,社会再生产,尤其是人和劳动力的社会再生产,在相当大的程度上被私人化为个体家庭的责任,成为消失于公共政策中的隐形劳动。

第二,当社会再生产被转化为个体家庭中的家务劳动后,女性被要求承担主要责任,即家庭内的社会再生产被女性化了。那为什么主要是女性,尤其是妻子、母亲来承担,而非主要由男性、丈夫或父亲来承担呢?家庭议价理论(household bargaining framework)提出了有力解释。该理论(Lundberg et al., 1997; Quisumbing & Maluccio, 1999)指出,家庭内部并非像美国20世纪60年代以社会结构理论为代表的主流学派所设想的那样:家庭成员秉承利他主义,平等地分享资源和承担责任;相反,家庭成员之间不断磋商着资源分配,而且磋商议价的权力大小与个人的性别、年龄、收入、身体条件、社会资产等都密切相关。正如马克思女性主义学者和女性主义政治经济学者所指出的,男权制和资本主义(在我国目前,不妨换成"市场经济")这个双头兽

将社会再生产任务指派给了女性（Hartmann,1979；Chodorow,1978,1999）。并通过家庭教养、学校教育、传媒影响、社会政策等将家务女性化构建成天然的、理所当然的。

第三，由于家庭内社会再生产创造的生活资料不进入市场交换领域，女性化的家务劳动成为无酬劳动。而且由于交换价值和使用价值、有酬工作和无酬工作之间的等级，在家庭内进行的社会再生产被视为是低级工作，甚至不被认为是真正的工作。因此，在目前的我国，尽管女性通过承担家务劳动创造了巨额价值，但她们无法因家务工作而得到货币收入、养老、医疗、住房公积金等社会保障。而且由于社会政策否认家务劳动的经济价值，许多女性，尤其是低收入、无收入的女性，不得不依赖配偶或子女来满足基本的生存需求。

但实际上，在家庭内进行的社会再生产对每个人、家庭和社会的生存和发展都至关重要。这些主要在家庭内进行的劳动不但生产着身心健康、生活环境和人口等人类存在和发展的必需资料，而且创造的价值大得惊人。英国社会学家吉登斯估算（2009），家务劳动创造的价值可以达到西方工业化国家国民生产总值的25%～40%。Arno et al.（1999）评估了1997年的美国，仅仅无酬照料生病和残疾的成年家庭成员这一项在家庭内进行的社会再生产，就创造了相当于1970亿美元的价值，占当年美国国民生产总值的2%，而美国当年为整个国家的居家健康服务的支出不过320亿美元。换言之，绝大多数在家庭内进行的社会再生产所创造的价值都未纳入国民生产总值，从而被严重低估甚至无视。

（四）被"三化"的社会再生产严重影响着社会经济的可持续发展

第一，沉重的私人化社会再生产已使家庭不堪重负。生育是社会延续和发展的必需，也是生产新一代劳动力和国民的唯一途径，所以生育绝不是个体家庭的私事。但目前除九年义务制教育外，几乎儿童十几年成长期间的生养育均由个体家庭承受。维持劳动力的再生产，必须日复一日地提供饮食、清洁环境、情绪照顾，生病期间需要提供照料，这些数量可观的服务目前基本都由家庭提供。步入老年是劳动力和人的必经阶段,而且随着平均寿命的延长,人体的自然衰老,更需要巨额的医药费和照顾服务。而我国目前还是以家庭养老为主体,不但养老服务基本由家庭提供,而且在劳动年龄时未能在正规部门就业的老龄人口的基本生活费用和医疗费也主要依靠家庭。在劳动力和人的这三个发展阶段,不但政府所提供的政策支持不足,而且市场化服务的价格、质量的不足使大多数家庭无力或无法购买,从而使得亿万个体家庭不堪重负,难以源源不断地再生产出国家与社会存在所依赖的劳动力和国民。

第二,不公正的社会再生产女性化严重阻碍了女性和整个社会的发展。刻板地要求女性承担家庭内再生产的全部或大部分责任,不但严重限制了女性在家庭和工作之间的自由选择和平衡,而且还使女性因承担照顾家庭的责任而受到市场的惩罚。包括被拒绝雇用,被压缩在低收入、低福利和低声望的行业或职业,缺少职务升迁机会等。这些都使女性的人力资本难以提高,不但损害女性自身的发展,而且也使劳动力中的一半无法充分发挥潜能。家务女性化必然带来的是要求男性经济和事业必须成功的僵硬要求。这不但给男性带来巨大的压力,而且阻碍男性积极参与家庭生活、履行父职。男性因性别而在职场享有的特权,也深远地破坏着男性发展成公正善良之公民的可能。

第三,无酬化的家庭内社会再生产严重阻碍了照顾经济(care economics)的发展。人类生存和国民经济社会持续发展所需的绝不仅是物的生产,更需要服务。而人和国家最需要的服务就是目前主要指派给家庭承担的劳动力和人的社会再生产,包括儿童抚育、照料病人、照顾老人、提供饮食、清洁生活环境、情绪慰藉等。而且如前所说,个体家庭和女性为满足这些需求已是不堪重负。所以如果这些巨大需求能从强制性的家庭内生产转化为就业机会,那将是经济和社会持续发展的真正动力:以人为本,为满足人的需求而提供服务。

总之,早在1996年,联合国的《人类发展报告》就指出,"经济增长如果没有恰当管理的话,将会导致失业、无声、无情、无根和没有未来,从而损害人类发展。对于消除贫困、人类发展和可持续性而言,经济增长的质与量同样重要"①。所以为了社会经济可持续发展,必须认真对待家庭内的社会再生产,并积极促进其在国家、市场和家庭之间的合理分配。

二、女性在家庭中的系统弱势

由于交换价值/使用价值、有薪工作/无酬劳动、工作/家庭、公领域/私领域等一系列的等级划分,无酬家务工作通常难以带来在家庭外从事有薪工作而带来的经济收入、福利保障、社会声望和自我肯定。那么,这样一个不具备吸引力的工作由谁承担呢? 家庭议价理论指出,将由议价权力少的人来完成。下面将首先分析男权家庭是如何系统性地使女性在家庭中处于弱势地位。

(一)男性在家庭财产、家系传承和出生权利上享有优势

1. 在婚者中,男性名下的财产远多于女性,尤其是在农村(见图1②)

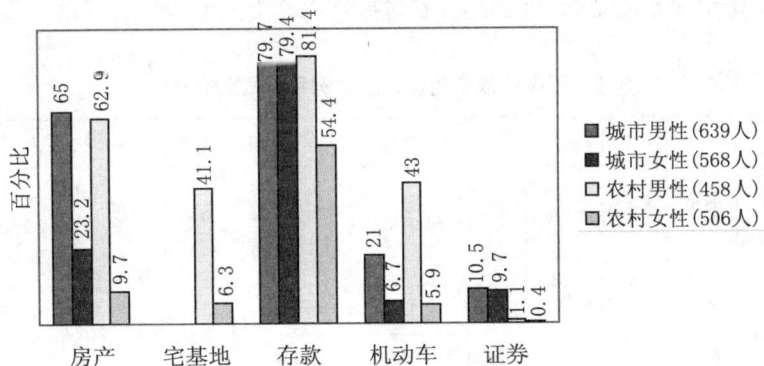

图1　在婚者本人名下财产的性别城乡比较

---

① 这段话的中文由本文作者翻译,原文如下。The economic growth, if not properly managed, can be jobless, voiceless, ruthless, rootless and futureless, and thus detrimental to human development. The quality of growth is therefore as important as its quantity; for poverty reduction, human development and sustainability.

② 在本文的所有图表中,如果没有特别说明,均指 18～64 岁的受访者。

从图1可看出,在房产、宅基地、机动车和证券(包含股票、基金等)方面,不论是在城市还是农村的在婚者,登记在男性名下的财产远多于女性,并且除了证券外,在统计上都在达到了显著程度(P<0.001)。尤其是房产,作为绝大多数家庭最重要的财产,在城市中登记在丈夫名下的可能性是登记在妻子名下的差不多3倍,在农村则是比6倍还多。尽管根据《中华人民共和国婚姻法》,夫妻婚后取得的财产属于夫妻双方共有,但由于离婚时男方隐匿转移财产的现象并不鲜见、女性通过承担家务劳动对家庭做出的贡献难以得到法律有力保障等原因,女性平等享有夫妻共同财产的权利容易受损。

在城乡、性别交叉而成的四个群体中,农村女性本人名下的财产最少。尤其是房产、宅基地这两种在农村最为基本的生活资料,列在农村女性名下的比例不及列在农村男性名下的1/6,这与从夫居、家庭联产承包责任制以户主为承包人、男性垄断户主资格等婚姻制度、社会政策密切相关。换言之,基层社会治理方式、社会政策设计中的社会性别视角缺失,都使男权制不仅表现在个体家庭中,更展现出公共男权制的特征,尤其是在农村(高永平,2006)。

2.传承父系的观念仍然强大,农村男性尤其赞成

表1　不愿让孩子随母姓的比例和不愿意的原因

年龄	地区	不愿孩子随母姓%(人数)		不愿孩子随母姓的原因%(人数)		
		男	女	随父姓是中国传统	随父姓方便财产继承	随母姓担心被误解或瞧不起
18~64	城市	43.8(344)	19.7***(147)	98.6	21.0	36.5
	农村	65.2(354)	46.1***(255)	99.0	38.6***	50.2***
>=65	城市	45.1(60)	41.0(59)	99.2	17.4	40.2
	农村	75.0(39)	67.9(38)	100.0	51.5***	65.2**

注:由于在不愿意的原因中,没有显示出性别差异,所以这里只列出不同年龄段、分城乡的相关数据。
　　星号表示皮尔逊卡方检验的显著性水平,**P<0.01,***P<0.001,****P<0.0001。下同。

本调查发现,在 3022 名 18 岁及以上的受访者中,虽然不反对孩子随母姓(对孩子随母姓表示"愿意"和"无所谓")的人已过半数(54.7%),但孩子只能继承父姓这一男权传统仍强大,尤其是在 18 岁及以上的农村男性受访者和 65 岁及以上的(下文将简称为"老龄人口")的农村女性中,六七成的人明确反对。老龄农村女性的高反对率,既可能是由于她们比较为年轻的 18~64 岁的女性更接受父系观念,也可能是由于从夫居、父系财产继承、女性收入普遍少于男性等现实使其更加依赖男权制规定的养老方式,即,依赖配偶或儿子来养老。换言之,现实与观念的互相构建,使大多数的农村老龄女性难以看到孩子随父姓以外的其他可能。

令人比较欣慰的一点是,表中两个年龄段相比,年纪略轻组的反对程度较低。尤其是在 18~64 岁组的城市女性受访者中,不反对孩子随母姓的比例达 4/5。包括 31.5% 的人支持孩子随母姓,46.7% 的人认为孩子随谁的姓无所谓。

在不愿意孩子随母姓的原因上,几乎所有的人都认为随父姓是中国传统。而在比较实际的原因——随父姓是否方便继承财产上,除老龄男性受访者外,在其他三个群体中,只有约 1/3 或以下的人认为如此。这表明在这三个群体中,影响孩子随父姓的物质性因素并不太重要,而是传统观念显示出相当强大的力量,而且几乎不受质疑。在不愿孩子随母姓的人中,差不多40%~50% 的人认为随母姓会被人误解或瞧不起,这同样表明,随父姓这一传统已取得了正统的地位,并被视为唯一正常的姓氏传承方式。至于为什么农村老龄男性受访者中的一半以上认为随父姓方便继承财产,表 1 显示,这些男性的赞成并非空穴来风,而是由于社会政策在鼓励着土地、宅基地的父系传承。

3. 女性出生权的严重受损

除了上文提到的城乡男性在家庭财产占有方面的优势和半数以上的农村男性认为只有儿子可以传承家族外,男权家庭在农村中的表现和构建渠道还包括以下几点:从夫居,家庭财产男系继承,父母更多地为儿子及其家庭提供无酬家务劳动、照料孩子和田间劳动(具体分析请见本文第五部分)。

在农村男性因从夫居而享受特权的同时,则是农村女性因从夫居而易受损害的土地权益。如,本调查发现,在目前处于在婚、离异或丧偶的农村女性和男性中,没有自己名下土地的女性和男性分别为 24.2%（126 人）和 16.8%（80 人,P<0.05）。

这些男性在不平等性别制度中所享有的优势和特权使人们,尤其是农村居民,可以明显地看到生男孩比生女孩更容易获得土地等资源、更容易获得媳妇的劳动力而非失去儿子的劳动力,更可能因传承了男系家族姓氏而觉得荣耀,在老年时更可能得到男权家庭制度唯一允许的养老方式——儿子赡养。男权家庭制度构建出的这些实用理性的后果之一就是男孩偏好和子女性别比失衡。（见表2）。

表 2　受访者孩子的性别比

地区	最后一个孩子			只有一个孩子		
	男	女	男女性别比	男	女	男女性别比
城市	647	572	113.1	570	515	110.7
农村	617	349	176.8	317	152	208.6
全体	1264	921	137.2	887	667	133.0

表2 显示,在受访者的子女中,不管是只有一个孩子的情况,还是最后一个孩子的情况,每100名女孩对应的男孩数量普遍超出了正常的出生性别比——105,在农村的情况相当严重。这不但意味着众多的女性胎儿被剥夺了出生权,而且对人口总量和性别结构、劳动适龄人口、人口老龄化程度和婚姻市场平衡等诸多方面都造成严重影响（李树茁等,2006;李慧英,2012）。

（二）男主外女主内的刻板性别观念起到了合法化作用

前文提到,男权家庭制度通过家庭财产占有、姓氏传承、男孩偏好等方式系统性地将女性置于弱势地位,从而迫使许多女性不得不承担无酬的、沉重的家务劳动。与这些制度安排相辅相成的是,男主外女主内的刻板性别分工使家务女性化自然化和合理化了,具体包括"男人应该以社会为主,女人应该以家庭为主""挣钱养家主要是男人的事"和"丈夫的发展比妻子的发展更重要"三个观念。

之所以认定这三个强调刻板性别分工的观念是僵化的、不公正的,原因如下:①谁应该更多地照顾家庭或更多地投身于家外的有薪职业,应该由每个人自由选择,而不能刻板地根据性别来强制。②自中华人民共和国成立以来,我国就一直是世界上女性就业率最高的国家之一。而且对我国目前的许多家庭而言,夫妻双方的收入都是生活必需。所以挣钱养家并不主要是男人的事。③由于家务工作的重要性和所创造的巨大价值仍被严重忽视,要求女性以家庭为主,会使女性因承担大量的无酬家务劳动,而受到劳动力市场的歧视。并因在经济上全部或部分地依赖于丈夫,而损害女性在家庭内的平等地位和权益。④要求男性一定要以有酬工作为重和事业经济成功,会给男性造成巨大的压力。而且要求男性一定要事业经济成功也是不现实的,因为在以竞争为主要特征的职场中,只有少数人可以实现目前界定得很狭窄的所谓成功。

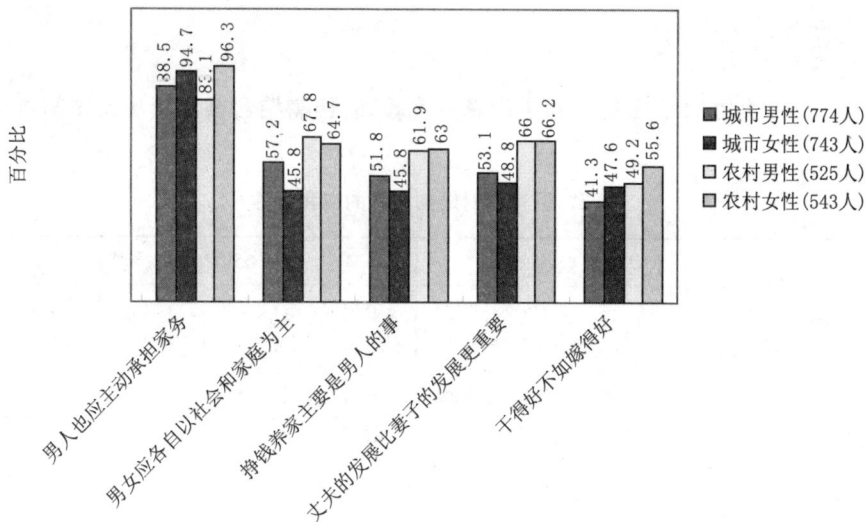

图2 非常同意或比较同意下列性别观念的性别城乡比较

但由于我国目前很多社会政策的条文和推行中仍存在不同程度的性别

不公正,男主外女主内等刻板僵化的性别观念渗透在社会的方方面面,并构建着每一个人的观念和行为,所以图 2 显示,对于这三项男权性质的性别刻板要求,除城市女性的赞成率略少于一半外,城乡男性、农村女性的赞成率均在一半以上。关于"干得好不如嫁得好",城市女性比城市男性、农村女性比农村男性的赞成率都略高,尤其是农村女性的赞成率超过一半。表明男性在社会中的优势或特权使一些女性意识到,通过婚姻向上流动是条捷径。农村女性相对于城市女性更为弱势的处境,使农村女性对这一点的赞成率更高。在"男人也应主动承担家务"上,包括城乡在内的大部分男女受访者都表示赞成。但对照本调查发现的城乡在婚男性分别只承担了家务的 34%和 22%(详见本文第三部分),可以看到,男性只主动承担家务是远远不够公正的,应该是"男性应平等地承担家务"。

当然,上表显示性别刻板观念并没有一统天下。但是当受访者理解的性别平等是建立在僵化且不公正的性别刻板基础之上时,这样的性别平等显然是不深入、不彻底的,而且会在貌似构建性别平等的同时,将性别不平等不断地再生产出来,如刻板且不公正的"男主外女主内"和"男孩要有男孩样,女孩要有女孩样"。

(三)女性对婚姻关系的主观满意度较高,但需结合客观情况谨慎解读

表 3   受访者对婚姻关系的自我评估

	18～64 岁的在婚者				＞＝65 岁的在婚者			
	城市男性 (639 人)	城市女性 (568 人)	农村男性 (458 人)	农村女性 (506 人)	城市男性 (97 人)	城市女性 (82 人)	农村男性 (38 人)	农村女性 (32 人)
尊重与支持	配偶能倾听您的心事和烦恼(%,符合和比较符合)							
	95.0	93.0	96.5	90.9**	100	95.1	94.7	90.6
	在重要事情上配偶会征求您的意见							
	98.0	97.2	97.8	96.2	100	97.6	100	87.5*
	您想做的事一般能得到配偶的支持							
	98.0	96.7	96.5	96.0	99.0	97.6	97.4	93.8*

续表

	18~64 岁的在婚者				>=65 岁的在婚者			
	城市男性 (639 人)	城市女性 (568 人)	农村男性 (458 人)	农村女性 (506 人)	城市男性 (97 人)	城市女性 (82 人)	农村男性 (38 人)	农村女性 (32 人)
决定个人事务的自由度	购买自己用的贵重物品 (%,完全或基本可以)							
	95.3	95.0**	95.8	94.6	—	—	—	—
	自己外出学习/工作							
	97.3	94.1*	94.5	89.6**	—	—	—	—
	资助自己的父母							
	96.7	97.3	99.8	95.7*** *	—	—	—	—
夫妻实权大小比较	夫妻差不多大 (%)							
	61.1	63.8	55.2	56.5	47.4	70.7	44.7	68.8
	丈夫实权大							
	17.4	15.2	33.0	31.0	24.7	18.3	42.1	25.0
	妻子实权大							
	21.5	21.0	11.8	12.5	27.8	11.0**	13.2	6.2
总体评价	对自己的家庭地位满意吗 (%,非常或比较满意)							
	95.5	90.7*	97.2	91.3***	96,2	96.0	96.4	85.7

注:*P<0.05,**P<0.01,***P<0.001。

表3显示,从所测量的前两个方面来看,城市的在婚男性和女性、农村的在婚男性评价都超过了90%。但性别比较会发现,城市在婚女性的评价略低于城市在婚男性,农村在婚女性的评价最低。如,10%的农村在婚女性认为自己基本或完全不可以独立决定自己外出学习/工作。这一点应该部分归因于在这四个群体中,农村在婚女性担负的家务劳动最多。从所花时长来看,农村在婚女性负担了78%的家务劳动。换言之,由于农村家庭严重依赖在婚女性提供的无酬家务劳动,使农村女性的个人事务自由受到了显著多于男性的限制。

在夫妻实权大小的自我评估上,城乡差异明显。在城市,除略多于六成的男女两性受访者认为双方差不大外,男女两性都认为更多的是妻子实权大于丈夫。我国著名的家庭研究学者徐安琪(2005)在一篇分析夫妻权力测量的文章中指出,如果说家庭中的实权更多地可能指家庭日常开支管理的话,那与其说这是妻子的实权,不如说是妻子主内的职责。在农村受访者中,则除略多于一半的人认为夫妻双方实权差不多大外,男女双方都认为丈夫实权大于妻子的可能性很大。这表明,在农村人口中,尽管存在家务女性化,但日常开支管理却仍可能是由男性掌握。

在家庭领域,根据城市受访者的自我评估,妻子实权并不小于丈夫。这一点并不代表受访者对公领域中男女平等的评估。在"你怎么看待我国男女两性的社会地位"这一包括公领域在内的男女总体地位比较上,六成(59.8%)的人认为男女差不多,1/3(34.5%)的人认为男性更高,只有不到5.6%的人认为女性地位更高。

需要强调的是,在评估夫妻权力分配时,不仅需要考虑受访者的主观评估,更要考虑夫妻财产分配、姓氏传承权力等客观指标。因为受访者的主观评估标准本身就是经过男权文化与制度建构过的,当男女都内化了男权观念后,会降低其对夫妻权力平等的期待,所以主观认为平等并不一定意味着真正的平等。

三、家务的女性化和无酬化

(一)男女劳动时间相当,但女性近一半的劳动时间用于无酬家务劳动①

为了解时间使用上的性别差异,本调查询问了在婚受访者调查前一天下列四类活动的时间分配:劳动,包括有收入的劳动/工作/经营活动,和没有收入的家务劳动;休息休闲,包括看电视、打牌、睡觉;通勤,指用于工作/劳动/学习的交通往返;学习。结果如图 3 所示,用于劳动和休息休闲的时间不存在城乡和性别的显著差异,均是约 7 小时劳动,约 11.3 个小时休息休

---

① 为简洁起见,下面将简称为"无酬劳动"。

闲。另外,约 1 小时通勤和学习。注意,为便于比较有酬劳动、无酬劳动和获取收入的性别差异,这里所说的"昨天"并不特指工作日或休息日,而且是 18 ~ 64 岁的所有受访者在调查前一天的时间分配。82.9% 报告"昨天"为工作日,12.7% 报告为休息日。

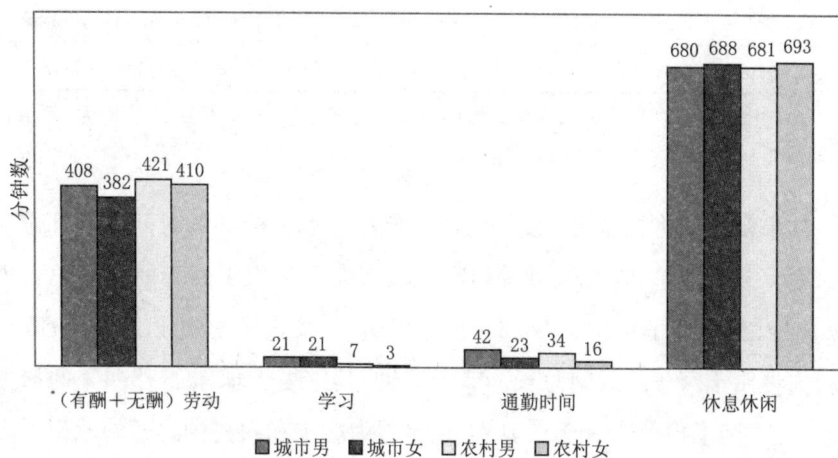

图 3 在婚者昨天时间分配的性别城乡比较

但男女用于有酬和无酬劳动的时间存在显著差异(见表 4)。无论是城市还是农村的在婚者中,女性昨天劳动时间中的近一半都用于无酬劳动,农村女性用于无酬劳动的时间略长于城市女性,分别为 3.2 个和 3.1 个小时。与此形成鲜明对比的是,在婚男性昨天用于无酬劳动的时间显著少于女性。城市男性昨天花了一个半小时进行无酬劳动,在其昨天劳动时间总长中占约 1/4。农村男性的这两个相应数字是不到 1 小时(53 分钟)和 1/8。

表4　在婚者昨天有酬和无酬劳动时间在劳动时间总长中所占比例

和相应分钟数的性别和城乡比较

	城市				农村			
	有酬劳动时间	无酬劳动时间	人数	上年个人收入(元)	有酬劳动时间	无酬劳动时间	人数	上年个人收入(元)
男	76.7(313)	23.3(94)	638	30465	87.4(368)	12.6(53)	456	26689
女	51.6(197)	48.4(185)	567	21071****	53.2(218)	46.8(192)	506	13543****

注:在该表的各单元格中,除总人数的单位为人外,其余单元格的单位均为"百分比(分钟数)"。****P<0.0001

如果粗略地将在婚男女受访者昨天所用于家务劳动的时间之和算做昨天家庭家务时间总和的话,可看到昨天城市夫妻中用于家务的时间总长为279分钟,其中妻子承担了66.3%的家务劳动,丈夫则承担了33.7%;昨天农村夫妻用于家务的时间总长为245分钟,其中妻子承担了78.4%的家务劳动,丈夫则承担了21.6%。其实,正是因为城市和农村的妻子们承担了大部分的无酬劳动,才使得城乡的丈夫们有精力和时间完成长于女性的有酬劳动时间。在婚男女昨天用于有酬劳动和无酬劳动的时间总长中,男性将81.4%的时间用于有酬劳动,女性则只能达到55.0%。通过比较不同婚姻状态中男性为家务花费的时长(见表5),也有力证明,正是因为妻子承担了大部分的家务,才使在婚男性为家务所花的时间明显少于离婚/丧偶男性。

表5　昨天无酬劳动时间的性别、城乡和婚姻状态的比较

婚姻状态	城市				农村			
	男		女		男		女	
	%(分钟)	人数	%(分钟)	人数	%(分钟)	人数	%(分钟)	人数
未婚	13.1(46)	115	22.4**(74)	112	12.5(41)	68	11.3(51)	32
在婚	23.0(94)	635	48.4****(185)	567	12.6(53)	456	46.8****(192)	506
离异/丧偶	33.6(138)	138	52.5*(188)	165	30.5(106)	17	57.9**(217)	15

注:(1)"%"是指无酬劳动时长/(无酬+有酬)劳动时长,"分钟"是指用于无酬劳动的分钟数。(2)*P<0.05,**P<0.01,***P<0.001,****P<0.0001。

换言之,《中华人民共和国婚姻法》第四十条的规定,"一方因抚育子女、照料老人,协助另一方工作等付出较多义务的,离婚时可以向另一方请求补偿,另一方应当予以补偿",是完全有道理的。而且,为了使规定具有可操作性,应该制定出具体的补偿比例。如,根据表4,既然不论是在城市还是在农村,夫妻双方的劳动时间总长都基本相同,而且妻子通过家务劳动创造的价值被全家人所分享,那么妻子有理由要求双方共同收入的一半。

另外,由于上年个人收入只是从有酬劳动中获取的报酬,所以可以根据有酬劳动和无酬劳动在劳动时间总长中所占的比例(见表4),计算出在婚受访者去年无酬劳动所创造的价值,分别是:城市男性创造了9149元,城市女性创造了19788元;农村男性创造了3844元,农村女性创造了11928元。再根据2010年天津市总人口中的性别比、城乡比,18~64岁人口在总人口中的比例,①可以粗略计算出当年该年龄段的在婚人口通过有酬劳动和无酬家务劳动共创造了2700亿元的劳动价值,女性创造了其中的45.1%;无酬家务劳动创造的价值为870亿元,女性创造了其中的67.2%。换言之,在婚的男性和女性于2010年通过无酬家务劳动分别创造的286亿和584亿价值被无视了。所以并不是女性绝对劳动时间少于男性,而是女性用近一半劳动时间创造的家庭内社会再生产的价值不被承认。从而部分地导致在婚受访者中,女性平均收入只有男性的60.9%。其中,城市女性收入只有城市男性收入的69.2%,农村女性收入只有农村男性收入的50.7%。

---

① 根据《中国统计年鉴》,2010年时天津市总人口中的性别比为114.5(女性=100)。根据《天津市国民经济和社会发展统计公报》(见"天津统计信息网",http://61.181.81.253/yu/2010tjgb.doc),截至2011年年末,天津市常住人口1354.58万人。其中,外来人口344.84万人。全市户籍人口996.44万人,其中的农业人口有382.5万,城镇人口有613.9万;由于查阅不到天津市总人口中,18~64岁人口所占的比例,故根据《中国社会中的女人和男人(2007)》年提供的2005年全国总人口中各年龄段的比例,计算得该年龄段占总人口中的75%。

(二)女性承担了六到八成的家务,而且是最消耗时间精力的部分

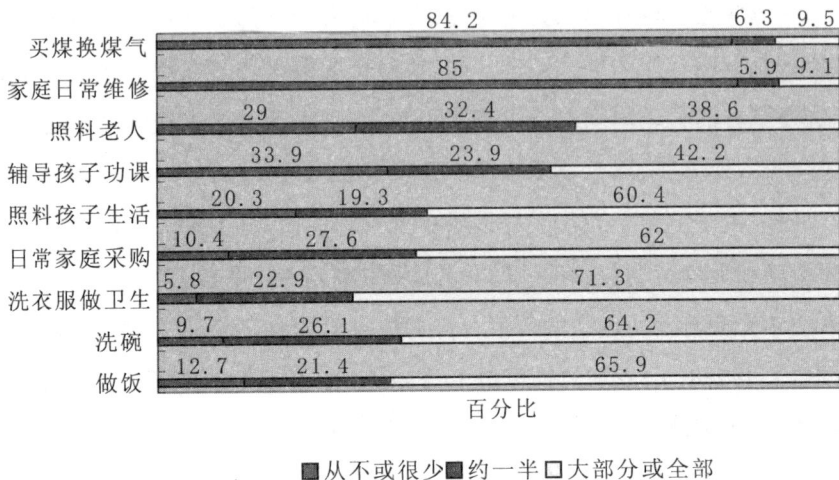

图4 城市妻子近一年来承担家务情况(568人)

买煤换煤气 84.2 6.3 9.5
家庭日常维修 85 5.9 9.1
照料老人 29 32.4 38.6
辅导孩子功课 33.9 23.9 42.2
照料孩子生活 20.3 19.3 60.4
日常家庭采购 10.4 27.6 62
洗衣服做卫生 5.8 22.9 71.3
洗碗 9.7 26.1 64.2
做饭 12.7 21.4 65.9

百分比

■从不或很少 ■约一半 □大部分或全部

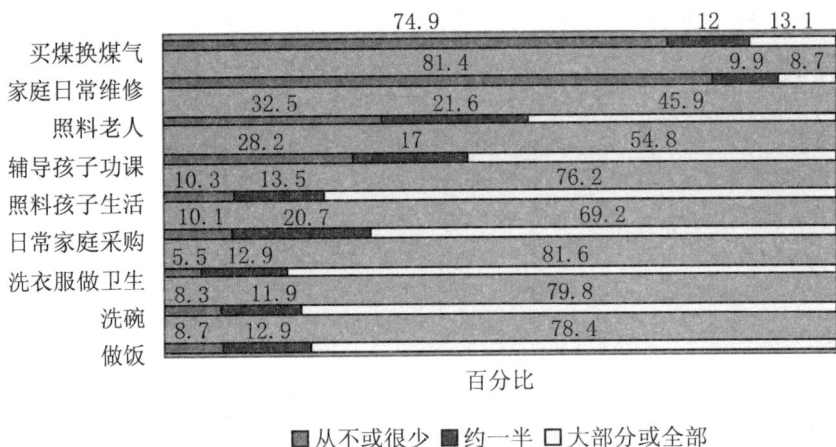

图5 农村妻子近一年来承担家务情况(506人)

买煤换煤气 74.9 12 13.1
家庭日常维修 81.4 9.9 8.7
照料老人 32.5 21.6 45.9
辅导孩子功课 28.2 17 54.8
照料孩子生活 10.3 13.5 76.2
日常家庭采购 10.1 20.7 69.2
洗衣服做卫生 5.5 12.9 81.6
洗碗 8.3 11.9 79.8
做饭 8.7 12.9 78.4

百分比

■从不或很少 ■约一半 □大部分或全部

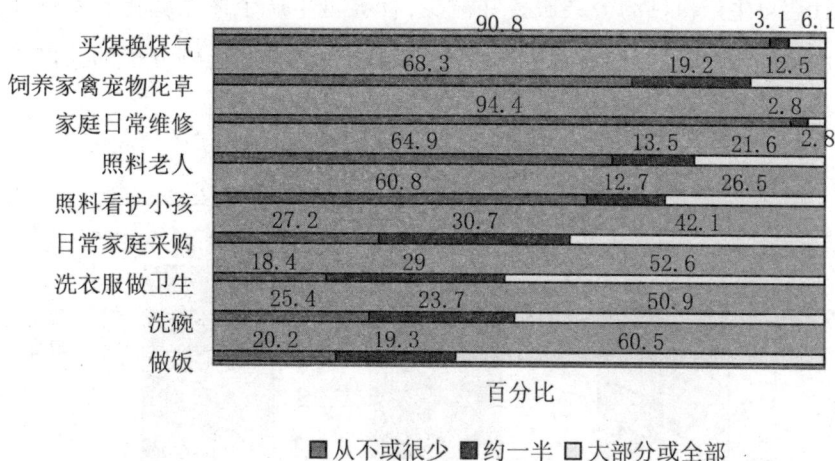

| | 90.8 | | 3.1 | 6.1 |
买煤换煤气

饲养家禽宠物花草　　68.3　　19.2　　12.5

家庭日常维修　　　94.4　　2.8

照料老人　　64.9　　13.5　　21.6　2.8

照料看护小孩　　60.8　　12.7　　26.5

日常家庭采购　27.2　　30.7　　42.1

洗衣服做卫生　18.4　　29　　52.6

洗碗　25.4　　23.7　　50.9

做饭　20.2　19.3　　60.5

百分比

■ 从不或很少　■ 约一半　□ 大部分或全部

图 6　65 岁及以上妻子过去一年承担家务的情况(205 人)

图 4、5 和图 6 清晰地显示,家务工作存在严重的女性化。尤其是做饭、洗碗、洗衣服做卫生、日常家庭采购、照料孩子生活等最耗时、最频繁的家务劳动,六七成的城市妻子承担了全部或大部分,在农村妻子中这一比例更高,达七八成。在辅导孩子功课和照料老人方面,三四成的城市妻子承担了全部或大部分工作,在农村妻子中,这一比例为四五成。

城乡对比显示,家务劳动的女性化在农村比城市更为严重,图 4、5 和图 6 显示的 9 项具体家务劳动中,除家庭日常维修外,农村妻子均比城市妻子承担得更多。表明在家务承担方面,农村的性别平等工作尤其需要大力推进。

在两个年龄段来看,老龄人口普遍比 18～64 岁者承担的家务量要少。但家务劳动的女性化仍明显存在,尤其是在做饭、洗碗、洗衣服/做卫生三项最频繁的家务劳动中,半数以上仍是由老年女性来全部或大部分承担。

特别需要指出的是,图 2、11 和图 12 均显示,女性在家庭和工作之间,比男性更倾向于家庭。这既是女性内化了男主外女主内这一性别分工之后的"主动"选择,更是育儿、老年看护的公共服务严重不足之下的无奈之举(详见本文第四和第五部分)。而且,由于自 1990 年以来的三十年间,政府企业为社会再生产提供的公共服务在减少,社会再生产个体家庭化和女性化的程度在加深,所以受访者对男主外女主内这一僵化的性别分工的认同不降反升①(见图7)。

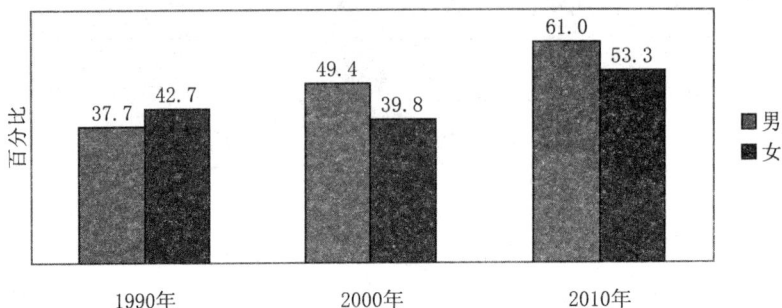

图7　非常同意和比较同意"男性以社会为主、女性以家庭为主"的比例(%)

(三)沉重家务负担对女性的影响

首先,直接造成了一些女性无法从事有酬工作。在259名调查时未从事有酬劳动(不包括退休或退休后继续从事有酬工作)的在婚女性中,79.9%(207人)是因为有家务需要全职料理,包括照顾孩子、老人和病人等。换言之,在1253名调查时既没有处于求学阶段也没有因残疾丧失劳动力的正值劳动年龄(18~64岁)的女性中,16.5%的人因有家人需要照顾而不能外出工作。在76名调查时未从事有收入劳动的男性受访者中,只有8人在料理家务。而且值得注意的是,在回答了没有从事有酬工作原因且专事家务劳动的207名在婚女性中,只有14.0%(29人)回答是"配偶不支持"。表明绝大多数女性已内化了家务是女性责任这一男权制下的性别分工。

其次,专职家务工作及其被否认为真正工作,导致这部分女性无法获得

① 在对这个问题的回答中,1990年调查包括998名男性,983名女性;2000年调查包括2606名男性,2668名女性;2010年调查包括1328名男性,1299名女性。1990年数据来自《第一期妇女社会地位调查天津市初步分析报告》,2000年数据由本文作者根据第二期妇女社会地位调查天津市数据计算而得。

优质的社会保障资格。这里所说的优质社会保障是指城市职工基本养老和医疗保险。天津市目前为城乡没有就业或未能在正规部门就业的人，提供城乡居民基本养老保险和医疗保险。虽然这两种保险不对参保者进行城乡等级划分，但与为正式部门就业者提供的城市职工基本养老和医疗保险相比，城乡居民保障的补偿水平要低很多（详见本文第五部分）。换言之，优质社会保障的获取资格之一是从事有酬工作，这非常不利于女性化的无酬家务工作。

再次，阻碍女性担任领导职务。在本调查中，多数受访者（65%，1694人）都认识到女性沉重的家务负担是领导岗位上女性少的一个重要原因。在由城乡、性别交叉而成的四个群体中，家务负担最重的农村女性最同意这一阻碍原因（74.5%）。另外，约1/4（24.2%）的受访者认为，女性在领导岗位上比例少的原因之一是家人不支持女性当领导。这同样可以部分地由家务女性化来解释。因为如果女性担任领导工作，不太可能拿出一半劳动时间来承担家务，所以家人有可能因此而反对女性当领导。

最后，阻碍女性外出流动就业，并迫使女性承受配偶外出流动工作后的压力。本调查发现，在本人或配偶曾外出流动工作的126名受访者中，女性外出流动的可能性显著小于男性（38.6% vs 2.9%，p<0.001）。这与家务工作，尤其是照料孩子与老人的女性化密切相关。为维持日常生活的正常运转，孩子、老人和外出打工的配偶严重依赖女性提供的无酬家务劳动。当女性因所承担的家庭责任而留守后，不得不承受配偶外出流动而对家庭造成的影响。根据受访者的回答，在配偶外出流动打工期间，家里的生产劳动（88.5%）、日常家务劳动（96.2%）基本都是由女性承担，略多于一半的女性认为劳动负担加重或加重了很多（53.8%）。而且多数女性对下列问题有些担心或很担心，包括：配偶在外的安全（96.5%），有事没人商量（58.6%），老人生病时没人帮忙（56.5%），农忙时没人帮忙（41.4%），孩子没人教育或管教（37.5%）等。

(四)男性参与家庭生活的严重不足和对平衡家庭与工作的需求

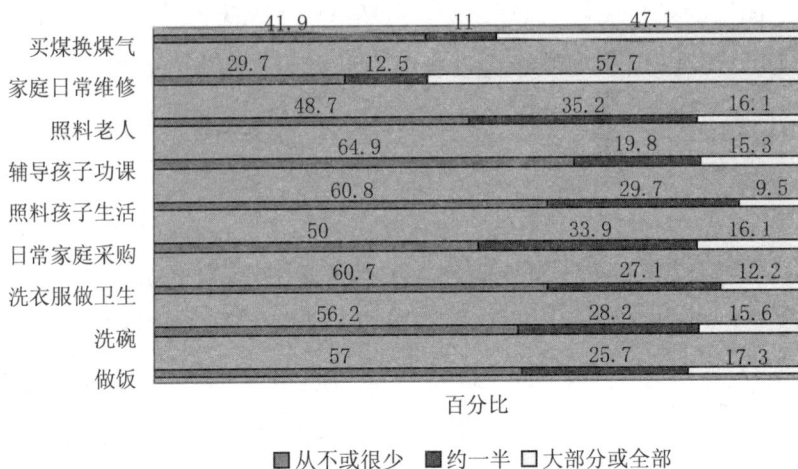

图8　城市丈夫近一年承担家务情况(639人)

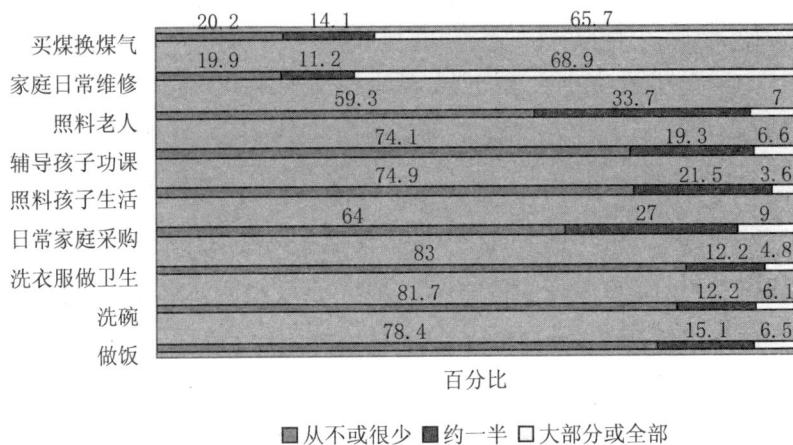

图9　农村丈夫近一年承担家务情况(458人)

第一,男性受访者选择性地做少量家务。如图8和图9所示,只有在买煤换煤气和家庭日常维修这两种家务上,男性做得比女性多。而这两种家务的频繁程度显然不能与做饭、洗碗、洗衣服做卫生、家庭日常采购相比。

而且在城乡中,分别有 42% 和 20% 的丈夫从不或很少承担这两项被认为适宜男性承担的家务劳动,表明这两项家务劳动的商业化程度应较高,尤其是在城市中。在做饭等高度重复的家务中,五六成的城市丈夫从不或很少参与,在农村丈夫中,这一比例升至六至八成。而且男性受访者选择性地做少量家务的这一特点应该是终生基本不变的。如本调查显示,老龄男性在婚者所承担的家务并不比相对年轻的男性(18~64 岁)多,具体见图 10。

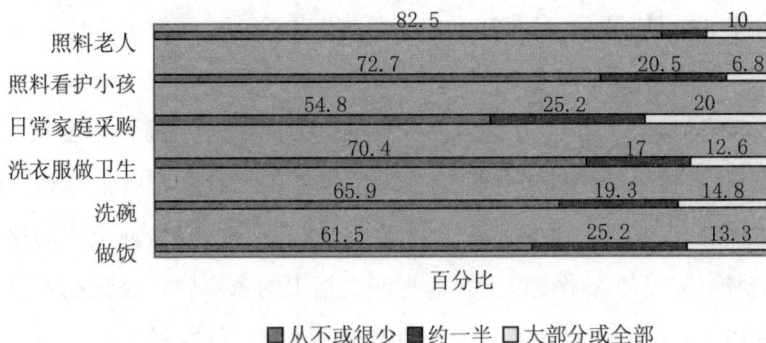

图10　男性老龄受访者过去一年承担家务情况(189 人)

第二,大多数男性是缺席父亲,从不或很少参与孩子生活。在城乡男性在婚者中,这一比例分别为六成和七成。男性参与孩子生活的严重不足,不仅源自男性个人对父职和家庭生活重要性的认识严重不足,更源自社会政策的不支持。如,在 1117 位有孩子且回答了相关问题的在婚男性中,70.4%的人没有休过带薪护理假,13.8% 的人休过 7 天,整体平均只休 2.6 天。由于本调查没有询问男性未休带薪护理假的原因,这里参考 2011 年一项对 1017 名男性调查的相关结果(王向贤,2012)。该调查发现,在孩子出生时不在场的男性中,93% 的人想在场,但工作性质不允许或经济上负担不起。所以可以推测,"舍小家为大家"等家庭与工作之间的二元对立与等级、不为男性提供带薪护理假甚至不允许因妻子生育而请假,都是阻碍男性参与照顾新生儿与妻子的制度性、政策性因素。

另外值得指出的是,根据儿童受访者的报告,与大多数父亲严重缺席于孩子生活的同时,15.1%(89人)的父亲在过去一年间通过打孩子来负面地履行父职。男孩挨打的比例高于女孩,达1/5(20.8%,63人)。调查时正读小学的男孩挨打的可能性最大,超过1/4(28.2%)。但直到男孩上初中、高中/中专/职高,仍各有15%的人在过去一年挨过父亲的打。正读小学的女孩挨父亲打的比例也很高,达1/4(20.2%),在中学阶段挨打比例明显少于男孩。尽管直到目前,父母打孩子仍被我国社会普遍认可,但实际上,国内外相关研究指出,与没有遭受过父母肢体暴力的儿童相比,遭受过的儿童更可能自卑、学习成绩差、自我控制能力低,也更可能对其他孩子施暴或受到其他孩子的暴力(Gelles & Straus,1995;Straus,2003;李龙飞等,2005;胡涤非等,2006;何影,2010)。所以非常需要推进男性积极、正面地参与父职。

第三,农村男性比城市男性更少承担家务。除家庭日常维修和买煤换煤气两项外,在其余七项家务工作中,农村丈夫承担大部分或全部的比例几乎均是城市丈夫的一半或以下。这与前文指出的家庭财产登记在农村男性在婚受访者名下的比例更高于登记在城市男性名下、农村男性比城市男性更反对孩子随母姓等一脉相承。表明,与城市男性相比,农村男性得到更多来自私人男权制和公共男权制的支持,从而助长了其在家务分工中的男权程度。

第四,男性其实是可以平等承担家务的。图7显示,尽管在城市夫妻中,存在着明显的家务女性化,但的确有不少男性在积极参与。如,在做饭、洗碗、洗衣服做卫生、日常家庭采购等方面,城市丈夫中的30%~40%承担了一半或更多,农村丈夫中的这一相应比例为17%~36%。在照顾孩子生活和辅导孩子功课上,分别有1/3和1/4的城市和农村父亲参与了一半、大部分或全部。这表明,通过积极的倡导和支持性政策,男性可以平等地承担家务和履行父职。

第五,对平衡家庭与工作的需求。图11显示,不论是在城市还是农村受访者中,都有约83%的男性在婚受访者从不或很少因为工作太忙,而很少管家;同时图12显示,城乡70%左右的男性在婚受访者从不因家庭而放弃个人发展。① 这表明,大多数回答了相关问题的男性受访者都希望在家庭和工作之间取得平衡,而不是为了一方而放弃另一方。因此,亟须公共政策和公共服务的有效介入,改变育儿、养老责任的私人化、女性化,从而满足男性公平参与家庭生活和职业生活的权利。

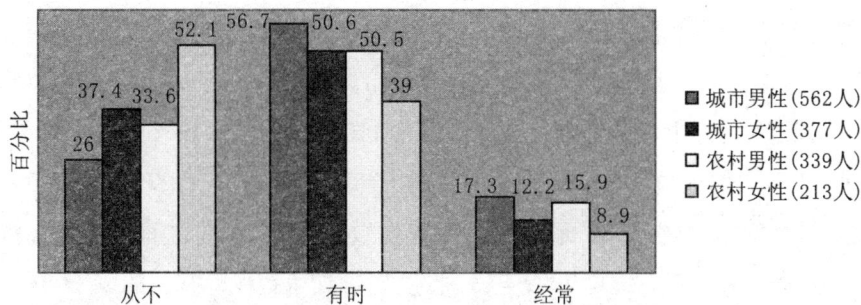

图 11　近年来是否因工作太忙,而不管家(%)

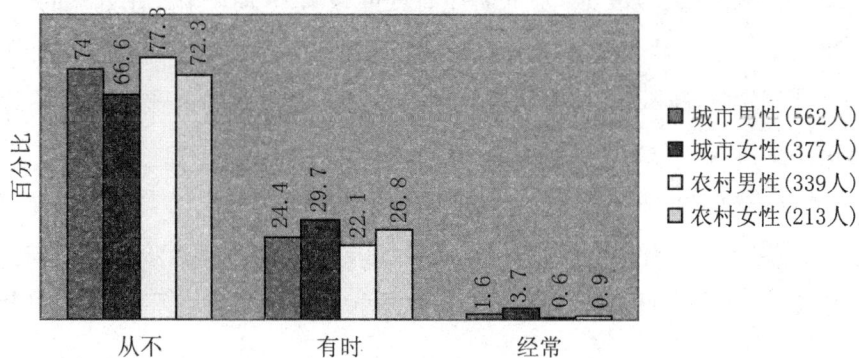

图 12　近年来是否为家庭放弃个人发展(%)

---

① 在曾有或现有工作经历的受访者,除城市男性外,其他三个群体回答了这两个问题的人都只有一半左右,所以对这两个图呈现的数据需谨慎解读。

四、生育的私人化、女性化和排斥男性

(一)生育保障政策为城乡、正规与非正规就业女性提供差别待遇

目前,天津市的女性在怀孕、分娩、产假期间,主要涉及的医疗费用和生育津贴包括如下:①产前检查费。根据《天津市城镇职工生育保险规定》(2005 年颁布),参加生育保险基金的天津市城镇企业职工可以报销该项费用。妊娠 28 周以上者的产前检查费限额为 1100 元。①关于检查的实际花费,根据 21 位自愿上传产前检查费用明细的天津女性报告,实际费用在 1000 ~ 2400 元之间,多数在 1300 元左右,②检查次数在 11 ~ 19 次之间。②分娩费用。天津社保中心规定自 2009 年 3 月起,对参加生育保险基金的职工,自然分娩的支付标准为 3000 元,单纯剖宫产的支付标准为 3600 元。③ ③生育津贴。根据天津市《关于调整城镇职工生育保险生育津贴计发标准的通知》,自 2012 年 4 月起,城镇女职工正常生育或妊娠满 28 周以上终止妊娠的,享受 98 天的生育津贴。比 2005 年颁布的《天津市城镇职工保险规定》增加了 8 天。生育津贴日标准,按照其所在用人单位上年度职工月平均工资除以 30.4 计算。④

对于农村女性和城镇中的未就业或在非正规部门就业的女性,《天津市城乡居民基本医疗保险规定》(2009 年颁布)规定,"参保孕产妇符合计划生育政策生育子女实行剖宫产的,按照每出生一人报销 800 元标准执行,以其

---

① 李茜、曲颖:《天津市 56 家定点医院进行产前检查费联网结算》,《每日新报》,2008 年 12 月 30 日。

② 《天津医院产前检查费用明细经验大分享》,"天津妈妈"网站,2010 年 1 月 19 日,http://www.tjmama.com/thread-53158-1-1.html。

③ 徐杨、李茜:《生育险顺产支持标准增至 3000 元》,《每日新报》,2009 年 3 月 10 日。

④ 见"天津市人力资源和社会保障局"网站,http://www.tj.lss.gov.cn/ecdomain/framework/tj/nanldgac-iejk-bbnn-jllb-kefhombekife.do?isfloat=1&disp_template=dapjlbkbifoibbnnjllbkefhombekife&fileid=20121009110417439&moduleIDPage=nanldgac-iejk-bbnn-jllb-kefhombekife&siteIDPage=tj。

他方式生产的,按照每出生一人报销 600 元标准执行"①;但未提及产前检查费用可以报销②。关于生育补贴,该政策规定,"参保孕产妇符合计划生育政策生育子女的……享受 100 元生育补助待遇"。

以《天津市城镇职工生育保险规定》的生育相关费用为基数,与《天津市城乡居民基本医疗保险规定》③比较可以发现,农村女性和城镇中的未就业或非正规就业女性及其家庭需要自己承担 100% 的产前检查费,自然分娩费用中的 80%,剖宫产费用的 77.8%,产后休养期间的全部收入损失(除了100 元的生育补助外)④。换言之,对于这些女性和她们的家庭,怀孕分娩产假的相关费用和收入损失几乎都是由个体家庭承担。而且根据《天津市国民经济和社会发展统计公报》,2010 年天津城市居民人均可支配收入 24293元,农村居民人均纯收入 11801 元。这意味着,如果农村女性及家庭要享有城镇职工可享有的生育医疗服务,需付出人均年收入的一半,这显然是较大的经济负担。图 13 证实了目前和历史上生育保障政策对城乡、城市中正规或非正规就业女性的差别待遇。90% 的农村女性和 1/4 的城市女性及其家庭需全部自费承担分娩费用。

---

① 《关于印发〈天津市城乡居民基本医疗保险规定实施细则〉的通知》,见"天津市南开区人力资源和社会保障局"网站,http://www.tjnklss.gov.cn/wenjian/wenjian_detail.asp?id=163。

② 2012 年 8 月 24 日天津市政府第 93 次常务会通过《天津市城乡居民生育保险规定》,并于2013 年起施行。其中规定,参加城乡居民基本医疗保险并符合计划生育政策的产前检查费和生育医疗费将纳入保障范围,但未提及保障标准。

③ 据《2011 年天津市国民经济和社会发展统计公报》,两项医疗保险覆盖了 996 万所有的拥有天津市户籍者。但 345 万外来人口不在这两项保险覆盖范围之内。具体为:截至 2010 年年底,天津市共有 458.7 万人参加城镇职工基本养老保险,97.8 万人参加城乡居民基本养老保险,234.6 万人参加生育保险。

④ 根据所在工作单位性质进行生育保障方面的等级划分,这一传统由来已久。早在 1953 年颁布的《中华人民共和国劳动保险条例》中就规定,女工分娩时的检查费(不包括怀孕期间的检查费)和接生费等相关费用由单位全部负责,贵重药品除外。但该条例同时规定,这些生育保障只适用于国营企业、事业单位,和超过 100 人的其它所有制企业。而且,这些单位的临时工、季节工、试用人员等"非正规工作人员"也不可享有。

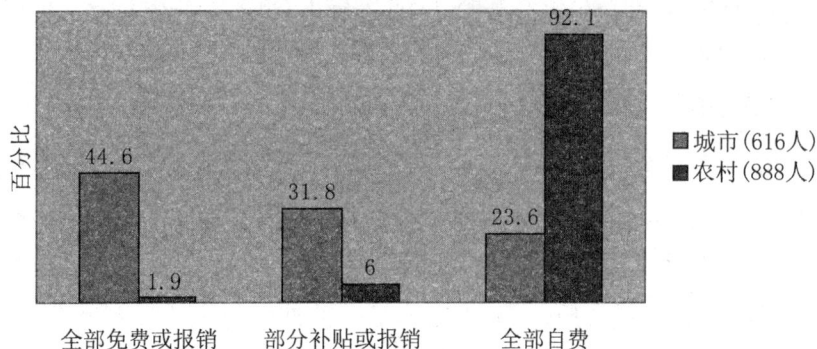

图13 分娩费用的报销城乡比较(%)

(二)贫困家庭的女性未能获得足够的安全生育服务

首先,如前所述,由于农村女性、城市非正规就业女性及其家庭需要全部自费承担产前检查费用,所以一个合理的推论是与在正规部门从事有酬劳动的女性相比,其他女性可能会较少地接受产前检查。本调查的数据证实了这一推论(见表6)。关于如何确定足够的产前检查次数,由于没有查阅到天津市的相关文件,这里参照《成都市人民政府办公厅转发市劳动保障局等部门关于进一步做好新型农村合作医疗工作补充意见的通知》(2007年)中所规定的至少5次产前检查,将1~4次产前检查视为不足,"按医嘱做"视为产前检查足够。表6显示,在曾经生育的18~64岁农村女性中,只有1/3的人进行了足够的产前检查,1/4在生育前从未做过产前检查。即使是在40岁及以下的农村女性中,也有近一半的人未获得足够的产前检查次数。即使是在城市,也有近30%的女性未获得足够的产前检查次数。即使是在40岁及以下的城市女性中,也约每8人中就有1人未获得足够的产前医疗服务。

表6 产前检查次数的城乡、年龄段比较

	18～64岁				18～40岁		
	0次	1～4次	按医嘱做		0次	1～4次	按医嘱做
城市（1215人）	7.7	20.4	71.9	城市（321人）	2.5	10.9	86.6
农村（951人）	25.6	41.0	33.4***	农村（406人）	4.4	42.4	53.2***

其次,不论是在城市还是农村,家庭收入低都显著与是否获得足够产前检查次数有关。通过进一步统计分析,本文发现,40岁及以下的城乡女性是否获得足够的产前检查次数与夫妇二人上年的总收入显著相关。在获得足够检查次数的女性中,其夫妇二人上年的总收入平均值为27101元,显著高于未获得足够检查次数的夫妇二人上年总收入的平均值21134元（p < 0.001）。

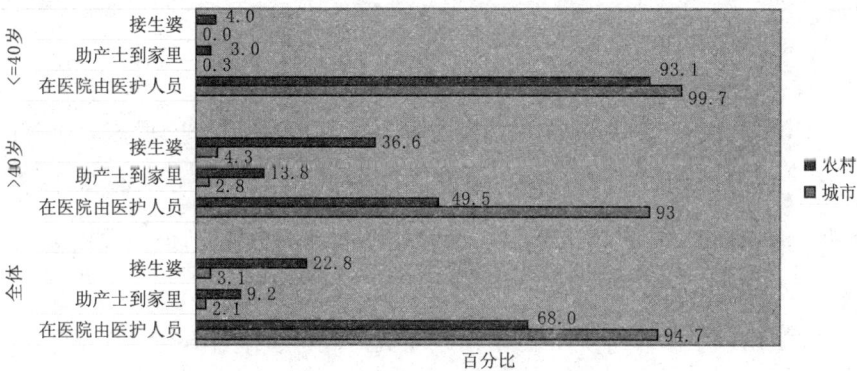

图14 接生方式

最后,家庭收入影响女性是否到医院分娩。从接生方式看,在农村女性中,与41岁及以上者相比,40岁及以下者在获取安全接生服务（指在医院由医护人员接生,或请助产士到家里接生）的可及性方面有了明显提高（见图14）。但即使是在40岁及以下的农村女性中,也仍有4%是通过接生婆在家里分娩,这显然对这部分女性及胎儿的健康造成巨大风险。如果以上年夫妇二人的总收入来粗略比较的话,统计发现,在本调查所涉及的所有曾生育过的 40 岁及以下的女性中,是否在医院由医护人员接生与上年夫妇二人的总收入显著相关。在医院由医护人员接生的女性中,上年夫妇二人的总收入平均值为 25636 元,显著高于在家里由接生婆或助产士到家里接生的女性和丈夫去年的总收入(16511 元,p < 0.05)。

(三)女性产假期间收入的差别待遇

表7　部分①有子女受访者的休带薪产假情况

	女性产假					男性护理假	
	平均天数	期间收入(%)			总人数	平均天数	总人数
		与产前差不多	只有基本工资或部分生活补贴	无收入			
城市	90	35.3	57.7	6.9	996	3.0	957
农村	54	11.3	32.3	56.4	64	2.4	163

1. 女性产假天数

如表 7 所示,996 位所涉及的城市女性平均休了 90 天的产假。但实际上,统计显示,城市女性的产假天数离散程度很大。40.9% 的人休了 90 天,23.6% 的人休了 56 天,8.7% 的人休了 120 天,其余则分别不等地休了 0 ~ 730 天之间。

表 7 所显示的农村女性平均休了 54 天产假容易掩盖绝大多数农村女性没有休过带薪产假的事实。实际上,对于绝大多数农村女性来说,由于她们未从事有薪劳动,或有薪工作属于自我雇佣性质,或是在非正规部门从事有薪工作,她们无法享有带薪产假。而且在回答了相关问题的 64 位农村女性中,1/4(23.4%)的人没有休产假,三成(29.7%)的人休了 90 天,两成(18.8%)的人休了 60 天。

---

① "部分"是指,在 18 ~ 64 岁且有子女的 1729 名城市受访者中,只有 57.6% 的人回答了相关问题;在 1178 名同类农村受访者中,只有 5.4% 的人予以了回答。所以该表中的相关数字可能仅代表回答者的情况。

关于女性产假的天数统计发现,在以下两个年龄段间,女性产假时间增长了。在所涉及的 40 岁及以下 238 名城市女性中,所休产假的平均天数为109 天,比 41 ~ 64 岁城市女性多 21 天。在这些较年轻的城市女性中,3/4(73.5%)的人休了 90 天、120 天或 135 天。那么,是否产假时间长(如半年)比时间短好呢? 本调查发现,生育和照顾孩子是女性中断就业且没有收入半年及以上的最重要原因。在 300 名曾经半年及以上没有从事有酬工作且没有收入的女性中,有六成的人(59.3%)是因为生育和照顾孩子。即,由于生育责任的女性化,在 18 ~ 64 岁的劳动年龄女性中,14.4% 的人不得不中断有薪工作半年或以上。对女性自身而言,这不但导致众多女性在此期间没有收入,而且对女性的职业竞争力都会产生长期影响,如其工作岗位、晋升空间等。对整个国家而言,这显然会减少女性对国民经济总产值的直接贡献。

2012 年 4 月颁布的全国《女职工劳动保护特别规定》将女性产假由 90天延长至 98 天,全国总工会在介绍该条文意图时,指出是考虑到"女职工在肩负着参与国家社会经济建设重任的同时,还承担着人类繁衍下一代的社会责任"[1]。表明该政策的潜在假设之一是生育是女性化的职责,从而忽视了男性也参与生育的事实、责任和权益。本文认为,为了解决生育责任女性化对女性就业的严重影响,应该从履行抚育儿童的国家责任、提供公共服务、促进男性分担生育责任和满足男性履行父职的权益入手,而非一味地延长女性产假。同时,对于目前被排斥在生育保障之外或保障水平很低的农村女性、城市非正规部门就业、专职无酬家务的女性,亟须纠正社会政策和保障中的歧视与盲点,从而推进生育保障的全民性、公平性和可及性。

2. 女性产假期间收入

在女性产假期间是否能得到收入和收入多少方面,存在着显著的城乡、正规与非正规部门就业和性别之间的差异(见表 7)。在城市女性中,只有略多于三成者的产假期间收入由全社会分担。在农村,考虑到众多女性没有

---

[1]　罗娟等:《〈女职工劳动保护特别规定〉解读》,《工人日报》,2012 年 5 月 8 日。

生育津贴(即产假期间收入)所要求的在正规部门从事有薪工作这一资格,可以推测,她们不会在产假期间得到工资或生活补贴。换言之,在城市,7%的家庭完全自费承担女性产假期间的收入损失;在农村,则绝大部分由个体家庭承担。

(四)基本缺席的男性带薪护理假

关于男性休带薪护理假,表 7 和进一步的统计分析发现了四个显著特征。第一,是城市中的性别差异。与城市女性普遍休产假相比,大多数城市男性(69.7%)没有休过带薪护理假。而且男性护理假的时间非常短暂,一般不过 3 天或 7 天,这与照顾新生儿和产妇所需的至少数月时间相比,显然是非常不足的。第二是城乡差异。表 7 中回答相关情况的农村男性非常少。这应该是由于众多农村男性没有达到在正规部门从事有薪工作这一男性护理假门槛所致。第三,男性带薪护理假上的前两个差异——性别与城乡,实际是与对工作的等级划分交织在一起的。在工作等级这个金字塔中,在正规部门从事有薪工作成为塔尖,其他不符合这一标准的工作,包括专职的无酬家务工作、城市的非正规就业、农村的自我雇用工作①,都成为生育社会政策拒绝保障的对象。第四,男性带薪护理假的缺席或严重不足,不仅造成了抚育新生儿责任的女性化,而且严重地损害着男性参与生育、家庭生活的权益。

另外,尽管男性护理假非常短暂且许多男性未曾休过,但进一步的统计分析发现,社会政策是可以促进男性参与生育和保障其权益的。1994 年的《天津市人口与计划生育条例》首次明文规定男性可以休 7 天带薪护理假,并一直延续至最新发布的 2003 年《天津市人口与计划生育条例》。参考本调查发现的城市女性平均首次生育年龄为 25 岁,初婚时城市男性比城市女

---

① 天津市《人口与计划生育条例》(2003 年)规定,男性国家工作人员和企业事业单位职工符合晚婚晚育政策的,奖励 7 天护理假。并规定,以此为参照,"农村居民晚婚、晚育的,可以参照前款规定,由所在乡、镇人民政府和村民委员会根据实际情况给予奖励"。但迄今为止,没有见过关于男性农村居民休护理假的报告。

性年长 1.3 岁,可以推断,本次调查时 40 岁及以下的城市男性可以享有这 7 天假期。换言之,积极的政策应该可以推进这个年龄段的城市男性比其年长者休护理假的比例。数据分析支持了这一假设。在所涉及的 40 岁以下的 245 名城市男性中,尽管仍有一半(49.8%)的人没有休过带薪护理假,但略多于 1/4(28.6%)的人休了 7 天,8% 的人休了 3 天。在 41 岁及以上的 712 名男性中,没休过带薪护理假的达 3/4(75.5%),另有 7.9% 的人休了 7 天,7.7% 的人休了 3 天。

除证实积极的政策会推进男性参与生育外,这一年龄段的比较也表明,在 40 岁以下的城市男性中,一半的人没有休护理假或只休了 3 天。其中原因,应该与下列因素有关:非正规部门就业者被排除于生育保障之外,有些正规部门没有履行政策要求,有些男性缺乏履行父职和家庭责任的意识。还应该指出的是,不仅许多男性本人缺乏履行父职的意识,而且相关的社会政策也潜在认为生育只是女性的事。如,《天津市人口与计划生育条例》要求为正规部门男性就业者提供的 7 天护理假,属于奖励性质,是对其晚婚晚育的奖励,而非每个父亲的基本权益。

(五)幼儿照顾的私人化和农村儿童学前教育服务的匮乏

1. 幼儿照顾的私人化

本调查发现,儿童 3 岁之前的抚育责任几乎完全被私人化为个体家庭职责(见表 8)。在城市受访者中,私人化的比例为 90%。在农村受访者中,则几乎全都由个体家庭负责,几乎没有任何公共服务和市场化服务介入。

在家庭成员中,女性和双方父母成为主要承担者。在城市,双方父母是最重要的服务提供者,略多于一半的儿童在 3 岁前的白天主要是由祖父母照顾的。其次是孩子的母亲,承担了近 1/3 的责任。在农村,孩子的母亲是最重要的照料者,承担了六七成的照顾责任,孩子的祖父母承担了约 30% 的责任。城乡共同点之一是孩子的父亲很少照顾孩子,不超过 5%。

《天津市妇女儿童发展纲要(2011—2020 年)》指出,要"发展公共托幼服务,为婴幼儿家庭提供支持",从本调查的发现来看,这非常有必要,城乡都亟须优质的、可负担得起的托幼公共服务。同时,非常需要通过政策支持、父职培训等方式来促进男性履行父职。

表8 在孩子3岁前,白天主要由谁照顾

		本人	配偶	双方父母	托儿所/幼儿园	保姆/家政工	其他	总人数
城市	男	4.5	26.6	56.6	9.9	1.3	1.1	625
	女	32.7	0.8	54.9	9.6	1.2	0.8***	594
农村	男	4.4	65.8	29.3	0.2	0	0.3	456
	女	71.6	1.2	27.0	0.2	0	0***	510

2.农村儿童学前教育服务的匮乏

表9 这个或最后一个孩子是否上幼儿园的情况

	3岁后是否上过幼儿园				没上幼儿园的原因				
	没上过	只上过学前班①	上过	总人数	不需要,家里有人照顾	附近没有幼儿园	负担不起费用	质量差	总人数
城市	16.9	4.1	79.1	1148	73.1	13.0	13.5	0.4	238
农村	42.5	16.6	40.9***	870	36.9	62.0	1.2	0.0***	518

表9显示,幼儿园这一儿童照顾和教育的公共服务,在目前的城乡都不能满足需要,尤其是在农村,大半的儿童未曾接受该服务。换言之,20%的城市儿童、60%的农村儿童在上小学之前,完全由家庭承担其养育与教育。在孩子没上幼儿园的原因中,城乡存在显著差异。在城市,最重要的原因在于父母选择家庭照顾。当然,这一选择在多大程度上是出于社会结构制约,这里不得而知。但即使在城市,也有26%的孩子没上幼儿园是因为附近缺乏幼儿园这一公共服务,或其收费超过家庭的承受能力。在农村,最重要的原因则在于缺乏幼儿园这一公共服务。

---

① 学前班主要是指儿童上小学前一年的学前教育,时间在几个月到一年不等。幼儿园是指儿童在上小学之前为期三年的儿童照料与教育。在《天津市妇女儿童发展纲要(2011—2020年)》中,分别称为学前一年教育,和学前三年教育。

实际上,即使儿童上了幼儿园、学前班,由于自从孩子出生后,0~6岁儿童的所有抚育费用都是由个体家庭负担的,所以在此期间,政府、企业几乎没有承担责任,而且基本上都是由女性和孩子的祖父母来承担。

五、养老责任主要由个体家庭承担,社会保障严重不足

(一)养老保险对不同人群的差别待遇

天津市目前有两种非商业的养老保险:城镇职工基本养老保险和城乡居民基本养老保险。城镇职工基本养老保险针对的是在城镇正规部门就业者,从而排斥了城市非正规就业者和农村居民。根据2009年颁布的《天津市城乡居民基本养老保障规定》,天津市城乡居民基本养老保险自当年起开始推行,面对的是具有天津市户口①满10年者、年龄在60周岁以下的、不能参加城镇职工基本养老保险者。该政策除排斥了居住在天津、但没有天津市户籍的300万人口外,也排斥了拥有天津市户籍不到10年者,还排斥了自2009年起已满60周岁的、拥有天津户籍的城乡居民。

对于年满60周岁、具有天津市户籍20年以上者,该政策规定可享有老年人生活补助待遇。但补助标准很低,在60~69岁、70~79岁和80岁及以上三个年龄段的老人,每月分别补助60、70和80元。② 与2009年天津农民人均每月消费230元(李俊青等,2011)相比,这显然无法保障基本生活。

对于2009年时在60~65岁之间且具有天津市户籍20年以上者,该政策规定,在2009年一次性缴足15年养老保险费后,可以参加城乡居民基本养老保险。一次性缴齐的保险费分三档,分别为19200元、38400元和57600

---

① 本调查基本上代表的是有天津市户籍者。在3022名受访者中,只有2.4%(73人)属于外地户口。在18~64岁的2171名在婚人口中,外地户口为2.6%(56人)。
② 天津市人力资源和社会保障局规定,从2011年1月1日起,该补贴在原基础上每月提高10元。

元。[①] 对于城乡低收入、无收入者,这数万元的一次性保险费显然是难以承受的。这也是表 10 显示的老龄受访者中,近 1/4 的城市女性、84% 的农村男女两性没有社会养老保障的部分原因。另外,即使是在 2009 年时未满 60 周岁且需要养老保险的人群中,也有一部分低收入、无收入者因无力缴纳保费而被排除在外。

表 10　老龄受访者拥有社会养老和医疗保险的比例

		社会养老保障	社会医疗保障
城市	男	99.3%（132）	100%（133）
	女	78.7%***（118）	95.3%*（143）
农村	男	16.1%（9）	100%（56）
	女	16.1%（9）	91.1%*（51）

那么参加了城乡居民基本养老保险后,可否有效保证生活呢? 在一篇名为"天津市'城乡居民基本养老保险'支付方式精算分析"中,作者李俊青等(2011)以 2009 年天津市 97% 的农民选择的 10% 的缴费档次(即,每年缴纳保费为上年度天津市农村居民人均纯收入的 10%;据此计算,2009 年需缴纳保费 970 元)为依据,以一名 45 岁开始缴纳、缴纳 15 年后可以领取养老金的农民为例,发现了该养老制度的两个缺陷:保障时间短和保障水平低,具体如下。在 60 ~ 65 岁之间每月领取的养老金加上政府每月补贴的 150 元[②]可以保障基本消费,但由于通货膨胀的影响,从 66 岁开始难以保障。而且 2009 年时天津农民的平均寿命为 80.7 岁,这意味着在接下来的 14 年里,养老金无法保障投保者的生活,且年龄越大,缺口越大。

由于正规/非正规工作、城乡、户籍(包括拥有天津市户籍的年限)等一系列的等级划分,天津市目前享有不同养老保障或不享有任何养老保障的人口分布如下。在天津市目前居住的 1016 万 18 岁以上人口中,根据 2011 年

---

① 李茜、崔宪伟:《天津养老保险缴费标准:一次缴齐 15 年,最高月领 597 元》,《每日新报》2010 年 1 月 28 日。

② 天津市人力资源和社会保障局规定,从 2011 年 1 月 1 日起,该补贴提高至每月 180 元。

《天津市国民经济和社会发展统计公报》计算,45.1%(458.7万)的人享有城镇职工基本养老保险,9.6%(97.8万)的人享有城乡居民基本养老保险。这意味着在目前天津市的成年居住人口中,45%的人没有养老保险(不包括商业保险)。即使是以996.4万拥有天津市户籍者,其中18岁以上的成年人口共747.3万来计算,也有25.5%(190.8万)的成年人口没有养老保险。而且即使在非正规部门就业的城市人口和广大农村居民参加了城乡居民养老保险,但保险并不能有效保障养老。另外,334万居住在天津但没有天津户籍的人口则被排除在天津市提供的职工养老保险和居民养老保险之外。

　　换言之,除在正规部门从事有薪劳动且拥有天津市户籍的人可以得到养老公共政策的有效保障外,其他/她人的养老则在相当大的程度上被私人化为个体或个体家庭的责任。至于其中的低收入者,则不得不依靠子女或配偶来养老。这对女性和农村人口非常不利。由于女性遭受到的累积性性别歧视效应,在最需要养老保障的老龄人口中,本调查发现(见表11),需要配偶或子女供养的城市女性和农村女性分别达三成和七成。在农村老龄男性中,也有超过四成的人不得不依赖子女养老。

表 11　老龄受访者目前最重要的两项生活来源

	城市		农村		配偶
	自己离退休金	配偶收入	自己离退休金/养老金,个人劳动,积蓄	子女	
男	97.7%(130)	1.5%(2)	42.8%(29)	42.9(24)	1.8(1)
女	70.0%(105)	14.7%(22) ***	23.2%(13)	51.8(29)	16.1%(9)

　　注:括号内为相应人数。

(二)保障水平严重不足的医疗保险迫使农村老年人高度依赖子女

　　在医疗保障方面,天津市目前有两种非商业的养老保险:城镇职工基本医疗保险和城乡居民基本医疗保险。与城镇职工基本养老保险一样,城镇职工基本医疗保险依据的也是正规就业,从而排斥了在非正规部门就业的城市居民和广大的农村居民。城乡居民基本医疗保险没有年龄限制,而且与其他省市相比,除排斥居住在天津但没有天津市户籍的人外,天津目前在从城市到农村、从职工到居民的一体化医疗保障全覆盖方面做得较好。据《天津市国民经济和社会发展公报》,截至2011年年底,这两项医疗保险合计已覆盖972.8万人,几乎覆盖了天津市全部有天津市户籍者。但表12显示,这两种医疗保险的赔付水平很低,尤其是城乡居民基本医疗保险。

表12 老龄受访者上年医药费负担的城乡、性别对比

	上年医药费总额(元)		个人负担比例(%)		个人负担金额(元)		个人负担部分占本人去年总收入(%)	
	男	女	男	女	男	女	男	女
城市	5728.3	5732.9	41.0	54.4	2348.8	3116.7	8.6	17.6
农村	1842.9	1968.9	84.1	85.2	1549.3	1678.1	41.4	66.4

注:城市男性121人,城市女性122人,农村男性64人,农村女性56人。

根据表12,以去年医药费的总金额为比较标准,农村老龄人口得到的医疗服务只有城市同年龄段受访者的1/3。而且,由于农村这一群体个人负担医药费的高比例和其低收入,使其不得不将全年总收入的四至六成用于医药费。在由城乡、性别而构成的四个老龄群体中,1/3的城市女性、近2/5的农村男性,3/4的农村女性不得不依赖子女或配偶支付医药费(见表13)。而且,在本调查男女老龄受访者中,43.2%的女性丧偶,比例明显高于男性(25.9%)。所以随着老龄老人中女性比例的提高,更多的老龄女性将不得不更加依靠子女提供基本生活保障。

表13 老龄受访者去年医药费个人负担部分的主要负担者(%)

		自己	配偶	子女	明细			其他亲友资助或其他方式	人数总和(人)
					儿子	女儿	子女共同负担		
城市	男	98.1	0.9	0.9	0.0	0.0	0.9	0.0	106
	女	61.5	10.6	26.0	5.8	1.0	19.2	1.9***	104

		自己	配偶	子女	明细			其他亲友资助或其他方式	人数总和（人）
					儿子	女儿	子女共同负担		
农村	男	61.5	3.9	34.6	17.3	5.8	11.5	0.0	52
	女	24.5	20.4	53.0	36.7	0.0	16.3	2.0**	49

　　年老时不得不依赖子女或配偶提供养老和医疗保障的窘境,不仅发生在老龄人口的这三个群体:原先属于非正规就业的城市女性,农村男性和农村女性。而且如果社会保障政策继续以等级而不是以需求为保障标准,排斥非正规就业者和专职的无酬家务劳动者,继续以户籍、年龄划界,继续表面的性别中立和实质的缺乏性别公正的话;如果保障水平不能有效提高的话,可以预见,目前这三个群体的养老窘境将会不断复制。而且由于近年来城市男性非正规就业的比例也在增加①,所以目前属于非正规就业的城市男性今后也会加入到这三个脆弱群体中。

(三)社会保障不足强化了农村居民养儿防老观念,并遮蔽了女儿养老的事实

1. 强化了父系家庭制

　　对于农村受访者来说,医疗保障的个体家庭化和社会保障的严重不足,迫使这些脆弱群体依赖子女养老。当对子女的依赖与财产、姓氏的父系传承结合在一起的时候,养儿防老成为农村居民的"理性选择"。所以观察表13可发现,对于有儿有女的老龄受访者,在农村受访者中,更可能是儿子支付医药费(25.3%),而非子女共同支付(14.5%),或女儿支付(10.8%),表明在农村,老年人对儿子的依赖性更强。② 表现之一就是在农村老龄受访者中,

---

　　① 如果以是否拥有城镇职工基本养老保险或机关事业单位离退休待遇为正规就业的标准的话,本调查发现,在18~64岁且目前不在上学的男性中,目前的或退休前正规就业者占50.2%。在天津市2000年的妇女地位调查中,在18~64岁目前从事有收入工作、或有正式退休金的男性中,有57.9%的回答自己的工作类型是"正式工"。二者相比,10年间男性正规就业率下降了7.7%。

　　② 在65岁及以上的城乡老年受访者中,有儿有女者所占比例很接近,且没有显著差异,分别为79.2%和74.1%。

一半的人更愿意与儿子共同居住、极少有人愿意和女儿共同居住（见图 15）。

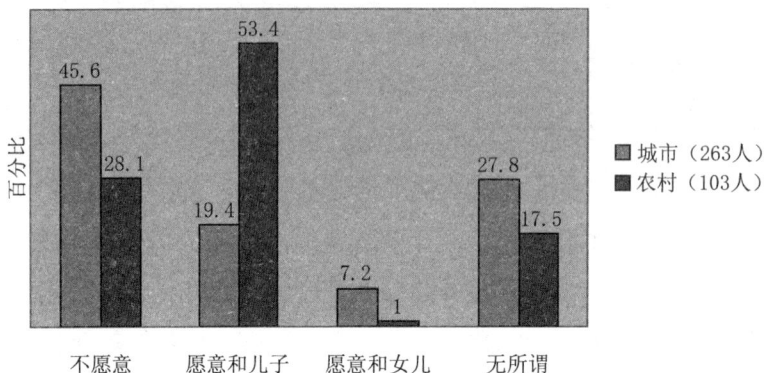

图15　65 岁及以上者与子女共同生活的意愿(%)

不过,这种父系居住方式也在遭遇挑战。如图 15 所示,在老龄受访者中,略多于 1/4 的城市居民已不再受父系家庭制的束缚,表示与儿子或女儿共同居住都可以接受。在农村老龄人口中,近 1/5 的人也表示了相同的意愿。同时图 15 也显示,近一半的城市老年人和略多于 1/4 的农村老年人不愿意与子女同住。可以推论,通过增加对老年人养老和医疗的公共政策支持,将有助于打破僵化的父系家庭制度,增加老年人选择自住、与儿子同住、与女儿同住的自由度。

2. 女儿养老被遮蔽

尽管由于社会保障的匮乏和养老责任的个体家庭私人化,农村受访者表现出较强烈的依靠儿子养老的意愿。但实际上,本调查发现,女儿①对父母的赡养并不少于儿子,而且在某方面还更多。如,根据老龄受访者的回答,在经济资助方面,65.0% 的儿子和 66.4% 的女儿提供了帮助;在生活照料方面,两个相应数字为 84.1% 和 83.0%。在情感慰藉方面,女儿提供的关怀几乎是儿子提供的两倍(94.7% VS.49.1%)。而且统计发现,这三方面

---

① 在388 位回答了儿女数量访者中(有7 人未回答),6 位无儿无女,296 位有儿有女,46 位只有儿子,40 位只有女儿。

的子女养老情况并不存在城乡差异。

虽然本调查没有详细调查儿子和女儿对父母照顾力度的大小,如双方各自对父母提供的经济资助有多大,而且上文提到,在农村老龄受访者上年的医疗费中,儿子承担得明显多于女儿。但是赡养父母肯定不仅仅只是支付医药费一项。如,唐灿等(2009)在浙江农村的调查发现,女儿在供给父母货币(如零花钱)、实物赡养(为父母购买衣物、带给父母食品、点心、水果等)、体贴(提供情感慰藉)等方面,比儿子做得更多。这一点当地村民也认识到了,所以"虽然许多村民在道理上依然认为养老还是以儿子为主,但细算下来基本承认,女儿在以货币和实物赡养父母方面,和儿子已经多半不相上下,还有许多甚至超过儿子。女儿在出力和体贴方面普遍优于儿子当然更有公论"。不少学者的研究都发现,除了出嫁女儿为父母提供的情感养老普遍多于儿子这一点学界早已达成的共识外,近年来由于家庭人口数量减少、纯女户的增多、数以亿计的成年子女外出流动打工、家庭权力由婆婆向儿媳转移等原因,出嫁女儿在经济上为父母养老也越来越普遍(金一虹,2000;郭于华,2001;马春华,2003;朱爱岚,2004;阎云翔,2006;高华,2012)。

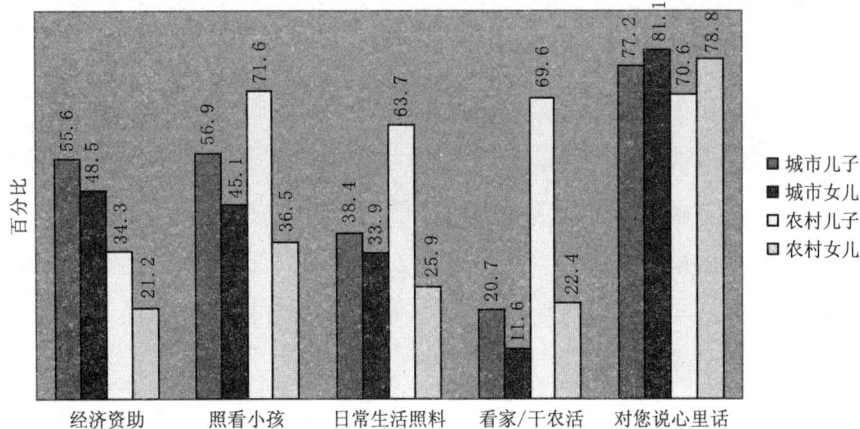

图16　65岁及以上者对子女支持的城乡性别比较(%)

但在父母给予儿女的支持上,则存在明显的性别之分(见图16)。在回答了相关问题的232位城市和102农村的老龄者中,除对子女提供的心理慰藉("对您说心里话")外,无论是城市还是农村,父母给予儿子的支持均多于对女儿的支持。而且城乡相比,农村父母给予子女的支持更具性别差异,尤其是在照看小孩、日常生活照料、看家/干农活上,儿子得到的支持远多于女儿所得。所以尽管本调查发现儿女给父母提供经济支持和日常照料的比例同样高,但父母,尤其是农村父母显然更偏向于儿子。表明,近年来仍然盛行的男婚女嫁和从夫居等男权家庭制并没有减少女儿对父母的支持,但有效地遮蔽了女儿养老的事实,也阻碍了父母对儿子和女儿的公平对待。

六、结论与建议

(一)结论

通过分析于2010年年底至2011年年初进行的天津市第三次妇女地位调查,本文总的结论有以下四点。

(1)尽管劳动力和人口的社会再生产是国家和市场存在与发展的基础和支柱,但在目前的天津市,劳动力和人口的社会再生产责任在国家、市场和家庭之间,在男女两性之间,分配得很不公正,呈现出明显的"三化"——个体家庭私人化、女性化和无酬化。

(2)这三化主要是通过社会保障的等级分配原则——以在正规部门从事有薪工作为最高等级,通过工作性质、城乡、户籍、年龄等差别待遇标准,提供基于等级而非需求的差别性社会保障——来形成的(见图17)。

(3)利用国家权力将社会再生产任务完全或大部分地转嫁到家庭和女性,强制性地要求其承担抚幼、养老等劳动力和人口的再生产任务,目前已到了难以持续的程度。

(4)政府作为国民经济和社会发展的总协调者、公民正当利益的维护者,亟须公正积极地在政府、企事业单位和家庭之间重构社会再生产的分配,通过保障每一个男人、女人、老人、儿童的生存权和发展权,促进社会经济的可持续发展。

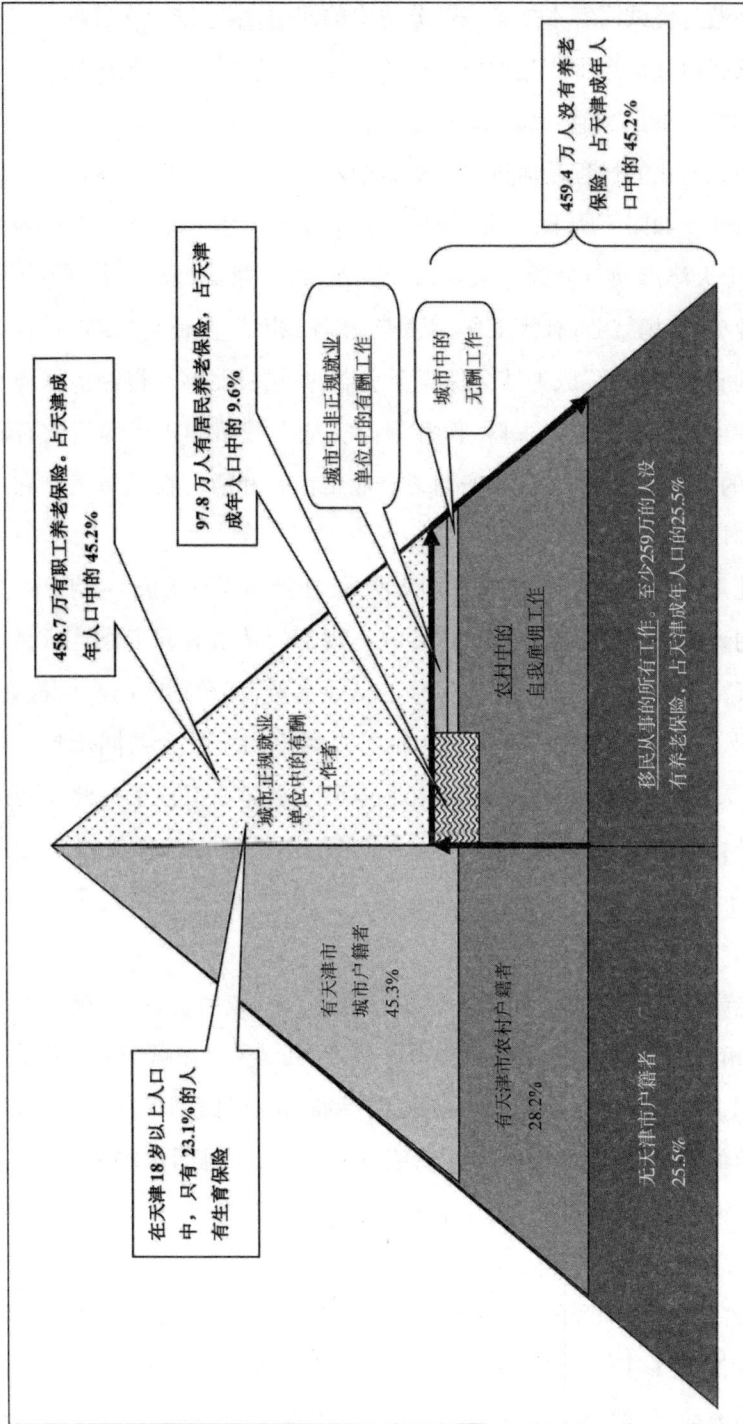

图17 社会保障的金字塔分配原则

下面通过尝试回答本文第一部分提出的问题，来总结全文发现。

1. 家庭内社会再生产是如何被构建为私人化、女性化和无酬化的？

（1）家庭内社会再生产的私人化

这一私人化的过程是通过将户籍、城乡、工作等级和性别等要素交织在一起进行的。如图7所示，首先，根据有无天津市户籍、天津市户籍的城乡之分，将整个天津市人口分为三大等级。其次，将户籍类型与工作等级（包括正规就业/非正规就业、有酬工作/无酬工作等）相结合，使得"城市正规就业单位中的有酬工作者"成为社会保障金字塔的塔尖，能够获得经济保障水平高的天津市城镇职工养老保险、医疗保险。从事城镇非正规部门的有薪工作、无酬的专职家务工作、自我雇佣的农业工作者和所有在天津工作和居住的外来人口，成为巨大的塔身。

在儿童抚育的私人化方面，如图7所示，在天津所有的成年人口中，只有近1/4的人拥有生育保险。对于这些在正规部门从事有薪工作且所在单位缴纳了天津市城镇职工基本生育保险的从业人员，怀孕期间的产前检查费、分娩费用、产假期间的收入津贴或生活补贴可以由全社会共同承担。其余781.3万人口则均需全部或大部分由个体家庭全部承担孩子在此期间的费用。另外，对所有生活和工作于天津的居民，不论是在工作等级中的哪一层，自孩子出生后，都需完全由个体家庭承担儿童0~6岁期间所有的抚育费用。

养老责任的私人化。如图7所示，通过户籍、城乡、工作等级等差别待遇，天津市目前18岁以上的人口中，约一半人可以参加保障水平较高的天津市城镇职工基本养老保险。近10%得以参加城乡居民基本养老保障，但由于该保障的低水平，参保人仍需长期依赖家人养老。剩下的43%人口则完全依赖家人养老。即使在有天津市户籍的成年人口中，也有26%的人（190.8万）没有养老保险。

在最需要养老保障的65岁及以上的老龄受访者中，32%的人没有养老保险。其中，近1/4的城市女性、84%的农村男女两性没有社会养老保险。在医疗保险方面，虽然天津市的城乡居民医疗保险几乎覆盖了所有不享有城镇职工基本医疗保险的有天津户籍者,但赔付水平只有15%左右。所以在老龄受访者中,35%的人需要依赖子女或配偶来支付医药费。其中,近2/5的农村男性不得不主要依赖子女支付医药费,1/3的城市女性和3/4的农村女性则不得不依赖丈夫或子女支付医药费。总起来看,在老龄人口中,27%的人需要依赖配偶或子女获取基本生活来源。其中,需要配偶或子女供养的城市女性和农村女性分别达三成和七成;在农村老龄男性中,也有超过四成的人不得不依赖子女养老。随着高龄老人中女性比例的增高,更多的高龄老年女性将不得不更加依靠子女提供基本生活保障。

显然,如果天津市的养老政策在目前或将来没有巨大的改变,数百万之巨的人口将不得不依赖家人养老。

(2)家庭内社会再生产被女性化和无酬化的现状

在城乡和在婚家庭中,女性承担了六到八成的家务,尤其是对时间和精力要求最多的做饭、洗碗、洗衣服做卫生、日常家庭采购、照料孩子生活等维持和发展劳动力与人口最基本的服务上。城市妻子平均每天花费在家务的时间为3.1个小时,农村妻子为3.2个小时。城乡在婚男性承担的家务都很少,前者平均每天做家务1.5个小时,后者只有53分钟。

在城乡的在婚者中,妻子和丈夫的日均劳动时长是相同的,均为约7小时,但女性劳动时长中有近一半的时间(45%)花费在无酬的家务劳动上,远高于男性(19%)。粗略估算,在2010年,天津的在婚家庭通过无酬家务劳动创造的价值在当年无酬和有酬劳动创造的总价值中占32%。当年无酬家务劳动创造的价值为870亿元,女性创造了其中的67%。但由于对女性通过家庭内社会再生产创造价值的无视,部分地导致就业的在婚人口中男女收入差异巨大,女性收入只达男性收入的61%。农村在婚受访者中性别差异更大,女性收入只及农村男性收入的51%。

(3)家庭内社会再生产为什么能够被女性化和无酬化?

一方面,男权制家庭制度将女性系统性地置于弱势地位,尤其是在农村。在城乡,通过将家庭财产登记在男性名下、男系姓氏传承等,使女性在经济安全、家族地位上处于弱势。在农村,除上述两项男权原则和实践外,还包括从夫居、家庭联产承包责任制以户主为承包人、男性垄断户主资格等婚姻制度、社会政策。换言之，由于基层社会治理方式、社会政策设计缺乏性别公正的意识和考虑，从而使个体家庭中的男权与公共政策中的男权交织在一起，使女性在日常家务、儿童抚育和照料老人等劳动力和人口的再生产方面，没有足够的、平等的磋商权利。

另一方面，这种明显不公正的性别分工要想维持下去，必须取得文化和价值观念的合法性。本调查发现，受访者对"男主外女主内"的普遍认可和不断的代际传递是其关键。在本调查的所有成年受访者中，对这一刻板性别分工的认可普遍在四到七成之间，农村男性的认可度最高。儿童受访者性别观念的刻板程度虽略低于成人，但赞成度也在三到六成之间。父母刻板的性别教育被发现是男主外女主内这一不公正性别分工代代传递的关键来源之一。在整个社会，通过家庭、学校、媒体的不断复制，男主外女主内被社会化为个人观念、家庭模式、教育理念和社会政策，并相互提供着合法性。

2. 为什么说在目前，"三化"后的社会再生产已到了不可持续的程度？

第一，育幼和养老的私人化已使家庭不堪重负。具体数据请见图7和结论部分的1(1)。总之，由于在目前的天津市，只有1/4的怀孕、分娩和产假期间津贴是由社会共同分担费用的、0～6岁儿童的所有抚育费用几乎全部由私人家庭承担、近一半的天津人口没有养老保险、约1/3的老龄人口需依赖配偶或家人提供基本生活来源和支付医疗费，天津市目前的劳动力和人口再生产严重依赖于个体家庭，特别是女性。然而在目前，由于家庭规模的缩小、平均寿命的延长和老龄化、人们流动迁徙的频繁、托幼费和医药费的不断上涨等，天津市的数百万个家庭已不堪重负。

第二，劳动力和人口再生产的"三化"严重地损害着女性和整个社会的可持续发展。严重阻碍女性对国民经济和社会发展的直接贡献。因为女性被指派担负日常家务、抚育儿童和照料老人的重担，造成17%的处于劳动年龄的女性无法外出从事有薪工作。虽然如前所述，家务劳动也创造了巨额价值，但由于并不被目前的国民经济总产值统计计算在内，所以造成女性无法直接贡献于国民经济。而且生育的女性化造成14%的劳动年龄女性中断有薪工作半年或以上且期间没有收入。65%的受访者认为女性沉重的家务负担是领导岗位上女性少的一个重要原因。同样因为家庭成员依赖女性提供必需的生活照顾,农村女性外出流动寻找更好有薪机会的可能性只不足男性的1/10。

造成女性在基本生存和经济安全上很脆弱。上述阻碍女性对国民经济和社会发展做出更直接、更大贡献的因素,同样也使很多女性丧失了就业机会、职业升迁和获得优质社会保障的可能,从而使在婚者中,女性平均收入只有男性收入的61%,由于家务所生产的生活资料不进入交换领域,而且家务巨大的经济价值和社会价值被严重低估甚至无视,所以尽管女性日复一日提供的日常家务劳动、抚育儿童和照料老人、病人等工作是家庭存在和运转的基石,是城市男性和农村男性分别能将劳动时间的77%和87%用于有酬劳动的前提,但在婚姻解体时,女性承担的家务劳动很难得到经济补偿。而且由于养育子女被认为是女性的天职或本能,所以离婚后孩子更可能是和母亲一起生活,加之许多父亲很少承担抚育子女的责任,从而造成单亲母亲和孩子易陷入贫困。当占总人口一半的女性由于承担劳动力和人口再生产而使自身的劳动力维持和作为人的有尊严生活变得脆弱时,女性和整个社会的可持续发展是不可能实现的。

第三,"三化"的社会再生产与男权家庭制的结合,使人口安全面临巨大风险。由于社会再生产的私人化、女性化和无酬化严重地遮蔽了女性对社会的存在与发展、国民经济、市场经济、家庭和每个人的巨大贡献,女性被看作是次于男性的公民、劳动力和家庭成员,从而助长了男权制家庭制对男孩的偏好,造成子女的性别比严重失衡。本调查发现,房产作为绝大多数家庭最重要的财产,在城市,登记在丈夫名下的可能性是登记在妻子名下的3倍,在农村则是6倍。在农村,从夫居、男系姓氏传承、男性独享户主资格的家庭制度,家庭联产承包责任制以户主为承包人的社会政策,女性会因出嫁、离婚,或男到女家而土地权益受损等现实,都促使人们意识到生男孩比生女孩利益要大得多。从而导致了受访者子女性别比的失衡,不论是城市还是乡村,均超出正常范围。农村的情况则更严重,目前在独生子女的孩子中,男女性别比达209；在受访者的最后一个孩子中达177。而且计划生育三十年来产生了大量的纯女户家庭，而要求女性从夫居的男权家庭、对男到女家的歧视显然使严重依赖子女养老的农村老人面临晚年生活窘境。尽管本调查表明，出嫁女儿对父母的赡养并不少于儿子，但由于女儿养老的事实与养儿防老、财产与姓氏男系继承不符，不论是农村家庭个体，还是在土地、宅基地、土地分红等方面的村庄治理，仍按照男系家庭模式进行。这样的男权实践，不但进一步强化了社会再生产的"三化"，而且使大量需要家庭赡养的农村老人得不到本来可以得到的女儿照顾，从而使目前的家庭养老模式更加不可持续。

第四，"三化"的社会再生产损害着男性的持续发展。首先，对家庭内社会再生产的贬低促成了外出有酬工作高于家庭的价值观念、个人行为、管理模式、企业文化和社会政策。在工作/家庭之间的二元等级与对立，使得七八成的男性很少承担日常家务劳动，而且缺乏照顾自己和别人的意识与能力。当外出有薪工作成为许多男性唯一的自我成就来源和男性评判标准，必然会带给男性事业经济必须成功的压力。不但严重损害男性的身心健康，生产效率的下降，还导致了一些男性的"过劳死"。其次，造成父亲中的六七成缺席于孩子的生活和学习。国内外关于父职的研究发现，积极地参与孩子生活，会使男性更成熟、更健康、更快乐。但生育的女性化不仅严重损害了女性的利益和整个国民经济与社会发展，而且损害和漠视了男性需要积极参与孩子生活的权益和职责。最后，男性通过社会再生产的"三化"虽然享受到身为男性的特权，但也要付出深远代价。如，因为身居性别等级中的优势地位，会损害男性成长为公正善良之公民、丈夫与父亲的可能性。

（二）建议

总的建议如下：政府需要公正积极地重构社会再生产的分配。通过取消社会保障中围绕工作性质、城乡、户籍、性别、年龄等方面的等级和歧视，消除已难以为继的社会再生产的私人化、女性化和无酬化，保障每一个男人、女人、老人、儿童的生存权和发展权，促进社会经济的可持续发展。下面从三方面来提出具体建议。

1. 社会保障政策

(1)核心原则:消除社会保障中的等级,建立根据需要而非等级提供保障的原则。①重新界定工作。只要是创造了人类和社会需要的物品或服务,就属于工作,就应该得到社会保障。②消除关于工作性质的等级。平等对待城乡非正规部门就业者、农村自我雇佣的农业工作者、家庭中专职无酬家务的劳动者、城镇正规部门从事有薪劳动者。③消除户籍障碍。平等对待有天津市户籍者与无天津市户籍者,平等对待取得天津市户籍时间不等的人。④将性别公正纳入社会保障政策的设计与执行。评估过去和现在性别歧视造成的后果,并有效纠正。

(2)关于生育的社会保障政策。①消除工作性质、城乡、户籍等方面的等级,提供公平的生育服务。包括产前检查,与分娩相关的费用,产假期间的收入或生活补贴(津贴)。确保人人可享有安全生育服务。②保障和促进男性参与生育的责任和权利。将目前《天津市人口与计划生育条例》中奖励男性的 7 天护理假,改为每位父亲的基本权益。参照国外先进经验,设计足够的男性参与生育的假期。包括照顾新生儿与产妇的护理假,儿童 18 岁之前每年的育儿假。可分带薪与无薪。保证规定期限的休假不影响工作量的计算、工作考核、职务晋升等。评选、宣传、鼓励爱护家庭、充分履行积极父职的优秀男性。③大力发展对 0~3 岁儿童的公共照料服务,建设足够的、优质的、可负担得起的幼儿园,特别是在农村。

(3)关于养老的社会政策。①通过提供可维持天津市平均生活水平的养老保障,满足健康老人独立居住的意愿,保障老人选择与哪个子女共同居住的权利,保障老人不必依赖子女养老。②改变目前天津市城乡居民基本养老保险保障时间短、水平低的缺陷。设计保障时间长度足够、可确保有尊严生活的水平。③降低城乡居民基本养老保险参保者的保费。目前参保者每年需缴纳占去年农村人均纯收入的 10%、20% 或 30%,比例过高使低收入、无收入者难以承担。应为这个群体设计可负担得起的、能保证其体面生活的政策,加大公共财政的补贴。④对于丧偶的高龄女性,保障其体面生活水平,并提供充分的家务协助、养老和医疗保障。

2.改变不公正的男权家庭制,促进政府、用人单位分担职工的家庭责任

(1)核心原则:推动性别平等,实施对家庭友好措施。

(2)大力推动农村的性别平等。①探索将家庭联产责任承包制和宅基地的审批由以户为单位,改为以人单位。②削弱从夫居。推动男到女家落户,并保障与其他村民享有平等的土地、宅基地、土地分红、参与村级管理等权利。③变革目前单一的父姓传承,推动姓氏传承中的多元化。④承认出嫁女儿赡养父母的事实,保障女儿赡养父母、继承财产的公平权利。

(3)保障女性在婚姻中的平等权益。①保障婚姻持续期间,除双方有合法约定外,双方平等地享有对财产的知情权、所有权。②评估女性通过无酬家务劳动创造的价值,保障在婚姻解除时,女性能得到公正的经济补偿。

(4)消除对有家庭责任者的歧视。参照国际劳工组织的《有家庭责任工人公约》和香港的《家庭岗位歧视条约》,制止在雇用、教育、服务或设施的提供、政府或社团活动等方面对负有照顾家庭责任者的歧视。

(5)推动男性积极正面地参与家庭生活。在小学和中学期间为男孩女孩开设家务能力学习课程。为新婚男性提供父职培训,包括如何照顾新生儿、儿童,如何以和平、非暴力的方式教育子女和与子女相处。

(6)消除男主外女主内等性别刻板教育。①对新婚夫妻提供如何性别平等地抚育子女的培训。②在教师中开展性别公正多元的培训。

3.今后研究建议

(1)针对伴侣暴力开展专项调查,并不断优化理论框架、问卷设计水平,努力保证隐私性,并努力为受暴者提供有效服务,对施暴者的矫治也应考虑。

(2)研究如何测量女性无酬劳务劳动创造的价值,开展女性无酬家务劳动对国民经济和社会发展贡献的量化研究,研究如何在婚姻解除时得到公正的经济补偿。

参考文献

1.第三次中国妇女地位社会调查课题组:《第三期中国妇女社会地位调

查主要数据报告》,《妇女研究论丛》,2011 年第 11 期。

2. 高华:《刍议当前农村家庭养老中的新性别差异——对晋东 S 村的实地调查》,《人口与发展》,2012 年第 2 期。

3. 高永平:《中国传统财产继承背后的文化逻辑——家系主义》,《社会学研究》,2006 年第 3 期。

4. 郭于华:《代际关系中的公平逻辑及其变迁——对河北农村养老模式的分析》,《中国学术》,2001 年第 4 期。

5. [英]安东尼·吉登斯:《社会学》,李康译,北京大学出版社,2009 年。

6. 金一虹:《父权的式微——江南农村现代化进程中的性别研究》,四川人民出版社,2000 年。

7. 李慧英:《社会性别与公共政策》,当代中国出版社,2002 年。

8. 李慧英主编:《修订村规民约、推进性别平等——社会管理新格局的探索与实践》,中国水利水电出版社,2012 年。

9. 李俊青、袁宏运、柯力涵:《天津市"城乡居民基本养老保险"支付方式精算分析》,《城市探索》,2011 年第 6 期。

10. 刘伯红、张永英、李亚妮:《工作和家庭的平衡:中国的问题与政策研究报告》,国际劳动组织,2008 年。

11. 刘良书:《议价能力变化对家务劳动时间配置的影响——来自中国双收入家庭的经验证据》,《经济研究》,2005 年第 9 期。

12. 李树苗、姜全保、刘慧君:《性别歧视的人口后果——基于公共政策视角的模拟分析》,《公共管理学报》,2006 年第 2 期。

13. 李银河:《妇女、家庭与生育》,《江苏社会科学》,2004 年第 7 期。

14. 马冬玲:《情感劳动——研究劳动性别分工的新视角》,《妇女研究论丛》,2010 年第 5 期。

15. 唐灿、马春华、石金群:《女儿赡养的伦理与公平——浙东农村家庭代际关系的性别考察》,《社会学研究》,2009 年第 6 期。

16. 王向贤:《聚焦针对妻子的家庭暴力:对中国相关社会政策的性别分析》,联合国人口基金驻华代表处,2012 年。

17. 徐安琪:《夫妻权力和妇女家庭地位的评价指标:反思与检讨》,《社会学研究》,2005 年第 4 期。

18. [美]阎云翔:《私人生活的变革:一个中国村庄里的爱情、家庭和亲密关系(1949—1999)》,龚小夏译,上海书店出版社,2006 年。

19. 朱爱岚:《中国北方村落的社会性别与权力》,江苏人民出版社,2004 年。

20. Arno, P., Levine, C. and Memeott, M., 1999, *The economic value of informal caregiving*, *Health Affairs(Millwood)*, 18, pp. 182 – 188.

21. Bakker I., 2003, Neoliberal governance and the reprivatization of social reproduction. In IBakker and SGill(eds). Power, *Production, and Social Reproduction* (pp 66 – 82). New York : Palgrave Macmillan

22. Bakker I and Gill S., 2003a, Ontology, method, and hypotheses. In IBakker and SGill(eds) Power, *Production and Social Reproduction*(pp 17 – 41). New York : Palgrave Macmillan

23. Bakker, I. Social reproduction and the constitution of a gendered political economy, *New Political Economy*, Vol. 12, No. 4, December 2007.

24. Chen, Lanyan, 2008, *Gender and Chinese Development: Towards an Equitable Society*, Taylor & Francis.

25. Chodorow, Nancy, 1978, 1999, *The Reprodocution of Mothering: Psychoanalysis and the socilogy of gender*, Berkeley: University of California Press, 1978.

26. Hartmann, Heidi., 1979, The unhappy Marriage of Marxism and Feminsim: Towards a more Progressive Union, *Captial & Class*, Summer, Vol. 3 No. 2, pp. 1 – 33.

27. Lundberg, U., Mardberg, B. and Frankenhaeuser, M., 1994, The total workload of male and female white collar workers as related to age, occupational level, and number of children, *Scandinavian Journal of Psychology*, 35, pp. 315 – 327.

28. Quisumbing, A. R. and Maluccio, J. A., 1999, *Intrahousehold allocation and gender relations*: *new empirical evidence*, Policy Research Report on Gender and Development, The World Bank, Washington, D. C.

主题四

父职相关议题

欧美三国的成功经验：
男性结扎如何成为普遍的自愿选择①

中国目前的生育讨论主要集中于是否应该允许普遍生育二孩或放松国家对生育数量的管制，笔者认为在这些讨论中，安全、有效、公平的避孕被忽视了。郑真真（2004）和风笑天等（2002）学者的研究发现，中国农村居民的普遍意愿是生育 1～2 个孩子，这表明，即使放开对生育数量的管制，当生育了理想数量的孩子后，人们也普遍需要安全长效的避孕方式。自 20 世纪 80 年代以来，中国已婚夫妇的避孕严重依赖女性使用避孕环和女性结扎，在 2006 年，二者分别占已婚夫妇避孕方式构成的 48% 和 34%（国家统计局社会与科技统计司，2007a）。这不但造成避孕中严重的性别不平等，而且导致 1/5 的使用避孕环的女性因此而生殖健康受损。国家人口计生委科技司 2000—2005 年在全国 11 省、区、市的调查表明，因疼痛、出血、发炎、移位、脱落、带环怀孕等原因三年内不得不取出的比例为 17%，五年内不得不取出的比例为 23%，人工流产中的 20% 是因带环怀孕和脱环怀孕造成的避孕失败引起的（国家统计局社会与科技统计司，2007b）。而且这并不是新问题，自避孕环于 20 世纪 60 年代在中国开始应用至今，上述副作用一直较为明显（梁中堂、阎海琴，2006；Kaufman，1993）。然而从手术难易程度、避孕效果、术后并发症、避孕失败率等方面来看，男性结扎比女性结扎更占优势，医学界对各种避孕方式的长期追踪表明，男性结扎在各种避孕方式中是最为安

---

① 该文发表于《妇女研究论丛》，2015 年第 3 期。

全有效的,非常适合达到了理想子女数量、需要长效避孕方式的夫妇或伴侣使用(Engender Health,2007)。与避孕环相比,男性结扎也以其一次性完成、不需要更新和取出、无须担心脱落和带环怀孕等优点而明显胜出。

然而无论是全球还是中国,目前男性结扎的使用率都很低。在全世界15岁以上育龄伴侣的现代避孕方式构成中,各国男性结扎的平均比例只有4.3%(United Nations,2011),中国仅略高于该水平(见表1)。与此形成鲜明对照的是,在加拿大、英国和美国这三个欧美国家,①自愿的男性结扎于20世纪六七十年代兴起后,现已平稳发展为这些国家的主要避孕方式,所占比例不但远超过世界平均水平,而且成为这些国家的主要避孕方式(见表1)。

表1　育龄伴侣使用的现代避孕方式构成比例(%)

国家	年份	男性结扎	女性结扎	男性承担的避孕责任	女性承担的避孕责任
世界平均水平	2009	4.3	33.7	17.8	82.2
加拿大	2002	30.6	15.3	51.4	48.6
英国	2008/09	25.0	9.5	57.1	61.9
美国	2006/08	17.4	32.3	33.4	66.6
中国	2006	5.4	34.2	15.5	84.5
澳大利亚	2005	13.7	9.7	35.2	64.8
中国	2006	5.4	34.2	15.5	84.5

注:笔者根据United Nations(2011)的原表计算所得。各国所划定的女性育龄年龄段有所不同,但均在15~49岁范围之内。"伴侣"包括官方婚姻登记、民事婚姻和同居等形式的亲密伴侣,以第一种为主。年份不一是因为各国最近全国调查的时间不同。表中"男性承担的避孕责任"中所包含的避孕方式有避孕套和男扎。"女性承担的避孕责任"中所包含的避孕方式有避孕药、女扎、避孕环、皮下埋植、避孕针、子宫帽等。上述这些避孕方式统称为现代避孕方式。另,由于英国有同时使用一种以上现代避孕方式的情况,所以表1中的后两列之和大于1。

---

① 根据联合国2012年发布的数据,目前世界上共有7个国家以男性结扎为主要避孕方式。除文中提到的欧美三国外,还有大洋洲的新西兰和澳大利亚,亚洲的不丹和韩国。由于新西兰、澳大利亚与欧美三国的避孕转型有所不同,不丹和韩国的中英文相关资料极为匮乏,所以本文仅聚焦于欧美三国。

男性结扎为什么能在欧美三国发展成为主要长效的避孕方式呢？通过分析大量的文献，笔者认为，这是欧美三国两百多年来两次避孕转型和两波性别平等运动相结合的结果，这一历程可分为两个阶段。第一阶段发生在18世纪末期至20世纪初期，第一次避孕转型与第一波性别平等运动相结合，男性避孕与男性气质的关系由相矛盾变为相融合，欧美男性逐渐通过禁欲、节欲、避孕套等传统方式承担避孕责任。第二阶段为20世纪60年代至今，第二次避孕转型与第二波性别平等运动相结合，在政府很少干预避孕选择、相关团体提供高质量服务的前提下，欧美三国的许多男性自愿选择男性结扎来承担长期避孕责任，男性通过结扎来承担避孕责任成了男性气质①的新标准。

一、第一阶段：欧美男性逐渐通过传统方式来承担避孕责任

（一）在当时性别平等运动的间接影响下，新老马尔萨斯主义推动男性气质与男性避孕初步融合

从古希腊时期起，苏格拉底、柏拉图等人就倡导控制生育，民间也有种种尝试，但对欧美社会具有巨大影响的基督教基于上帝要求人类生养众多、性与生育不可分割等原因反对避孕，再加上基督教认为"丈夫是妻子的头"②，逐渐构建出了基督教版本的与生育和性相关的男性气质：男性应该多育，男性主导性行为。

托马斯·罗伯特·马尔萨斯（Thomas Robert Malthus）于1798年发表《人口论》后，控制人口在欧美社会开始真正成为一种社会思潮。那如何控制人口呢？马尔萨斯对基督教的相关教义进行了精致的折中。首先，他认

---

① 男性气质（masculinities），在汉语中又可翻译为男性气概、男性身份等，是指社会构建出来男人应该怎样、什么算男人的标准。英文圈内对男性气质的研究自20世纪80年代以来发展非常迅速，认为男性气质作为性别的一个子概念，涉及认识论、方法论、社会制度、人际关系和个人身份认同等各个方面。

② 出自新约圣经《以弗所书》5：22。

为,每一个人都应在有能力抚养孩子的时候才结婚,特别是男性应该到中年时结婚(Malthus & Bettany,1890)。这一主张既没有违背基督教生养众多的要求,同时又将控制人口的理念融入其中。回溯历史,马尔萨斯所提出的这一生育条件意义重大,第一次明确地提出男性有控制生育的责任,称得上是男性气质与控制生育相融合的滥觞。其次,他主张控制人口,但基督教认为性与生育不可分割,于是他倡导个人通过晚婚、独身和婚前禁欲来控制生育,而不是借助于避孕(Malthus & Bettany,1890)。

但对男性而言,迟至中年的婚龄和婚前的严格禁欲很不容易做到,所以被视为新马尔萨斯主义代表之一的弗朗西斯·普雷斯(Francis Place)在其1822年发表的著作《人口论的实例与证据》(*Illustrations and Proofs of the Principles of Population*)中,更侧重避孕,而非禁欲。他的这一呼吁随着19世纪30—80年代陆续出现的一些效果较为可靠的避孕方式而变得可行,如女用的杀精剂、子宫帽、栓剂,这一期间发明的橡胶硫化技术还提高了避孕套和子宫帽等橡胶避孕用品的实用性和舒适性(Quarini,2005)。禁欲的不现实和上述避孕方法的发明,使控制人口的方式由马尔萨斯倡导的晚婚、独身和婚前禁欲发展为19世纪的以夫妻节欲为主、避孕为辅。

那夫妻中谁来负责节欲和避孕呢?英国学者汤姆斯·哈斯拉姆(Thomas Haslam)在其1868年出版的《婚姻问题》(*The Marriage Problem*)和1870年出版的《父母的责任》(*Duties of Parents*)这两部著作中特别强调男性要尊重女性,这是他与马尔萨斯的不同之处。马尔萨斯认为,男性对婚姻和性负有更大责任,应该是性的主导者,但哈斯拉姆认为,与粗糙的男性相比,女性更道德、更纯净,所以在性方面应该由女性主导,当女性不想发生性行为时,男性应该尊重和听从,而不是满足自己"盲目且自私的欲望"(Quarini,2001:783)。这正是对男性气质的进一步重构。马尔萨斯将基督教倡导的男性只管生养众多改写为男性要在有抚养能力的时候才生育,哈斯拉姆则进一步将基督教倡导的性行为中"丈夫是妻子的头"转为丈夫应尊重女性的性感受,而且认为只有这样做的男性才是富有自制力的、值得尊重的丈夫。

换言之,在上述男学者的推动下,男性气质开始初步与男性避孕相融合,但这一融合并非偶然,而是得益于18世纪末从美国和欧洲开始的第一波性别平等运动。其标志性事件有:1776年,美国女性艾比盖尔·亚当斯(Abigail Adams)和玛丽·华伦(Mary Warren)等人联名上书当时的美国国会,要求给妇女以选举权;1789年,法国女性和男性一起攻克了巴士底狱,成为法国女性第一次大规模的集体行动;1791年,法国女性奥兰普·德古热(Olympe de Gouges)发表了《女权与女公民权宣言》;1792年英国的玛丽·沃斯通克拉夫特(Mary Wollstonecraft)女士发表了《为女权辩护》(陆伟芳,2004)。这些女性和相关组织倡导女权、要求性别平等的呼声影响新老马尔萨斯主义的证据之一是,在马尔萨斯的《人口论》中,他写道:"当一名女性激发出某位男性的爱恋时,不仅仅因为她的女性躯体,还因为她的活力、智慧、想象和感觉等"(Malthus & Bettany,1890:444)。

(二)性别平等运动直接推动男性气质与男性避孕继续融合

如果说新老马尔萨斯主义于18世纪末至19世纪中期所倡导的男性气质与男性避孕初步融合,是受到当时性别平等运动间接影响的话,那男性气质与男性避孕的继续融合,则直接得益于20世纪初期的性别平等倡导者在以下两个方面的杰出工作:促使更多的人认可避孕,为男性气质和男性避孕继续融合提供进一步的土壤;削弱男权制度对避孕的垄断,促进男性气质与男性避孕朝性别平等的方向融合。[①] 下面以美国的玛格丽特·桑格(Margaret Sanger)和英国的玛丽·斯特普(Marie Stopes)为例来讨论。

首先,她们以各种实际行动积极地推动避孕。1912—1920年间,桑格实施了许多倡导避孕的举措,例如,1912年发表系列性教育文章《每一位女孩都应该知道》("What Every Girl Should Know");1913年访问多个欧洲国家,学习最新的实用避孕技术;1914年发行了倡导女性避孕、反对强制母职的8期《妇女反抗》(Women Rebel);同年还出版了讲解避孕方法的宣传册《家庭

---

① 男性气质与男性避孕的融合有可能向男权的方向发展,如男性通过垄断避孕知识与行为来维护自己在夫妻关系中的控制地位。

数量限制》(*Family Limitation*);1916 年开办了美国第一个控制生育的诊所;1918—1919 年雇用了一名医学博士,向全美各地感兴趣的 2000 名医生传授避孕技术,从而使女性们能够就近得到迫切需要的避孕服务;1921 年组织美国第一次全国生育控制会议,1923 年开办"生育控制临床研究所"(Goldberg,2012;Mlitt,1980;Sanger,1917;Sanger,1920)。她的《家庭数量限制》提供了美国自康斯托克法(Comstock Act)实施以来最完备的避孕知识,在很短时间内就印刷了 1000 万册,用 13 种语言发行(Mlitt,1980)。在英国,斯特普于 1918 年出版的分析夫妻性爱的著作《婚姻之爱》(*Married Love*)迅速成为畅销书,到 1927 年时,已印刷了 18 版,被译成 12 种语言,她则成为英国最受欢迎的性学家。同年,她还出版了另一本著作《明智地为人父母》(*Wise Parenthood*),书中提供了详细的避孕方法,她还注册了一款商标为 Pro-race 的子宫帽。1921 年,她在伦敦开办了自己的第一个避孕诊所(Folbre,2004)。她们的积极行动不但促使避孕一次次地成为大众议题,使更多的人获得了较为实用可靠的避孕手段,而且使笼罩在避孕之上的不合法、不道德色彩渐渐减退,为男性气质和男性避孕继续融合提供了进一步的土壤。

其次,她们积极改写了新老马尔萨斯主义对性、性别和避孕的观点。她们认为,肉体之爱并不低于精神之爱,最圆满的爱是二者的结合;担心意外怀孕会损害夫妻生活质量,所以应该避孕(Sanger,1917;Sanger,1920;Stopes,1919;Stopes,1920)。特别值得注意的是,马尔萨斯虽然强调男性应为生育负责,但仍认为男人应拥有性主导权,至于哈斯拉姆,他虽然将性主导权分配给了女性,但要求女性更节欲,更加遵守道德。相比之下,桑格和斯特普这两位女性,则热情倡导每个成年人、特别是女性有权得到性愉悦,强烈地反对强制母职,要求女性能够控制自己的身体。所以,她们强调的不是通过女性"更纯净"地寡欲来控制生育,而是倡导女性能同时得到性愉悦和避孕的权利。

基于这些理念,她们基本上否定了新老马尔萨斯主义和哈斯拉姆提出的控制人口方式。第一,她们认为能自愿主动禁欲的人非常少,而强制禁欲对身心健康有强烈的负面影响,是对人的巨大压抑,她们特别提到女性有权利得到性愉悦,禁欲则损害了女性的这一权利。第二,对于安全期避孕,即定期避孕,二人均强烈反对,认为安全期的避孕效果很不可靠。① 第三,关于婚姻节欲的避孕效果,桑格指出这没什么作用,一年一次性行为堪称高度自制,但由于不了解女性排卵规律,这唯一的一次也可能会致使妻子怀孕(Sanger,1917;Sanger,1920;Stopes,1919;Stopes,1920)。第四,性交中断或体外排精早在《圣经》中就有记载,对于这种避孕法,二人同样不赞成,认为这不但需要男方有极强的控制力,而且由于男方射精后无法再促使女性达到性高潮,从而使女性处于性高潮的边缘、无法达到高潮的紧张状态。她们认为,这不仅严重损害女性得到性愉悦的权利,而且对夫妻二人的身心健康都有强烈的破坏作用(Sanger,1920;Stopes,1919)。

尤为重要的是,多年的妇产科护士和控制生育倡导者的经历使桑格意识到,阻碍女性避孕的因素固然包括避孕药具有的技术可靠性,但男权对法律和医学的垄断才是根本。以避孕套这一在当时已相对成熟的避孕工具为例,桑格非常赞成使用这一男用避孕方式。她1914年开办的美国第一家控制生育诊所就提供了这一避孕工具;在《家庭数量限制》一书中,她还告诉读者在哪里可以买到动物肠衣或橡胶制成的避孕套。但桑格发现,以下三种制度性因素使女性难以通过避孕套来避孕:

(1)男性保守主义者禁止避孕知识的传播。在1873—1936年康斯托克法生效期间,避孕套、子宫帽、冲洗法、避孕栓塞等方法已陆续从法、英等国家传入美国,美国本土也有工厂生产一些避孕药具,这些避孕药具的生产和销售都是合法的,但由于该法将避孕看作是淫秽行为,不但规定邮寄避孕信息和药具为违法,而且禁止刊登避孕用品的广告,禁止人们出版避孕书籍或公开谈论避孕,禁止医生为避孕开药具或与求诊者讨论避孕,从而使许多人,特别是雇佣不起私人医生的下层民众,几乎不知道避孕套的存在(Mlitt,1980;Sanger,1917;Sanger,1920)。

---

① 上文提到的汤姆斯·哈斯拉姆在其著作《婚姻问题》中误以为每月月经的前一两天、月经期间和月经结束后的6~8天是女性易于怀孕的时期,但实际上女性排卵期是在每次月经结束后的第9~18天。直到20世纪60年代,才有了较准确的用来确定安全期的宫颈黏液测温法。

（2）由男性精英主导的医学界不愿意或无力提供避孕服务。如，在康斯托克法实施期间，医生是可以为求诊者提供安全套的，但仅限于男人用来防止感染性病（Tuhus‐Dubrow，2007）。1918年纽约法院对桑格的裁决实际上允许医生出于治疗给女性开避孕药具，但有些医生不知道这一变化，有些医生则因担心受到康斯托克法的惩处而不愿意提供避孕服务，还有不少医生本人就不知道如何避孕（Mlitt，1980；Sanger，1920）。①

（3）男性工人阶级无法或拒绝避孕。直到20世纪初期，美国工人阶级的收入相当少，专门从微薄的收入中拿出钱来购买避孕套简直是不可能的事（Yasunari，2000）。此外，桑格的行医经历使她发现，一些男人并不愿意使用避孕套或禁欲，一些女性在写给她的信中也提到丈夫因妻子总是拒绝性交而恼怒（Sanger，1917；Sanger，1920）。

因此，桑格极力主张避孕是女性自己的职责，是将女性自己从生理、自然和男权控制的医学和法律中解放出来的关键（Sanger，1920）。在她的宣传册《家庭数量限制》中，她根据自己过去一年在欧洲各国的调查学习，详细介绍了由女性操作的各种避孕方式，包括子宫帽、配有杀精剂的阴道冲洗法、用杀精剂浸泡过的海绵和棉花团和避孕栓剂等。

总之，在18世纪末期至20世纪初期，欧美国家第一次避孕转型和第一波性别平等运动相结合，通过新老马尔萨斯主义和性别平等主义者一个世纪多的努力，欧美国家男性避孕和男性气质之间的关系逐渐由原先的以相互矛盾为主，转为以相互促进为主。即，由基督教所倡导的"生养众多"，渐渐转变为男性应该将孩子数量控制在自己能养育的范围之内；从推崇男性在性行为中的主导，到男性应尊重女性；从男性无需为性后果负责，到男性应自我控制。在这样的转变中，男性渐渐开始通过禁欲、节欲等传统方式承担避孕责任。这不仅促进了欧美三国男性承担避孕责任，而且为男用避孕方法由传统转向现代奠定了基础。特别要强调的是，桑格和斯普特等人树

---

① 美国医学协会直到1937年才正式确认避孕是医学服务的一部分。斯特普在其著作中也提到在20世纪20年代英国医生普遍对避孕方法知之甚少。

立的女性有权避孕、有权选择安全避孕方式的传统,为第二次避孕转型期间欧美三国女性拒绝不安全避孕方式、男性自愿采用男扎这一最安全有效的长效避孕方式打下了基础。

二、第二阶段:男扎逐渐变成主要的长效避孕方式

(一)男扎的自愿选择与优质服务

直接干预生育作为一项政府行为或权力,是个相当晚近的发明。直到19世纪末第一次人口转型之前,欧美国家都是高死亡率的国家,而且也没有廉价、可靠的避孕技术,所以在此之前的欧美政府没有必要也没有办法鼓励避孕。20世纪中期,随着各种现代避孕技术的成熟和普及,使政府鼓励避孕成为可能,但到此时,欧美发达国家的生育模式已由高出生率和高死亡率转成低出生率和低死亡率(Martin. & Wu,2000),所以这些政府没有必要鼓励避孕。与此同时,二战后,人口和发展渐成世界议题,但主要是担心发展中国家的人口增长会过多消耗本国国民经济发展的成果并拖累发达国家,所以在二战后的二三十年间,一些发达国家的机构和人士积极鼓励发展中国家以政府力量来推动避孕和控制人口增长(Koenig,2013)。

由政府直接干预生育容易导致国家权力在避孕上的滥用,尤其表现在现代化追赶和经济理性主义两方面。以世界上第一个由政府出面直接推动避孕的印度为例,作为一个人口众多的发展中国家,为了在人均国民生产总产值上追赶发达国家,其很容易想到的一个措施是尽量缩小总人口这个分母。在减少人口方面,结扎这一永久避孕方式显然比避孕药、避孕套、避孕环等短期或长期避孕方式更为彻底;而且国家强力推进的结扎是控制在政府和医生手中,而非顺从于变化多样的个人意愿。另外,从经济成本来看,一次性手术所需的经费比需要经常使用的避孕药、避孕套成本要便宜得多。至于避孕环,上文已提到,由于其不适应比例高、需反复放置或摘除,也会导致成本高于一次性的结扎。所以从经济理性主义角度看,以控制人口为己

任的政府会首先选择结扎,而且由于男性结扎手术比女性结扎手术更简单、更便宜,于是印度政府在 20 世纪 50—70 年代强力推行男性结扎,民众的自愿、知情选择和手术安全则被政府所界定的国家利益严重侵蚀(Koenig,2013)。20 世纪 70—80 年代,生育上的国家主义受到国际社会的质疑和反思,开始倡导个人生殖权利,尤其是自愿的、知情的、安全的避孕权利(Landman,1979)。随着英吉拉·甘地政府于 1977 年的下台,印度不再以国家之名强行推动男性结扎(Koenig,2013)。

如前所述,早已完成人口转型的欧美发达国家没有必要强行推动现代避孕,而且直接管理生育长期以来都不被认为是国家责任(Landman,1979),所以直到现在,欧美三国政府很少干预人们的避孕选择,而是将其留给个人和家庭,这在根本上防止了政府权力在民众避孕上的滥用,为欧美三国民众自愿选择男性结扎留下了空间。那么,如何使选择由可能空间变为实际行为呢?欧美三国的历史显示,必须满足两个前提:人们可以得到优质的男性结扎服务,人们相信男性结扎是符合男性气质的。下面先讨论在欧美三国,优质的男性结扎服务是如何通过以下方面保障的。①通过各种方式使人们知晓男性结扎是一种非常安全有效的避孕方式。②)有充足的受过足够训练的医务人员提供男性结扎手术。③提供充分的术前咨询,让使用者做出真正知情的选择。④收费低廉或由社会保障项目支付费用。①

男性结扎虽然是最安全、简便和有效的长效避孕措施,但它的技术优势并不会被人们自动获知,因此需要提高公众意识活动让人们了解它。如,尽管在 1965 年和 1970 年时,美国已婚夫妇中通过男性结扎避孕的比例已分别达到 8% 和 11%(Grindstaff & Ebanks,1973),但为了让更多的人了解男性结扎可以极为有效地防止意外怀孕,而且特别适用于已生育了理想数量孩子的夫妇,美国的自愿绝育协会(Association of Voluntary Sterilization)在 1980

---

① 这三点原因可以部分地解释这一问题:为什么尽管欧美国家普遍经历了男性避孕的第一阶段,即男性由不避孕到通过传统方法避孕,但除了本文讨论的欧美三国外,其他欧美国家均没有进入男性避孕的第二阶段,即男性从通过传统方法避孕转为通过男性结扎来长期避孕。笔者认为,部分原因在于其他欧美国家没有提供这四方面的完善服务。

年将相关广告投放到 3000 个地铁车厢里（The Association Press,1981）。1974 年,中国医生李顺强发明直视钳穿式男扎手术方式后,男性结扎以其"无痛苦、不开刀"的简便、安全、有效性传播至全世界,10 年后广泛出现在美国的医学刊物、全国报纸和男女两性杂志中。民众和医学界对其知晓率的提高,促使其成为美国使用最广泛的男性结扎方式（Haws et al.,1997）。

研究者发现,强烈影响男性结扎使用率的因素除人们是否可以获得足够、准确的信息外,另一个重要因素是提供手术者的人数和资质,提供手术者的人数和资质也是重要影响因素（Population Information Program,1992;Engender Health,2007）。以加拿大为例,男性结扎于 20 世纪 60 年代引入后很受人们欢迎。在 1966—1969 年,仅有 20 万居民的安大略省伦敦市就有约 800 名男性做了此手术,在一位医生的等候名单上,男性结扎手术一直排到 4 个月以后（Haws et al., 1997）。20 世纪 80 年代,当加拿大泌尿科、全科医生普遍掌握了男性结扎手术后,男性结扎手术更为普遍,男性结扎的使用率不断上升,在 1988 年与女性结扎使用率持平（Haws et al., 1997）。美国相关医务人员不足的障碍长期没有得到解决。在 1997 年时,提供男性结扎服务的私立医院和公立医院分别只有 1/3 和 1/4,这是美国在欧美三国中男性结扎率较低的重要原因之一（Haws et al., 1997）。

在术前咨询方面,除详细告之男性结扎的手术原理、优势和可能的风险外,由于男性结扎的不可逆性,欧美三国的医务人员会确保人们明白手术是终生性的;在人们自愿决定接受手术后,会有若干天的再考虑期;在手术即将进行前,会再次询问求诊者是否确定自愿做手术（The Association Press,1981）。这些细致的手续确保了接受手术者是完全自愿的,而非处于任何组织或他人的压力之下。

在男扎费用方面,加拿大和英国的卫生保健基本上都是由公共资金支付几乎全部费用的私有化体系。即,私营的医疗机构提供服务,政府与医疗协会等代表医疗机构的民间组织共同商定医疗服务的价格,再由政府资助的国家健康保险支付几乎全部的费用（沃林斯基,1999）。非官方机构提供的优质服务,再加上政府的经济支持,使男性结扎在这两个国家成为几乎人人可及的服务。在没有全民医疗保障体系的美国,约有20%的人没有参加健康保险,从而难以获取男性结扎服务,但好在美国85%~90%的私人保险都覆盖男性结扎,所以尽管美国的男性结扎比例在三个欧美国家中较低,而且美国男性结扎的接受人群呈现较明显的阶层分化(Haws et al.,1997),社会经济地位不利者难以负担男性结扎手术费用,但美国的男性结扎比例仍明显高于世界平均水平。

通过以上四方面的优质服务,男性结扎渐渐成为欧美三国的一种主要避孕方式。根据联合国公布的《世界避孕情况2012》所列出的各国历年数据(United Nations,2012),自1955年起,男性结扎在美国育龄伴侣避孕方式中的比例不断提高,1988年之后稳定在13%左右;在英国,1989年时男性结扎比例超过女性结扎比例,2008—2009年,前者达到25%,远超当年10%的女性结扎比例。

然而即使国家不介入民众避孕方式的选择,即使男性结扎技术上的优势通过高质量的服务得到了保证,男性结扎要想成为人们的普遍选择,还必须和男性气质相融合,即让使用者觉得男性结扎不仅不损害男性气质,而且还是真正男人应该做的事,这在欧美三国主要是通过第二次避孕转型与第二波性别平等运动相结合而实现的。

(二)性别平等运动促使男性气质与男性结扎相融合

欧美国家的第二次避孕转型期发生在20世纪60年代至今,避孕陆续取得完全合法地位,男性结扎、女性结扎和避孕环这三种长效避孕技术逐渐成熟普及(Johansson,1987)。第一代避孕环于1961年问世,几年后推出的第二代避孕环成为美国育龄伴侣的最主要长效避孕方式。但在1975年,美国达肯·希尔德(Dalkon Shield)公司生产的一款避孕环由于设计不合理,非常易于将细菌带入女性子宫内。到1984年该公司破产之前,该避孕环已在美国累计造成了20万例感染、流产、子宫切除和其他妇科病、众多的出生缺陷和18例死亡。这一丑闻,导致避孕环当年在美国几乎完全停止生产和使用(Thiery,1997)。其他品牌和款式的避孕环虽然没有对女性造成如此严重的后果,但引起疼痛、出血、脱落或带环怀孕等副作用和缺陷一直没有解决。

并非只有美国的避孕环被发现存在问题,在中国和印度开始大规模推行避孕环不久之后,均有调查数据表明避孕环存在上述问题。但是这些事关女性安全避孕权益的问题能否进入公众视野和社会政策,则与各方力量的磋商有关。在美国,避孕环对女性健康的威胁之所以受到广泛关注,第二波性别平等运动至关重要。从20世纪70年代开始,以波士顿女性小组撰写《我们的身体,我们自己》为标志,女权主义者开始质疑市场和医疗界对生育知识的垄断,要求女性有选择安全避孕方式的权利。

避孕环在欧美国家名声扫地后,长效避孕方式只有男性结扎和女性结扎可选。那在男性结扎和女性结扎之间,如何使民众觉得男性结扎不违背男性气质标准呢? 20世纪60年代开始的第二波性别平等运动在以下两方面作用巨大:①从知识生产的角度推进女权主义学术,对避孕等方面的性别构建进行了振聋发聩的深刻剖析。②从20世纪60年代晚期起,面对女权主义者对男权制度的剖析、揭露和控诉,许多男性开始反思自己作为男性所享有的特权,及如何做对女性友好的、性别平等的男性。男性运动首先从民间开始,男性们通过讨论小组等形式聚集在一起,分析自己所享有的男性特权和对女性的不公正(Kimmel & Aronson,2003)。从20世纪80年代开始,男性研究兴起,进一步从理论上分析男性的社会构建,推动男性气质朝着多元、公正等方面进行变革,并以各种方式进入社会政策。

这些性别平等男性运动的结果之一,就是使一些男性认识到必须和女性一起分担避孕责任。如,一份1998—1999年进行的可代表美国在此期间所有做了结扎手术男性的调查表明,在选择男性结扎而非女性结扎的原因中,62%的人是认为男性结扎比女性结扎更简便和更安全;14%的人觉得妻子已经承担了怀孕、生育和避孕等方面的巨大责任,现在应该是自己去承担避孕责任了;11%的人是因朋友们做男性结扎的效果很好;6%是因为男性结扎更便宜或妻子愿意选择男性结扎;7%是其他原因(Barone et al.,2004)。第一、三和四个原因虽然表面上看起来不是因为支持性别平等,但实际上完全接受了男性也有责任避孕的性别平等观念,第二个原因则毫无疑问是出于性别平等,所以男性认可性别平等是男性能够接受男性结扎的坚实基础。

为什么该调查中高达93%的男性都用实际行动表明他们认可避孕中的性别平等呢? 笔者认为,这应该是基于18世纪末期至20世纪初期的百年变迁中,第一次避孕转型和第一波性别平等运动成功地促使男性气质与男性避孕相互融合,从而使众多美国男性不会认为避孕是女性的专属职责,也不会认为男性避孕是对男性气质的损害。其证据之一是,在20世纪60年代当男性结扎开始成为美国民众的自愿避孕方式时,许多男性就从来没有担心过男性结扎会损害男性气质。美国20世纪60年代两项对男性大学生和教职员工的调查表明,反对男性结扎的主要原因如下:①结扎是对“下等”群体的强制结扎,是有历史污点的避孕方式;②美国法律禁止结扎。但在调查期间,美国只有2个州禁止非医学必要的结扎(Goldsmith & Goldberg, 1974)。由此可见,上述美国男性对男扎的反对与男性气质无关。回溯历史,阿默(Amor)等人发现,在美国担心男性结扎损害男性气质的,并不是接受手术的男性们,而更可能是一些研究者(Amor et al. ,2008)。20世纪六七十年代对做了男性结扎手术男性的调查表明,男性结扎不但没有损害自己的男性气质,而且带来很多正面的变化,包括因不用再担心怀孕,所以性生活的满意度更高,与妻子的情感更好等(Goldsmith & Goldberg, 1974; Amor et al. , 2008)。这些反映与以后几十年间类似调查的发现相一致,但因为当时部分研究者潜在地预设男性结扎会损害男性气质,所以认为结扎使男性们所说的性生活满意度更高等回答是自我保护和经受创伤的表现,是在弥补受损的男性气质(Rodgers et al., 1965;Ziegler et al., 1966)。实际上,由于男性结扎手术并不影响男性勃起和射精,只是精液中不再含有精子,而且在无须为怀孕担心的情况下,性生活可以更加安心,这些都会促进性生活质量的提高。

更重要的是,之所以当时一些研究者会误读调查结果,原因之一在于没有意识到男性气质的定义正在发生变化。研究者对欧美三国做了结扎手术男性的访谈调查表明,结扎已成为检验男性气质的一个试金石。(1)男性是否愿意做结扎手术,是检验其是否是“爱家好男人”(family man)的一个标准。在欧美三国中，流行的男性标准之一是：一个好的男人应该是对家庭负责、疼爱妻子的，男性结扎就是实际行动之一。所以一些受访男性做结扎的原因之一就是觉得妻子已经在避孕、怀孕和分娩上做了很多，现在该轮到自己避孕了；如果男性拒绝做结扎，而把避孕责任完全丢给妻子，会被朋友和同事们看不起，觉得自己不是个男人。（2）做结扎手术的男性被认为是"浴血奋战"的英雄。尤其是在工人阶级男性中，在某男性做结扎手术前，已经做了结扎手术的男同事常常会竭力夸大结扎过程的出血量、痛苦程度，以此来考验每一个希望加入"爱家好男人"这一声望俱乐部的男性是否拥有足够的男性气概（Amor et al. ,2008；Terry, G. & Braun,2011a；Terry, G. & Braun, 2011b）。当然手术的实际情形绝非如此，但通过这样的考验方式，结扎被成功地结合到男性气质的定义之中。

三、结语

男性结扎这一避孕方式在欧美三国半个世纪以来的广泛使用已充分显示了它的安全和有效。目前，中国生育政策正在发生重大调整，人们亟须安全、有效、性别公正的避孕方式，如何让男性结扎成为人们自愿的、知情的普遍选择，这非常重要。欧美三国的成功经验和历史实践表明，政府尊重民众的自愿选择和提供高质量的服务非常重要，在避孕中落实性别平等、推动男性结扎与男性气质的融合更是关键。所以从表1中不难发现，男性通过避孕套和通过男性结扎来承担避孕责任是相辅相成的：在男性结扎使用率高的欧美三国，男性承担避孕的比例都远高于中国。所以要想提高男性结扎率，就必须推动男性以多种方式承担避孕，这正是性别平等在实践中的切实反映之一。

参考文献

1. 风笑天、张青松：《二十年城乡居民生育意愿变迁研究》，《市场与人口分析》，2002 年第 5 期。

2. 国家统计局社会与科技统计司:《中国社会中的女人与男人——事实与数据》,《中国计划生育学杂志》,2007a。

3. 国家统计局社会与科技统计司:《12万例宫内节育器避孕效果调查报告》,《中国计划生育学杂志》,2007b。

4. 梁中堂、阎海琴:《中国农村妇女早婚早育和多胎生育问题研究》,山西高校联合出版社,1992年。

5. 陆伟芳:《英国妇女选举权运动》,中国社会科学出版社,2004年。

6. 郑真真:《中国育龄妇女的生育意愿研究》,《中国人口科学》,2004年第5期。

7. [美]沃林斯基,F. D.:《健康社会学》,孙牧虹译,社会科学文献出版社,1999年。

8. Amor, C., Rogstad, K. E., Tindall, C., Kenneth, T. H. M., Giles, D. & Harvey, 2008, Men's experiences of vasectomy: a grounded theory study, *Sexual and Relationship Therapy*, 23(3).

9. Barone, M. A., Johnson, C. H., Luick, M. A., Teutonico, D. L. & Magnani, R. J., 2004, Characteristics of men receiving vasectomies in the United States, 1998 – 1999, *Perspectives on Sexual and Reproductive Health*, 36 (1).

10. Engender Health, 2007, *No-scalpel vasectomy curriculum: A training course for vasectomy providers and assistants: Trainer's manual.* New York.

11. Folbre, N., 2004, Sleeping Beauty Awakes: Self-lnterested Feminism, and Fertiiity in the Early Twentieth Century, *Social Research*. 71(2).

12. Goldberg, M., 2012, Awakening, *The Nation*, February 27.

13. Goldsmith, A. & Goldberg, R. J., 1974, Psychosocial aspects of vasectomy in Latin America, *The Journal of Sex Research*, 10(4).

14. Grindstaff, C. F., & Ebanks, G. E., 1973, Male Sterilization as a Contraceptive Method in Canada: An Empirical Study. *Population Studies*. 27(3).

15. Haws, J. M. et al., 1997, Increasing the Availability of Vasectomy In Public-Sector Clinics. *Family Planning Perspectives*, 29(4).

16. Johansson, E. D. B., 1987, The future of contraceptive technology, *Technology in society*, 1(9).

17. Kaufman, J., 1993, The cost of IUD failure in China, *Studies in family planning*, 24(3).

18. Koenig, L. R – A., 2013, Who deserves to reproduce? Coercion, choice and democracy in India' family planning program, 1951 – present, Thesis of Wesleyan University, Connecticut, US.

19. Kimmel, M. S. & Aronson, A., 2003, *Men and masculinities: a social, cultural, and historical Encyclopedia*. Berkeley, California: University of California Press.

20. Landman, L. C., 1979, Fourth international conference on voluntary sterilization, *Family Planning Perspectives*, 11(4).

21. Malthus, T. R. & Bettany, G. T., 1890, *An essay on the principle of population, or, A view of its past and present effects on human happiness* (2th Edition). London ; New York : Ward, Lock and Co. http://books. scholarsportal. info/viewdoc. html? id =371458.

22. Martin, K. & Wu, Z., 2000, Contraceptive use in Canada: 1984 – 1994. *Family Planning Perspectives*, 32 (2).

23. Mlitt, D. W., 1980, Margaret Sanger: Birth Control's Successful Revolutionary, *American Journal of Public Health*, 70(7).

24. Population Information Program, Center for Communication Programs, Johns Hopkins University, 1992, Vasecetomy: New Opportunity, *Male Sterilization*, 5.

25. Quinlan, C. A., 2001, "Dark and obscure to the average wife": Maria Stopes, Anna and Thomas Haslam, and the birth control question, *Women's Studies*, 30(6).

26. Quinlan, C. A., 2005, History of contraception. *Women's Health Medicine*, 2(5).

27. Rodgers, E. ,Ziegler,F. Altrocchi,J. & Levy,N., 1965, A longitudinal of the psycho-social effects of vasectomy. *Journal of Marriage and the Family*, 27 (1).

28. Sanger, M., 1917, *Family Limitation*(Sixth Edition), http://www.gutenberg. org/files/31790/31790 – h/31790 – h. htm.

29. Sanger, M., 1920, *Woman and the New Race. New York*, http://www. gutenberg. org/cache/epub/8660/pg8660. html.

30. Stopes, M. C., 1919, *Married Love—A New Contribution to the Solution of Sex Difficulties(Sixth and enlarged Edition)*. London: Clifford's Inn, http:// www. gutenberg. org/files/47501/47501 – h/47501 – h. htm.

31. Stopes, M. C., 1920, *Wise parenthood—a practical sequel to "Married Love"*(Six Edition). London: G. P. Putnam's Sons, LTD; Toronto: The Musson Book Company, Limtied.

32. Terry, G. & Braun, V., 2011a, "I'm committed to her and the family": positive accounts of vasectomy among New Zealand men. *Journal of Reproductive and Infant Psychology*, 29(3).

33. Terry, G. & Braun, V., 2011b, It's kind of me taking responsibility for these things: Men, vasectomy and contraceptive economies. *Feminism & Psychology*, 21(4).

34. The Association Press., 1981, Voluntary sterilization campaign, *New York Times*, July 8. http://www. nytimes. com/1981/07/08/garden/voluntary – sterilization – campaign. html.

35. Thiery, M., 1997, Pioneers of the intrauterine device. *The European journal of contraception and reproductive health care*, 2(1).

36. Tuhus-Dubrow, R., 2007, Sanger vs. Sanger. *The Nation*. July 30/August 6.

37. United Nations, Department of Economic and Social Affairs, Population Division., 2011, World Contraceptive Use 2011 (POP/DB/CP/Rev2011).

38. Yasunari, K., 2000, Peace Profile: Margaret Sanger. *Peace Review*, 12 (4).

39. Ziegler, F., Rodgers, D. & Kriegsman, S., 1966, Effect of vasectomy on psychological functioning. *Psychosomatic Medicine*, 28(1).

男性气质与性别暴力定量调查的报告摘要[①]

本调查开始于 2010 年 9 月,由"P4P"(Partners for Prevention)发起和提供技术支持,该组织系联合国开发计划署、人口基金、联合国妇女署和联合国志愿者组织共同建立的亚太地区区域项目组。本调查是该项目组的"变革项目:为防止性别暴力,深入理解性别、男性气质和权力"的组成部分。联合国人口基金驻华代表处为本项目提供了经济资助及技术支持。调查地点的相关部门是本项目最重要的合作伙伴,没有其大力支持,本次调查不可能完成。由相关政府部门、研究机构和联合国机构组成的项目顾问委员会为本研究提供了技术和政策建议。本调查由北京林业大学性与性别研究所和中国反家庭暴力网络联合实施。项目总体目标是通过研究男性气质、性别平等、性与生殖健康、父职和针对女性暴力的性质和影响因素,为推动男性参与消除针对女性的暴力和性别暴力的相关项目和政策倡导提供可靠依据。

本调查于 2011 年 5 月在中国中部的 A 县进行。通过多阶段随机抽样,1103 名女性和 1017 名男性(18～49 岁之间)完成了问卷调查。除个别情况外,几乎所有的受访者都是通过"掌上电脑"(Personal Digital Assistant,一种大小、功能和使用方法类似于手机的电子设备)自己独立完成。本调查严格遵循由 P4P 拟定、本项目根据当地情况略加修改的研究伦理与安全指南。

[①] 该文的部分内容曾在《中国性别暴力和男性气质研究:定量调查报告》发表,该报告由王向贤执笔,联合国人口基金驻华代表处出版,2013 年。

所使用的男女问卷系"变革项目"在"男性气质和性别平等国际调查问卷"基础上修改而成,并根据中国和调查地点的情况进行了少量调整。依据"变革项目"提供的标准统计包,本项目进行了双变量和多元分析。特别要指出的是,以下数据只代表调查点的情况,不能推广至全国。在本调查中,伴侣暴力是指发生在受访人和目前的或以前的丈夫、妻子、男朋友或女朋友之间的暴力。在所有受访者中,97.8%曾有或现有伴侣。

一、暴力的发生情况

(一)伴侣暴力的受暴与施暴

1.肢体与性暴力

在所有曾有或现有伴侣的女性受访者中,平均每3人中有1人(35.2%)曾遭受男性伴侣的肢体暴力(包括:打耳光或向女方扔东西;推搡;用拳头殴打;踢、拉扯、连续用力殴打、使她窒息或用火烧;使用或威胁使用武器)。根据曾有或现有伴侣的男性的报告,44.7%曾对女性伴侣施加过肢体暴力。①其中在向女性伴侣使用或威胁使用武器方面,报告曾施加这一暴力的男性占1.9%,报告曾遭受这一暴力的女性比例为3.7%。这意味着,一些女性曾直接因伴侣暴力而面临生命危险。

在伴侣性暴力方面,本调查界定如下:①他武力强迫她进行性行为;2.她和他发生性行为,是因为如果她拒绝的话,他可能做出某些事情(该问题只问女性);③当她不愿意时,他觉得她作为他的妻子或女友就应该同意,所以和她进行了性行为(该问题只问男性);④他强迫她看色情的东西;⑤他强迫她做一些与性有关的事。前三种行为归类为伴侣强暴。根据女性的报

① 在本调查涉及的伴侣暴力类型上,除个别外,男性报告的施暴率大都高于女性报告的受暴率。三个可能的解释如下:①掌上电脑(PDA)所保证的高度保密性,鼓励了受访者报告暴力经历;②即使高度保密,对女性受暴者的污名(即"受暴女性有过错"等)也阻碍了女性披露自己的受暴情况;③当地对男性气质和女性气质的定义,将男性暴力部分地合理化了,所以男性愿意披露自己的施暴情况。

告,她们中的14.0%曾遭受过男性伴侣施加的性暴力。根据男性的报告,他们中的22.4%曾向女性伴侣施加过性暴力。在曾有或现有伴侣的女性中,9.9%的人报告曾遭受过伴侣强暴。在曾有或现有伴侣的男性受访者中,14.3%的人报告曾向女性伴侣施加过伴侣强暴。将肢体暴力与性暴力合并计算的话,在所有曾有或现有伴侣的受访者中,39%的女性报告曾遭受过该暴力,52%的男性报告曾施加过该暴力。

在多种伴侣暴力重叠发生方面,在遭受过伴侣肢体暴力的女性中,20.6%的人也遭受过来自伴侣的性暴力。在报告曾向女性伴侣施加肢体暴力的男性中,26.6%的人也曾施加性暴力。在所有曾经怀孕的女性中,8.0%在孕期中遭受过来自伴侣的肢体/性暴力,有7名女性曾因此经历了流产或早产。

2. 精神暴力、经济暴力和控制行为

在本调查中,精神暴力包括:他侮辱她或故意使她觉得自己很差劲;他在其他人面前贬低或羞辱她;他有意惊吓或恐吓她,如通过看她的眼神、大吼大叫或砸东西;他威胁要伤害她;他通过伤害她在乎的人或破坏对她很重要的东西来伤害她。在所有曾有或现有伴侣的女性中,略多于1/3(38.3%)的女性曾遭受过来自伴侣的精神暴力。在所有曾有或现有伴侣的男性中,43.2%的人报告曾向伴侣施加过精神暴力。

经济暴力包括:他禁止她找工作、工作、做生意或挣钱;他曾不顾她的反对拿走她的收入;他曾把她赶出家门;尽管他知道她负担不了家庭开支,他曾把他的收入用于自己的喝酒、抽烟等事情。在所有曾有或现有伴侣的女性中,每4人中有1人(25.0%)经历了来自伴侣的经济暴力。在所有或现有伴侣的男性中,22.7%的人曾向伴侣施加过该暴力。

本调查还搜集了男性控制女性伴侣的情况。控制行为包括:如果她要求使用安全套,他会感到生气;他不会让她穿戴某些东西;在重大决策上,他有更大的发言权;当她打扮得非常漂亮时,他认为她可能在试图吸引其他男性;他想掌握她的一举一动;他喜欢让她知道,他并非只能有她这一个伴侣。在所有曾有或现有伴侣的女性中,86.4%的人曾遭受过上述控制行为中的至少一种。在所有曾有或现有伴侣的男性中,91.0%的人曾施加过至少一种控制行为。

3.伴侣暴力对男女两性健康的影响

本调查表明,伴侣暴力和男女两性的身心健康密切相关。根据曾有或现有伴侣女性的报告,14.2%的女性曾因遭受伴侣暴力而肢体受伤。在所有遭受过伴侣肢体暴力的女性中,40.1%曾经受伤(包括刀伤、扭伤、烧伤、骨折、牙齿被打掉等),3.3%曾经严重受伤(包括住进医院、做了手术、治疗、骨折、缝针,或看牙医)。在所有因伴侣暴力而肢体受伤的女性中,34.9%的人日常生活受到影响(包括因此而无法上班、需卧床休息、去医院看医生)。与没有遭受过伴侣暴力的女性相比,遭受过的女性总体健康差、对性生活不满意、阴道分泌物异常或溃疡、严重抑郁、考虑或试图自杀的风险增加了2～3倍。

男性同样不可能通过施加伴侣暴力提升生活质量。在曾向伴侣施加暴力的男性中,57%的人对生活的满意度低;在没有施加过伴侣暴力的男性中,这一比例为45%。在严重抑郁方面,两个群体的比例分别为22%和9.0%。在考虑或试图自杀方面,两个群体的比例分别为15%和6%。

(二)非伴侣性暴力

1.针对女性的非伴侣强暴

非伴侣包括:男性朋友、男性邻居、老师、家人、陌生人,或其他人等。非伴侣强暴包括:当女性受访者不愿意时,被强迫或劝说进行性行为;当女性受访者因喝酒或吸毒太多,无法表示同意与否,或无法拒绝时,发生了性行为。6.7%的女性报告曾被非伴侣男性强暴,8.1%的男性报告曾对非伴侣女性有过这些行为。在非伴侣强暴未遂方面,大约每7名女性中有1人(14.1%)报告说曾经遭受。根据女性的报告,最可能实施强暴或强暴未遂的非伴侣男性是:前夫/前男友、男性邻居或其他人。在曾实施强暴或强暴未遂的男性中,最常见的动机是性特权(包括"我在性方面想要她""我想做爱"和"我想证明我能做"),86.1%的实施者报告了这一动机。当有此行为的男性第一次强暴女性时,67%是在 20～29 岁之间,24%是在 15～19 岁之间。女性被伴侣强暴多于被非伴侣强暴。根据女性的报告,在所有的伴侣强暴和非伴侣强暴中,62%是由伴侣实施。根据男性的报告,这一相应比例为 64%。

2.其他非伴侣性暴力

在女性受访者中,15%的人报告曾在工作场所或学校遭受过性骚扰,包括被要求进行性行为,或被性触摸等。在曾有性经历的男性中,3%的人报告曾被其他男性强暴。在男性受访者中,5%的人曾因他们的行为不符合传统的男性气质而遭受过针对同性恋者的暴力,包括被恶语中伤、暴力威胁或遭受暴力。对男同性恋者的歧视和暴力被普遍存在的同性恋憎恶所支持。本调查发现,在受访者中,约一半的男性(57%)和女性(50%)认为有同性恋儿子是丢人的,55%的男性受访者不支持用法律保护同性恋者。

(三)针对儿童的暴力

在本调查中,针对儿童(18 岁以下)的暴力包括以下 5 种形式。精神暴力:被骂过懒惰、笨蛋或软弱;被辱骂或羞辱;目睹母亲被父亲或她的男友殴打。肢体暴力:被用皮带、棍棒或其它硬东西打;因殴打而留下伤痕或伤疤;在学校被殴打。性暴力:被人摸过臀部、生殖器或被强制摸自己的这些部位;与比自己年长 5 岁以上的男性或女性发生性关系;被以威胁、恐吓或强迫手段发生过性关系。忽视:在 18 岁以前,受访者在不同时期生活在不同家庭;父母一方或双方因酗酒、吸毒而无法照顾受访者;当受访者在家以外的地方过夜时,家里的成年人不知道其去向;挨饿;18 岁之前没有足够的东西吃。

本调查显示,在家庭、学校和社区中,针对儿童的暴力高发,且男童比女童经历了更多的暴力,精神暴力分别是 60%和 46%,肢体暴力分别是 44%和 18%,性暴力分别是 14%和 9%,忽视分别是 40%和 19%,挨饿分别是 56%和 47%。75%的男性受访者和 57%的女性受访者在童年时期至少遭受了精神暴力、肢体暴力、性暴力或忽视四种暴力中的一种。另外,22%的男性受访者曾在童年时期欺凌（恐吓、取笑、骚扰）他人，25% 被欺凌过。可以看出，通过在童年时期身处暴力，男孩易于习得受暴与施暴，暴力逐渐内化了男性生活的一部分。在年龄组之间的比较发现，针对儿童的暴力在过去几十年间没有显著减少，这意味着男孩的暴力社会化过程仍在广泛进行。

二、暴力原因

本研究发现，男性针对女性的暴力经由社会生态结构共同构建。在控制了男性的年龄、教育程度、收入和伴侣关系（指在婚、离异或同居）后，多元 logistic 回归发现了下列危险因子。

（一）增加男性对女性施加暴力的危险因子

危险因子 1：男性施加的其他形式的伴侣暴力

与没有向伴侣施加精神暴力或经济暴力的男性相比，施加过的男性向伴侣施加肢体/性暴力的风险分别增大了 7 或 3 倍。与没有控制伴侣行为的男性相比，控制了的男性向伴侣施加肢体/性暴力的风险增大了近乎 2 倍。男性向伴侣施加肢体暴力被发现是显著增加男性强暴女性的风险因子。

危险因素 2：男孩在童年时期的暴力社会化

男孩在童年时期经历的暴力（包括目睹暴力、自己遭受暴力和向别人施暴）不仅伤害着他们的身体、精神和性健康，而且直到成年时期仍在产生长远影响。与童年时期没有经历过暴力的男性相比，经历过的男性向女性伴侣施加肢体/性暴力的风险增加了近乎 2 倍，强暴女性的风险则增加了 4 倍。父亲对孩子的肢体暴力被发现会在代际之间传递。与童年时期没有被父亲殴打过的男性相比，挨过父亲打的男性打自己孩子的风险增加了 3 倍。

风险因子 3：对女性施暴和不平等性别关系的代际传递

让儿童置身于父母间的伴侣暴力本身就是一种针对儿童的暴力，会阻碍儿童发展非暴力的协商技能。与童年时期没有目睹过父亲殴打母亲的男性相比，目睹过的男性成年后向伴侣施加肢体/性暴力和强暴女性的风险都增加了2倍。不仅针对女性的伴侣暴力会代际传递,而且伴侣间不平等的性别关系也会从上一代传递到下一代。数据分析发现,与父亲没有独断家庭决策的男性相比,那些父亲独断家庭决策的男性本人独断家庭决策的风险增加了2倍。父亲和男性受访者本人对家庭决策的独断都显著增加了男性受访者施加伴侣暴力和强暴女性的风险。很少做家务或照顾孩子也会增加男性向伴侣施加肢体/性暴力的风险。

风险因子4:男性的性别平等观念

数据发现,男性越支持性别平等,他们向伴侣施加暴力或强暴女性的可能性就越低;男性的性别平等观念与其是否向女性施加暴力显著相关,而非女性的性别平等观念。

风险因子5:男性参与街头暴力

近每5名男性受访者中有1人(18%)曾经参与街头暴力,包括持有武器、持械斗殴、加入帮派或被捕、入狱等。统计分析发现,最年轻的年龄组,即18~24岁的男性受访者最可能参与街头暴力。

风险因子6:男性有多个性伴侣

男性与主要伴侣之外的人进行性行为,是增加男性施加伴侣暴力和强暴女性的风险因素。在现有伴侣的男性中,与过去12个月内只与主要伴侣进行性行为的男性相比,与主要伴侣之外的人进行了性行为的男性向伴侣施加肢体/性暴力和强暴女性的风险增加了2~3倍。在有多个性伴侣的男性中,总体而言,性伴侣越多,他们向家内、家外的女性施暴的可能性越大。男性参与性交易,即以金钱、礼物或其它好处来交换性,是增加他们向女性伴侣施加暴力和强暴女性的风险因子。

风险因子7:酗酒

酗酒(指因喝酒程度达到因喝酒而日常行为能力受到影响)被发现是一个风险因子。与不喝酒或有节制地喝酒的男性相比,酗酒男性施加伴侣暴力的风险增加了4倍,强暴女性的风险增加了3倍。

风险因子8:伴侣经常争吵

与几乎不或很少与伴侣争吵的男性相比,经常与伴侣争吵的男性向伴侣施加暴力的风险增加了约 7 倍。伴侣经常争吵与男性强暴非伴侣女性之间没有显著关系。

被否定的风险因子

男性的工作压力或失业压力、贫困、低教育程度,经常被视为男性施加伴侣暴力的风险因子。但本研究通过统计分析否定了这些假设。本问卷所评估的移情能力(empathy,即站在别人立场理解其处境的能力),没有发现与男性是否向女性施暴有关,表明本问卷所使用的移情能力评估量表需在中国进一步本土化。

(二)霸权型男性气质

本调查显示,几乎所有的男女两性受访者都赞成"不论男女,人们都应该受到公平对待"这一男女平等的抽象原则,而且超过90%的男女两性受访者都反对男性向女性伴侣施暴,这与本调查发现的伴侣暴力高发率形成鲜明对比。这一巨大反差可部分地由73%的男性相信男人必须强悍、52%的男性相信男性可以用暴力维护尊严来解释。可以推论,如果男性认为自己的权威受到女性伴侣的挑战,那他们可能通过向其施加暴力来维护这一权威。另外,广为认可的男性性特权将男性强暴女性部分地合理化了。如,52%的男性受访者相信男性比女性更需要性。女性受访者对这一观点更高的赞成率(71%)表明,许多女性已内化了男性的性欲强于女性的观点。

同时数据显示,对于受访者,尤其是男性受访者,下列四点构成了所谓"真男人"或"标准男人"的标准。包括:①在重大事情上男性应该是决策者;②男人必须强悍,必要时应用暴力维护尊严;③从"如果男人受到侮辱,不得已的情况下,他应该使用暴力维护尊严"应该可以推导出:男人不应该打女人,除非她们挑战了男性权威;④从"有同性恋的儿子很丢人"可以推导出:男人应该和女人进行性行为,男男间的性行为是可耻的。对于这四点,男女受访者的赞成率分别是 72% 和 62%,73% 和 56%,52% 和 22%,57%和51%。

换言之,调查发现,当地流行的性别平等观念是基于所谓"性别差异"之上的有限性别平等,而这些"性别差异"正是社会构建的性别不平等。通过构建理想的霸权型男性气质,性别不平等得以延续,并以性别差异的名义得以自然化和合理化。所以尽管男女两性都高度赞成抽象的男女平等原则和男性不可以对女性施加伴侣暴力,但男性对女性的伴侣暴力还是被以"性别差异"为名的深层性别不平等合理化了。因此,在今后的消除伴侣暴力运动中,质疑、挑战和改变所谓的"性别差异"是重中之重。鉴于本研究发现的霸权型男性气质观念与行为是增加男性施加伴侣暴力、女性遭受伴侣暴力的根本因素,解构"性别差异"需要从消除霸权型男性气质、建构性别平等的、非暴力的新型男性气质开始。

三、建议

本调查的统计分析表明,在消除针对女性的暴力,特别是消除针对女性的伴侣暴力方面,相关部门和公众仍需做出巨大努力,下面是八项具体建议。

(一)强化国家、省、县各层面的承诺和行动,消除针对女性的伴侣暴力

建议1:传播研究发现,倡导国家层面的行动与变革

截至目前为止,一些调查女性受暴的数据已被搜集和发表,从而提升了社会对消除针对女性暴力的重视。然而一些错误观念依然常见,如,责备受害女性,认为家庭暴力是私事等。因此,本调查的主要发现应该得以传播,并促进公众对下列事宜的了解:

- 家内、家外针对女性暴力的类型、发生率和严重程度。
- 对女性伴侣施暴的发生原因,对女性受暴者、儿童、施暴者和社会经济影响。
- 全国、省级和基层层面多部门合作的必要性。

建议2:对于消除针对女性暴力的法律,应加强落实,履行国际公约

自1995年"家庭暴力"一词登陆以来,中央和几乎所有的省、直辖市、自

治区政府和一些县级政府都通过了与消除对女性暴力相关的法律法规。包括《高级人民法院对〈婚姻法〉的解释Ⅰ》(2001)、《中华人民共和国妇女权益保障法》(2005)、《关于预防和制止家庭暴力的若干意见》(2008)等。中国政府还签署了《消除一切形式的对妇女歧视公约》(1980)和《北京宣言》《行动纲领》(1995)。这些都是中国各级政府在消除针对女性暴力方面所取得的司法进步,然而,法律的贯彻落实远不能满足需要。为了消除针对女性的暴力,促进性别平等,本文提出下列具体建议:

• 建立一个国家级专门办公室,通过清晰的长期目标和近期目标、富于操作性的战略、足够的人员培训、足够的预算支持、有效的监督和评估机制,来专门负责落实消除针对女性和儿童暴力的法律法规。

• 鼓励和支持民间组织分担消除男性向女性施暴的责任,为受暴女性提供足够的高质量服务,监测针对女性的暴力及其干预。

• 借鉴国际公约,确认被忽视的针对女性伴侣的其它暴力类型,明确所需的相应服务。

(二)消除儿童受暴,推动国家层面的承诺和行动

目前中国社会对消除针对女性的家庭暴力已有一定认识,与之相比,在消除针对儿童的暴力方面,各级部门和公共需努力提高意识,调研儿童受暴的发生率、程度,对儿童的健康、发展和福祉的影响,针对儿童的暴力与针对女性的暴力之间的关联等。由此,本文建议将消除对女性的暴力与消除对儿童的暴力相结合。

建议3:履行国际公约,落实国家法律,提升消除儿童受暴的意识和承诺

中国政府早在1990年即签署了《儿童权利公约》,承诺要防止对儿童的一切暴力。2001—2010年和2011—2020年的《中国儿童发展纲要》也指出要消除对儿童的暴力。然而本调查发现,在过去几十年间对儿童暴力持续高发,表明消除儿童受暴的行动效果需大力加强。所以首要事项之一是各个政府机构、教育部门、医疗部门、社区组织、民间组织和千千万万个家庭应该认识到,儿童生活于无暴力环境是儿童的基本人权,并应改变广为接受的

父母和教师可以对儿童进行体罚的观念。

建议4：制订和落实消除儿童受暴的全国行动计划

针对儿童的暴力不仅严重地伤害儿童，而且在代际和性别之间制造着暴力的恶性循环。因此，政府有责任制订和落实消除儿童受暴的全国计划，在各部门之间开展有效合作，提供足够的预算，制订清晰的长远和近期目标，提出富于操作性的战略方法，明确部门责任，建立监督评估机制。除政府部门之中的司法、教育和医疗部门、社区组织外，应鼓励民间组织积极参与这一全国行动。

建议5：制定预防措施

鉴于孩子是父母的私有财产这一观念在国内仍然常见，媒体、教育部门、社会组织和专家应鼓励父母质疑这一错误观念，并倡导孩子与成人一样享有平等人权。为帮助受暴儿童摆脱暴力环境，儿童监护权的法律需要相应改革。包括幼儿园和中小学在内的各级教育部门、计划生育部门、媒体和社区组织，应为新婚夫妇或初为父母者提供如何以非暴力方式养育子女的培训。应在学校、社区和医院设立预防和干预儿童受暴的强制性监测体系，并促使该系统有效运作。

建议6：制止在学校内的儿童暴力

学校必须成为儿童可以安全生活和学习的场所，教师对学生的肢体、精神和性暴力必须根除，学生之间的欺凌也应消除。教育部门需要努力创建安全校园，包括：提高全体员工消除校园暴力的意识和承诺，改变助长教师对学生施暴的传统师生关系，提高教师和其他工作人员识别儿童遭受肢体、精神或性暴力的能力，鼓励家长不要对孩子使用暴力，制定操作流程以有效处理儿童受暴事件。

建议7：联合开展消除对儿童的暴力和对女性的伴侣暴力

应该将消除针对儿童的暴力纳入对家庭暴力的干预。这不仅会促使公众意识到儿童和女性都可能在家庭中受到暴力，而且由于本研究发现这两种暴力相互交织在一起，所以将儿童受暴纳入家庭暴力，也是消除这两种暴力的必要战略。本调查发现，男性从年少时即开始目睹或习得对女性施加暴力,并逐渐通过受暴与施暴养成霸权型男性气质。因此,在男孩和年轻男性中培育性别平等的、非暴力的新型男性气质至关重要。教育部官员、校长和教师需要意识到:在学校提供性别平等培训,不仅是儿童全面健康发展的必需,也是全社会健康发展的必需。

(三)消除霸权型男性气质

研究表明,广为认可的霸权型男性气质不仅促使男性向女性伴侣、儿童和其他男性施暴,而且也通过鼓励男性进行危险行为而伤害着男性自身。由此,消除霸权型男性气质,成为消除性别暴力的关键所在。需要指出的是,虽然下列建议主要针对男孩和成年男性,但也需要促使女孩和成年女性意识到霸权型男性气质的危害。

建议8:促进青少年男性形成性别平等观念与行为

促进青年男性与女性建立平等的性关系,如平等决定是否及如何进行性行为,正确使用安全套等;鼓励青少年男性尊重多元性别身份,消除同性恋憎恶;发展协商解决冲突的能力。

学校与社区应该在促进青少年男性摒除霸权型男性气质上发挥关键作用。在男性聚集的场所,如工作场所、警察和部队等以男性为主的职业行业中,有害的性别规范经常被强化,所以需要在这些场所开展消除霸权型男性气质的活动。工会组织和青年组织是接近这些男性聚集场所的重要力量。另外,在青少年男性中富有影响力、可以在性别平等和非暴力的新型男性气质方面做榜样的男性楷模,可以促使青少年男性反思、质疑和改变霸权性男性气质。

建议9:鼓励男性远离危险行为

本研究表明,霸权型男性气质鼓励男性进行危险行为,如对伴侣施暴;参与街头暴力;酗酒;多个性伴侣、参与性交易且经常不使用安全套;有病不愿就医等。因此,家庭、学校、社区、媒体、公安部门和医疗部门应清除校园暴力和社区帮派活动,为青少年提供安全性行为培训,为滥用酒精和吸毒男性提供戒除服务。通过在全社会消除霸权型男性气质(如男人比女人更需要性、部分男性把强暴当作取乐或惩罚女性方式等），会有利于减少性别暴力和性侵害。

建议 10：促进职场中的性别平等

政府决策部门，如全国劳动保障部应制定社会政策，使男性可以享有带薪父亲假。并通过意识提高和政府的强制要求，推动企事业单位实行该政策。共青团、工会、社区组织、媒体、NGO 等应提供父母培训课程，支持男性履行父职。在消除性骚扰方面，公共机构、私人企业和工会应该为员工提供防止性骚扰培训，制订有效程序来处理性骚扰事件。

（四）加强暴力预防工作

建议 11：制定、落实和评估消除针对女性暴力的活动

本研究发现，针对女性暴力的危险因素在于以下四个层面：个人、家庭/伴侣关系、社区和社会/文化价值观念。因此，预防针对女性的暴力也需从这四个层面入手。下面是一些已被实践证明有效的预防措施，应整合到学校教育、健康服务、司法实践，以及社区、公民组织提供的服务之中。包括：在青少年男性中开展转化霸权型男性气质的活动；在学校开展预防暴力活动；将防止针对儿童的暴力和性别平等教育纳入中小学课程；将 HIV 预防工作与转变刻板性别规范相结合；开展对女性受暴零容忍活动；保护女性权益；在经济、政治和健康等方面为女性充权。

建议 12：预防性暴力

由于性暴力在当今中国仍常被视为禁忌话题，所以非常有必要促使公众意识到存在成人对儿童的性暴力、男性对女性的性暴力和男性间的性暴力。媒体对典型案例的及时深入报道将有助于打破社会对性暴力的沉默，并促使家庭和社区讨论如何应对性暴力。司法、医疗、教育、公私机构应提高识别、处理和预防性侵害的意识和能力。媒体需要通过培训来提高报道性侵害事件的能力，并防止对受害者二次伤害。应提高社会工作者和心理咨询师处理性侵害事件的能力，制定从业人员的资质标准。

（五）提高医疗部门的应对能力

本研究证明,针对女性的暴力不但严重地影响着女性的身体、精神和性/生殖健康,而且增加着童年时曾目睹过伴侣暴力的男性成年后向伴侣施加暴力的风险。在社会和国家的层面上,针对女性的暴力不但损害着女性的劳动生产力,而且增加了全社会的医疗负担。因此,针对女性的暴力已成为国际公认的公共健康问题。然而,《卫生部关于印发贯彻 2011—2020 年中国妇女儿童发展纲要实施方案的通知》并未提到要消除针对女性和儿童的暴力,因此以下对卫生部门的建议将从促使其承诺消除这两种暴力开始。

建议 13:促进卫生部门的承诺与行动

首先,促使卫生部门将消除对女性和儿童的暴力列入全国健康政策。其次,需要有足够资质的医疗人员队伍,卫生部门全部人员都需要接受关于女性受暴和儿童受暴的基本训练。再次,需要在妇女组织、儿童组织、司法机构、社区组织和社会工作者等之间建立正式的转介体系。最后,制定流程以有效应对相关事件也非常重要。本研究发现,大多数女性在遭受暴力后并没有向医疗部门求助,或者未曾告诉医务人员她们受伤的真正原因。因此,应通过提供培训和相应措施,确保医务人员不责备受害者,并确保隐私。

建议 14:促进生殖健康机构和计划生育部门识别暴力受害者、提供服务和转介

鉴于成年女性普遍接受生育健康服务,这使得相关医务人员有很好的机会来发现针对女性的暴力,特别是性暴力和孕期暴力。具体而言,由于计划生育人员定期访问育龄妇女,所以可在发现受暴女性方面可以发挥关键作用,鼓励计生部门将干预针对女性的暴力纳入其日常工作。近年来,计生部门的工作重点之一是将男性生殖健康服务纳入计生服务,这提供了鼓励男性参与消除针对女性伴侣暴力的宝贵机会。

建议 15:在医疗部门建立统计制度,搜集针对女性和儿童暴力的数据

尽管目前医疗部门并没有在全国建立这一统计制度,但坐落于深圳、上海的少量医院曾在 21 世纪初年尝试监测针对女性的伴侣暴力,包括暴力发

生的时间、地点、所造成伤害的严重程度、施暴者所用的武器或物体、医疗花费、受暴女性住院时间长短等。这些记录除可用于法律起诉外,还可用来监测针对女性和儿童的暴力。

建议16:评估和推广有效经验

许多国家的健康部门已在消除针对女性和儿童的暴力和提供相应服务上取得了明显进步,中国医疗部门可以借鉴其成功经验。事实上,到目前为止,国内已有几家医院和其它医疗服务机构尝试为受暴女性和儿童提供服务。如,北京市丰台区铁营医院自2000年起为受暴女性提供医疗服务;深圳人民医院曾在2003—2004年间为女性受暴者医疗服务;西安博爱儿童虐待预防救治中心自2005年起为受暴儿童提供免费医疗服务;湖南省浏阳市妇幼保健医院自2009年起开始建立工作流程,为受暴女性提供医疗和转介等相关服务。目前需要对这些医院和机构进行调研,进一步了解其提供的服务内容、效果和成本,从而评估这些干预工作的成效。

(六)支持受暴女性

建议17:增强正式机构对受暴女性的支持

根据全国、省级及各地的相关法规,目前许多地方都已在政府部门之间初步建立了多部门干预针对女性的家庭暴力系统。然而由于相关部门对女性受暴认识不足,缺乏经费、人员和有效的工作方法,各部门之间的协调通常较差,彼此之间的转介系统也亟待建立健全。因此,需要在机构建设方面做出巨大努力,包括足够的财政支持、训练有素的工作人员、相关机构的有效工作流程,各机构之间的充分协调和高效的监督评估体系。由于干预针对女性和儿童的暴力需要足够的性别平等意识、专业技能和大量时间,相关部门应配备专门机构和充分训练的人员,特别是社会工作者。政府应鼓励民间组织为受暴女性和儿童提供服务,学校、医疗、司法部门和社区等需要提供包括心理辅导、医疗救助、法律援助和寄养家庭等服务在内的综合扶助。

建议18:促进非正式系统对受暴女性的支持

研究表明,1/3的女性在受到伴侣暴力后会向家庭求助,然而大多数人得到的是不支持或模棱两可。因此,为了消除受暴女性目前所承受的污名,媒体、学校、社区需要通过报道、活动来促使公众认识到伴侣暴力的根源在于性别不平等,而非女性自身错误。媒体需要重点报道非暴力和性别平等的男性,以促使受暴女性的家庭质疑和消除鼓励男性向女性施暴的所谓正当理由。换言之,媒体对支持受暴女性家庭和个人的报道,将会促进私人网络正面支持受暴女性。

(七)促进法律系统对受暴者的支持

建议19:提高性别平等意识,增强处理针对女性暴力的能力

由于性别平等意识是理解针对女性暴力的关键所在,所以在包括警察、检察官、法官、律师等人在内的司法人员中,非常有必要开展活动,以期提高性别平等意识、增强处理针对女性暴力的能力。为确保培训效果,经验证明下列事项需要考虑在内:确保直接处理针对女性暴力的工作人员参加培训;确保这些工作岗位的新来者接受足够的培训。

建议20:将受暴女性的人身安全置于重中之重,确保施暴者承担责任

受暴女性的人身安全可能会缺乏保障,其原因之一是部分司法人员不理解伴侣暴力的性质和严重性。如,本调查发现,当遭受伴侣暴力的女性向警察报警时,警察多是打发她们走,或要求受访者与丈夫和解。因此,必须增强司法人员对伴侣暴力的理解和制止该暴力的承诺。对于施暴者而言,确保他们为自己行为担负法律责任是消除暴力的基石,同时也应向施暴者提供性别平等培训,以和平方式处理伴侣间矛盾的训练。

(八)对今后研究的建议

建议21:开展针对女性和儿童暴力的研究,增强对相关数据的收集、分析和监测能力

由于数据是确定优先目标、设计项目和评估干预成效的基础,特提出下列建议:除政府机构外,应鼓励高校和有资质机构开展相关研究并与各界分享研究发现。各级组织应基于扎实研究来制订富有针对性的措施。妇联、

学校、法律部门、医疗部门、居/村委会等与消除针对女性和儿童暴力密切相关的部门应将暴力记录和统计纳入其日常工作。

建议22：在多元群体中开展研究

到目前为止，国内关于针对女性暴力的调查研究基本都是在汉族女性中进行，而且基本都是中青年的异性恋人群。为了解不同生活环境中针对女性暴力的危险和保护性因素，今后的研究需要在不同阶层、民族、年龄、宗教和性倾向的女性中进行。在儿童暴力方面，需要更多调查来研究儿童暴力的形式、发生率、严重程度、易遭受暴力的儿童群体、儿童暴力对儿童、家庭和整个社会的影响等。另外，由于研究的最终目的在于消除针对女性和儿童的暴力，因此需要对消除暴力项目进行评估性研究，识别、总结和推广有效防治措施。

建议23：研究针对女性和儿童的暴力对全社会造成的经济负担

经过相关人士的不断努力，消除对女性的家庭暴力已成为社会共识，但公众仍对女性和儿童受暴所产生的社会危害缺乏了解。因此，需要研究女性和儿童受暴所造成的经济代价，包括：由于受暴女性和儿童身心健康受损而支付的医疗费用、全社会因受暴女性受伤而在工作和家务劳动上所损失的生产力、全社会因女性和儿童遭遇暴力而死所损失的劳动力等。

建议24：研究男性气质的建构和与性别暴力之间的关系

目前，中国亟须男性气质研究的原因有二。一方面，过去几十年间，在与阶层、城乡、民族、性倾向和其他社会力量的互动中，男性气质发生了巨大变化，但相关的深刻翔实研究远非足够，从而制约着女性受暴和儿童受暴的有效消除。另一方面，为了消除性别暴力，非常需要青少年男性的参与，动员他们参与的有效方法，而男性气质视角的缺乏，则阻碍着动员机制的探求。因此，本调查只是对男性气质进行定量研究的一个开始，亟须更多的定量定性研究。

建议25：开展对性暴力的研究

性暴力，包括两性之间、男性之间、成人针对儿童之间的强暴和性骚扰等，在当下中国仍属于被忽视议题。为了解性暴力并找到有效的消除策略，本报告倡导进入下列研究：调研性暴力的发生率和严重程度；识别增加性暴力的危险因子；研究性暴力在个人、伴侣关系、社区和社会四个层面的互动；识别施暴和受暴的高危人群；评估性暴力造成的健康和经济代价等。同时，应通过评估现有的干预策略、项目和政策，来促进消除性暴力的深入发展。如，与相关机构共同开发行政统计方式，监测性暴力及其发展趋势等。

建议26：研究父职

父亲在孩子生活中非常重要，而且本研究发现，促进正面的父职行为是阻断性别暴力再生产的关键。因此，研究国内目前的父职实践情况、识别父亲特定教养方式的正负功能非常重要。鉴于缺席父亲的普遍存在，今后的父职研究需要了解：①哪些个人、伴侣/家庭、社区和文化因素影响父职承担；②目前的社会政策对父职参与有何影响；③为履行父职，不同阶层、民族、性倾向的男性群体有何需求等。

后 记

之所以对父职产生兴趣,直接动力源于母职。目前广大女性面临的"工作—育儿"紧张,早在 20 世纪 90 年代中期随着托幼服务从单位责任和妇女劳动保护中的剥离,就已日趋显现。两孩政策启动后,围绕儿童照顾和女性就业的多项定量研究,均证明政策启动前众多学者担忧的女性"工作—育儿"冲突加剧、女性劳动力市场处境恶化已成事实。鉴于母职父职的二元对立和二元互补,不难看出,只要父亲为子女积极提供日常照顾的责权得不到承认,母职减负就会希望微茫。从理论更深层面来看,卢森堡已指出的资本主义体系运行依赖于对非资本主义体系的剥削、其后马克思女权主义者阐明的社会再生产主要以无酬劳动的方式指派给女性等社会分工与性别分工不变,母职以无酬照顾为主、父职以赚钱养家为主的基本模式就不会发生根本改变。然而,需要谨记的是,现实生活比理论演绎要复杂多元,而且寻求对男女两性均有束缚的霸权性父职母职的变革方向,也需源于生活,所以父职的建构和解构成为我近年来的研究主题。

与近年逐渐繁盛的母职研究不同,父职研究直到今天,在中国仍是小众的边缘议题。与母职研究者们已较顺畅地将国际国内理论相结合,提出教育拼妈、母职经纪人和严母慈祖等富于解释力的本土概念不同,父职研究目前似乎仍处于寻找切入角度和研究思路的阶段。以我本人为例,妇女劳动保护这一在中国已有近百年历史、协调女性有酬劳动和无酬母职的专项制度,为将母职研究置于长时段历史和嵌入由价值文化、社会政策、公司治理、家庭代际和个体员工组成的社会生态结构提供了方便法门。相形之下,由于男性通常是以隐匿于全人类背后的大写的人的方式存在,父亲则经常被表述为沉默的父爱,所以父职经常是隐形的、缺席的,或在如不在,从而使得与有方便法门的母职研究相比,父职研究似乎无从下手。正因为如此,本书的多篇文章在狭义父职和父职周边(如生育观、男性气质和男性结扎等)之间来回跳跃。这一不够聚焦或多焦点的思考、写作方式其实正是我这几年寻找父职研究思路的表现。

我所经历的父职研究无门可入,可能也是国内父职研究曾小起涟漪但很快消失的一项原因。早在2000年,社会学界的徐安琪团队和教育学界的许岩团队就开始研究父职,但可能因为是国内父职研究的拓荒者,所以二者的分析框架或研究议题多源于国外。这一拿来主义的好处是有文献可综述,便于与国外学术界对话,坏处则是思路和议题受限于外,与本土国势民情有所隔膜。因此,就研究思路而言,本书《关于欧美构建新型父职的述评》,反映的是无论对哪一国别或人群的父职研究,可能都需考虑的普遍框架;《转型时期的父亲责任、权利和研究路径——国内父职社会学研究述评》反映的是如何把父职研究置于中国土壤,在关注文化体往来交通的同时努力深入理解中国长短历史阶段内的国势、结构与行动者;《承前启后:1929—1933年劳动法对现代母职和父职的建构》则算是普遍框架与中国视域的尝试。

在这里我要感谢两大群体。群体一是将生活感受与工作经验无私分享给我的访谈伙伴们,既包括身为人父的男性,也包括以儿子、妻子身份体验父职的男女老少,还包括在落实条文时必须加以自己理解的各级各类执行者们。群体二是国内外勤奋且睿智的研究者们。在阅读文献时,常有下列感受:原来这个主题的研究已这么丰富了!这篇文章或这本书写得真好,很有启发。受益之后,我希望本书能提供一点点回馈。

在本书的写作过程中,感谢天津师范大学政治与行政学院各位师长的支持,感谢各位参与过本书调研与讨论的同学,感谢无私支持的父母家人,感谢天津人民出版社王康总编和编辑王倩的支持与辛勤工作。特别感谢杜芳琴、畅引婷两位前辈多年来的指点、鼓励与分享。

王向贤

政治文化与政治文明书系书目

1.《多元文化与国家建设》　　　　　常士闿　高春芽　吕建明◎主编
2.《当代中国政府正义问题研究》　　　　　　　史瑞杰　等◎著
3.《社会管理的理论与实践》　　　　　　　曹海军　李　筠◎著
4.《历史中的公民概念》　　　　　　　　郭台辉　余慧元◎编译
5.《让权利运用起来
　　　　——公民问责的理论与实践研究》　　　　韩志明◎著
6.《应为何臣　臣应何为
　　　　——春秋战国时期的臣道思想》　　　　　刘学斌◎著
7.《社会转型期城市社区组织管理创新研究》　　　　李　璐◎著
8.《党内民主与人民民主》　　　　　　　　　　田改伟◎著
9.《当代政治哲学视域中的平等理论》　　　　　　高景柱◎著
10.《美德与国家
　　　　——西方传统政治思想专题研究》　　　王乐理　等◎著
11.《民主的否定之否定
　　　　——近代西方政治思想的历史与逻辑》　　　佟德志◎著
12.《马克思主义从原创形态向现代形态的发展
　　　　——关于中国特色社会主义基础理论的探索》　　余金成◎著
13.《中国传统政治哲学的逻辑演绎》　　　　　　张师伟◎著
14.《在理想与现实之间
　　　　——正义实现研究》　　　　　　　　　许　超◎著
15.《快速城镇化背景下的群体性突发事件预警与
　　　阻断机制研究》　　　　　　　温志强　郝雅立◎著
16.《中国共产党执政能力建设研究
　　　　——以中国政治现代化为背景》　　　　宋林霖◎著
17.《中国公共政策制定的时间成本》　　　　　　宋林霖◎著
18.《当代中国政治思潮（改革开放以来）》　　　马德普◎主编